安徽省高校思想政治工作中青年骨干队伍建设项目成果

PSYCHOLOGICAL EDUCATION PRACTICE OF IDEOLOGICAL AND POLITICAL WORKERS IN COLLEGES AND UNIVERSITIES

高校思政工作者心理育人实务

主　编　王　永
副主编　王曲云　黄　舒
参　编　潘　诚　张　瑾　耿玉洁　黄　舒
　　　　房　兴　年　冬　陆书琴

中国科学技术大学出版社

内 容 简 介

本书是安徽省高校思想政治工作中青年骨干队伍建设项目研究成果。高校思政工作者在心理育人工作中具有特殊的地位，承担着重要的职能，本书从高校思政工作者心理育人的必要性和职责，到心理育人必须掌握的大学生心理发展的特点和规律，再到心理健康教育和心理辅导的方法和技能，以及高校心理危机事件的应对措施，并结合具体的案例，为高校思政工作者提供了具有针对性和指导性的理论知识及操作技巧，是一本内容全面的心理育人工作手册。本书还介绍了高校思政工作者心理健康方面的知识，并提供了心理保健方面的建议。

本书具备较强实践性和针对性，可作为高校思政工作者实施心理育人的参考书。

图书在版编目(CIP)数据

高校思政工作者心理育人实务/王永主编. —合肥：中国科学技术大学出版社，2022.10

ISBN 978-7-312-03515-9

Ⅰ.高… Ⅱ.王… Ⅲ.高等学校—思想政治教育—研究—中国 Ⅳ.G641

中国版本图书馆CIP数据核字(2022)第135672号

高校思政工作者心理育人实务
GAOXIAO SIZHENG GONGZUOZHE XINLI YUREN SHIWU

出版	中国科学技术大学出版社 安徽省合肥市金寨路96号，230026 http://press.ustc.edu.cn https://zgkxjsdxcbs.tmall.com
印刷	安徽国文彩印有限公司
发行	中国科学技术大学出版社
开本	710 mm×1000 mm 1/16
印张	14.5
字数	276千
版次	2022年10月第1版
印次	2022年10月第1次印刷
定价	46.00元

前　言

心理育人是新时代高校思想政治教育工作的重要组成部分，具有理想信念导向价值、道德人格塑造价值、积极行为激励价值、心理素质提升价值、健康心态培育与干预价值，对培养时代新人发挥着重要作用。

2016年12月，习近平总书记在全国高校思想政治工作会议上明确指出，要把思想政治工作贯穿教育教学全过程，实现全程育人、全方位育人，努力开创我国高等教育事业发展新局面。高校思想政治工作者是高校思想政治工作的主力军，是全面落实立德树人根本任务的关键力量。2017年12月，教育部印发了《高校思想政治工作质量提升工程实施纲要》，强调心理育人是高校思政工作的重要内容，要切实改进工作，提升心理育人质量。2020年4月，教育部等八部门印发《教育部等八部门关于加快构建高校思想政治工作体系的意见》，进一步强调要发挥心理健康教育教师、辅导员、班主任等育人主体的作用，规范发展心理健康教育与咨询服务。

党和国家关于高校思政工作和心理育人的一系列政策文件制定和制度设计，是高校思政工作锚定新要求和新任务、打通高校心理育人"最后一公里"的具体举措，为新时代高校贯彻落实习近平总书记关于心理健康教育的重要论述、推进心理育人深入开展提供了行动指南。关心大学生心理健康发展，培养大学生良好的心理素质，成为高校人才培养的重要任务。

为落实立德树人根本任务，提升高校心理育人的科学性和实效性，根据高校思政工作者的实际工作需要，我们编写了本书，书中系统介绍了大学生的心理发展特点、常见心理问题及对策，以及心理辅导和心理危机干预的技术和途径，帮助广大思政工作者了解和掌握心理育人的基本知识和能力，推动"三全育人"工作，提高工作的亲和力和针对性，培养德智体美劳全面发展的社会主义建设者和接班人。

全书共12个部分：绪论介绍了高校思政工作者的心理育人使命；第一章至第五章介绍了大学生的心理发展特点和常见的心理问题及教育对策；第六章到第八章介绍了心理辅导的基础理论及常用的技术；第九章介绍了大学生心理危机预防和干预技术；第十章关注了高校思政工作者心理健康及心理保健；附录

提供了 8 个辅导员心理育人的工作案例。

本书是安徽省高校思想政治工作中青年骨干队伍建设项目(sztsjh2019-8-40)的研究成果,由王永担任主编,王曲云、黄舒担任副主编。具体编写分工如下:王永、潘诚编写绪论,王曲云编写第一至五章,张瑾编写第六章,王永编写第七章和第八章,耿玉洁编写第九章,黄舒编写第十章,房兴和年冬提供了案例资料。全书由王永统稿,陆书琴参与统稿和校对。王军、沈克祥、郑敏、杨珍、王雪飞等参与拟定大纲,安徽建筑大学谢建教授审读了书稿,并提出宝贵的修改意见和建议。

本书编写过程中参考和借鉴了许多专家学者的研究成果与实践经验,在此,向相关作者表示衷心感谢。限于编者水平,书中疏漏之处在所难免,欢迎广大专家和读者批评指正。

编 者

2022 年 2 月

目　录

前言 ……………………………………………………………………（ i ）

绪论　高校思政工作者的心理育人使命 ……………………………（ 1 ）

第一章　大学生的学习与学业发展 ………………………………（ 10 ）
第一节　大学生学习心理 ………………………………………（ 10 ）
第二节　大学生职业生涯规划 …………………………………（ 18 ）
第三节　大学生的就业心理 ……………………………………（ 22 ）

第二章　大学生的情绪与情感 ……………………………………（ 28 ）
第一节　情绪概述 ………………………………………………（ 28 ）
第二节　大学生常见情绪问题及调适 …………………………（ 32 ）
第三节　情商及其培养 …………………………………………（ 38 ）

第三章　大学生的人际交往与恋爱 ………………………………（ 42 ）
第一节　大学生的人际交往 ……………………………………（ 42 ）
第二节　大学生改善人际关系的策略 …………………………（ 47 ）
第三节　大学生的恋爱心理及调适 ……………………………（ 53 ）

第四章　大学生的自我意识 ………………………………………（ 60 ）
第一节　自我意识概述 …………………………………………（ 60 ）
第二节　大学生自我意识发展中常见的问题与完善 …………（ 66 ）

第五章　大学生的人格 ……………………………………………（ 72 ）
第一节　人格概述 ………………………………………………（ 72 ）
第二节　大学生健全人格的塑造 ………………………………（ 80 ）

第六章　心理辅导概述 ……………………………………………（ 86 ）
第一节　心理辅导的概念 ………………………………………（ 86 ）
第二节　心理辅导的对象与任务 ………………………………（ 89 ）
第三节　心理辅导关系的确立 …………………………………（ 91 ）
第四节　心理辅导过程 …………………………………………（ 94 ）
第五节　心理辅导的主要理论和技术流派 ……………………（ 97 ）

第七章 心理辅导常用技术(一) ……………………………………… (110)
- 第一节 场面构成技术 ………………………………………………… (110)
- 第二节 晤谈技术 ……………………………………………………… (114)

第八章 心理辅导常用技术(二) ……………………………………… (144)
- 第一节 解决问题技术 ………………………………………………… (144)
- 第二节 协助决策技术 ………………………………………………… (150)
- 第三节 行为改变技术 ………………………………………………… (153)
- 第四节 认知调节技术 ………………………………………………… (155)
- 第五节 情绪调节技术 ………………………………………………… (160)
- 第六节 团体心理辅导技术 …………………………………………… (167)

第九章 大学生心理危机预防与干预 …………………………………… (174)
- 第一节 心理危机干预理论与危机排查 ……………………………… (174)
- 第二节 高校心理危机事件的应对 …………………………………… (178)

第十章 高校思政工作者的心理健康 …………………………………… (197)
- 第一节 高校思政工作者的心理健康状况 …………………………… (197)
- 第二节 高校思政工作者的心理保健 ………………………………… (203)

附录 ……………………………………………………………………… (207)
- 案例一 入学适应困难大学生的心理辅导 …………………………… (207)
- 案例二 大学生宿舍矛盾的心理辅导 ………………………………… (209)
- 案例三 被恋爱问题困扰大学生的心理辅导 ………………………… (211)
- 案例四 沉迷网络大学生的心理辅导 ………………………………… (213)
- 案例五 自卑大学生的心理辅导 ……………………………………… (215)
- 案例六 特殊大学生的心理辅导 ……………………………………… (217)
- 案例七 申请退学新生的心理辅导 …………………………………… (219)
- 案例八 经常旷课大学生的心理辅导 ………………………………… (222)

参考文献 ………………………………………………………………… (224)

绪 论
高校思政工作者的心理育人使命

一、高校思政工作的职责

"培养什么人、怎样培养人、为谁培养人"是新时代中国特色社会主义高校思想政治工作的核心问题,也是高校思想政治工作的职责之问。党的十八大以来,以习近平同志为核心的党中央紧扣以上核心问题,在治国理政实践中针对高等教育事业发展提出一系列新理论、新思想和新观点,为推动我国新时代高等教育改革发展、更好地完成高校思想政治工作指明了方向。

2016年12月7日至8日,习近平总书记在全国高校思想政治工作会议上明确指出,要把思想政治工作贯穿教育教学全过程,实现全程育人、全方位育人,努力开创我国高等教育事业发展新局面。

2018年9月10日,习近平总书记在全国教育大会上讲话时强调,要在党的坚强领导下,全面贯彻党的教育方针,坚持马克思主义指导地位,坚持中国特色社会主义教育发展道路,坚持社会主义办学方向,立足基本国情,遵循教育规律,坚持改革创新,以凝聚人心、完善人格、开发人力、培育人才、造福人民为工作目标,培养德智体美劳全面发展的社会主义建设者和接班人。

2019年3月18日,习近平总书记主持召开学校思想政治理论课教师座谈会并发表重要讲话,强调办好思想政治理论课,最根本的是要全面贯彻党的教育方针,解决好"培养什么人、怎样培养人、为谁培养人"这个根本问题。

习近平总书记关于高校思想政治工作的一系列重要论述,显示出高校思想政治工作在国家发展、人才教育中的重要性。同时,习近平总书记针对立德树人、针对高校思想政治工作的若干重大问题进行了深入系统的阐述,也对高校思想政治教育工作的职责做出了明确指示。

(一) 培养什么人

"培养什么人"是高校思想政治工作职责的首要问题。党的教育方针对此给出了明确的答案,即培养担当民族复兴大任的时代新人,培养德智体美劳全面发展的社会主义建设者和接班人。

首先是人才结构的逻辑和定位:培养"德智体美劳全面发展"的人。在全国教育大会上,习近平总书记将原来"四育并举"(德、智、体、美)的提法上升为"五育并举"(德、智、体、美、劳),赋予了全面发展新的内涵。"德"指的是思想政治素质,"智"指的是科学文化素质,"体"指的是身心健康素质,"美"指的是审美创美素质,"劳"指的是劳动创造素质。

其次是政治目的的逻辑和定位:培养"社会主义建设者和接班人"。我国是社会主义国家,这就决定了高等教育必须把"培养社会主义建设者和接班人"作为根本任务。这是"我们党的教育方针,是我国各级各类学校的共同使命"。"培养德智体美劳全面发展的社会主义建设者和接班人"是对马克思主义关于人的重要思想的丰富和发展。马克思在《1844年经济学哲学手稿》中指出,共产主义社会"是人和自然之间、人和人之间的矛盾的真正解决,是存在和本质、对象化和自我确证、自由和必然、个体和类之间的斗争的真正解决"。恩格斯在《共产主义原理》中指出,教育将使他们摆脱现在这种分工给每个人造成的片面性。这样一来,根据共产主义原则组织起来的社会,将使自己的成员能够全面发挥他们的得到全面发展的才能。马克思、恩格斯认为,在共产主义革命之后,自由而全面发展的新人将诞生在共产主义社会。作为共产主义社会的初级阶段,培养社会主义新人是社会主义高校思想政治工作的重要使命。

(二)怎样培养人

"怎样培养人"是方法论的逻辑展开。习近平总书记关于教育有很多重要的论述,集中体现在全国高校思想政治工作会议、全国教育大会、学校思想政治理论课教师座谈会等会议上做出的重要讲话中。梳理起来有一个核心点:坚持把立德树人作为根本任务。

党的十八大报告提出,把立德树人作为教育的根本任务,培养德智体美全面发展的社会主义建设者和接班人。党的十九大报告进一步强调,要全面贯彻党的教育方针,落实立德树人根本任务。习近平总书记围绕立德树人反复强调:"高校立身之本在于立德树人""要把立德树人的成效作为检验学校一切工作的根本标准""要坚持把立德树人作为中心环节,把思想政治工作贯穿教育教学全过程,实现全程育人、全方位育人"等。

在全国教育大会上,习近平总书记指出:"要努力构建德智体美劳全面培养的教育体系,形成更高水平的人才培养体系。要把立德树人融入思想道德教育、文化知识教育、社会实践教育各环节,贯穿基础教育、职业教育、高等教育各领域,学科体系、教学体系、教材体系、管理体系要围绕这个目标来设计,教师要围绕这个目标来教,学生要围绕这个目标来学。"这些论述阐明了"坚持把立德树人作为教育的根本任务"的内涵要义和时代要求。"坚持把立德树人作为根本任务"既体现"怎样培养人"的方法论逻辑,又蕴涵工作思路和行动指南。习近平总书记提出"六个下功夫"的要求,是"怎样培养人"的基本遵循路径,对于"怎样培养人"的方法论的逻辑展开,具有重要的理论与实践价值。

(三) 为谁培养人

"为谁培养人"是习近平总书记关于高校思想政治工作重要论述的价值论逻辑归宿。"培养什么人、怎样培养人",最终都要落脚到"为谁培养人"上。在全国高校思想政治工作会议上,习近平总书记强调:"我国高等教育发展方向要同我国发展的现实目标和未来方向紧密联系在一起,为人民服务,为中国共产党治国理政服务,为巩固和发展中国特色社会主义制度服务,为改革开放和社会主义现代化建设服务。"这段关于高等教育必须坚持"四个服务"的重要论述,深刻揭示了"为谁培养人"的价值内涵。只有深刻理解这段重要论述的含义,才能深刻理解为什么"要坚持把立德树人作为中心环节,把思想政治工作贯穿教育教学全过程";才能准确定位"德"与"树"的价值内涵和实践标准,把握住高校思想政治工作的核心内容;才能深刻理解高校应该"培养什么人、怎样培养人、为谁培养人"。

二、心理育人在高校思政工作中的地位和价值

(一) 心理育人的内涵

心理育人是新时代高校思想政治教育工作的重要组成部分,具有理想信念导向价值、道德人格塑造价值、积极行为激励价值、心理素质提升价值、健康心态培育与干预价值,对培养时代新人发挥着重要作用。作为高校"十大育人"体系之一,心理育人蕴含的人文关怀精神、对人尊重信任、理解共情的态度是做好育人工作的基础,在整个育人体系中发挥着润滑剂和催化剂作用,能提升其他育人体系的实效性。此外,心理育人本身内含的心理学方法也可广泛地运用于其他育人环节中,能够为学生创造安全温暖的情境和氛围,使教育更有温度、立德树人更有效度。

以习近平同志为核心的党中央高度重视心理健康教育工作。2016 年 8 月,习近平总书记在全国卫生与健康大会上提出:"要加大心理健康问题基础性研究,做好心理健康知识和心理疾病科普工作,规范发展心理治疗、心理咨询等心理健康服务。"2016 年 12 月,习近平总书记在全国高校思想政治工作会上强

调:"要培育理性平和的健康心态,加强人文关怀和心理疏导。"习近平总书记在党的十九大报告中提出,要"加强社会心理服务体系建设,培育自尊自信、理性平和、积极向上的社会心态"。习近平总书记关于心理健康教育的重要论述,为高校构建心理育人体系提供了根本遵循。

(二)心理育人的主要内容

教育部等相关部门印发了一系列政策文件,推动高校心理育人工作规范发展。2016年12月,国家卫生计生委、教育部等22个部门联合印发《关于加强心理健康服务的指导意见》,要求教育系统进一步完善学生心理健康服务体系,提高心理健康教育与咨询服务的专业化水平,并首次明确要求高校按照师生比不低于1∶4000的标准,配备心理健康教育与咨询专业教师。2017年12月,教育部印发了《高校思想政治工作质量提升工程实施纲要》,强调心理育人是高校思政工作的重要内容,要切实改进工作,提升心理育人质量。2018年7月,教育部印发了《高等学校学生心理健康教育指导纲要》,对高校心理健康教育的组织领导、工作机制、资源配置、人员配备等做出制度安排,强调要建设教育教学、实践活动、咨询服务、预防干预"四位一体"的心理健康教育工作格局。2020年4月,教育部等部门印发《教育部等八部门关于加快构建高校思想政治工作体系的意见》,进一步强调要发挥心理健康教育教师、辅导员、班主任等育人主体的作用,规范发展心理健康教育与咨询服务。这一系列政策文件的制定和制度设计,是高校思政工作锚定新要求新任务,打通高校心理育人"最后一公里"的具体举措,为新时代高校贯彻落实习近平总书记关于心理健康教育的重要论述、推进心理育人深入开展提供了行动指南。

《高校思想政治工作质量提升工程实施纲要》提出高校要着力构建一体化育人体系。一体化育人指的是全面统筹办学治校各领域、教育教学各环节、人才培养各方面的育人资源和育人力量,从体制机制完善、项目带动引领、队伍配齐建强、组织条件保障等方面进行系统设计,从宏观、中观、微观各个层面一体化构建育人工作体系,实现各项育人工作的协同协作、同向同行、互联互通。充分发挥课程、科研、实践、文化、网络、心理、管理、服务、资助、组织等方面工作的育人功能,挖掘育人要素,完善育人机制,优化评价激励,强化实施保障,切实构建"十大育人"体系。

在"十大育人"体系中,心理育人强调坚持育心与育德相结合,加强人文关怀和心理疏导,深入构建教育教学、实践活动、咨询服务、预防干预、平台保障"五位一体"的心理健康教育工作格局,着力培育师生理性平和、积极向上的健康心态,促进师生心理健康素质与思想道德素质、科学文化素质协调发展。具体要求包括:各高校要把心理健康教育课程纳入学校整体教学计划;按照师生比不低于1∶4000配备心理健康教育专业教师;建立学校、院系、班级、宿舍"四级"预警防控体系;研制高校师生心理健康教育指导意见;培育建设一批"高校心理健康教育示范中心"。

(三)心理育人的思政教育价值

在当前高校思想政治工作质量提升工程体系的建构背景下,心理育人有着思想政治教育范畴内的特殊内涵。心理育人是指思想政治教育工作者积极有效地利用心理学知识,有目的、有计划地指导、引领教育对象形成良好的心理状态,激发心理潜能,维护心理健康,提高心理素质,使其更好地投入新时代的建设过程中。因此,心理育人质量提升体系要求育人的功能性贯穿于思想政治教育始终,充分发挥心理学在思想政治教育中的育心和育德两大作用,更好地实现心理学与思想政治教育学这两门学科的融合发展。

心理育人对高校思想政治工作的价值主要体现在以下几个方面:

首先,心理育人与思想政治教育的终极目标一致,心理育人是完成高校思想政治工作的重要途径。育人的核心是培育什么样的人。时代新人是指有理想、有本领、有担当、有奋斗精神的人,这是学校教育的育人目标,也是思想政治教育的目标,还是心理健康教育的根本目标。2017年10月,党的十九大报告提出"实施健康中国战略",把人的健康放在优先发展的战略地位。世界卫生组织关于"健康"的概念包括三个维度,不仅要有健康的躯体,还要有健康的心理和良好的社会适应能力,不再局限于没有疾病和衰弱。大学生是国家重要的人才资源,他们在人生发展的重要时期可能会遇到有关学习、人际关系、考研、择业等方面的多种困扰。因此,围绕国家的健康战略目标,努力提升青少年、大学生的心理健康水平是高校心理育人和思想政治教育的必然选择。

其次,心理育人的价值导向功能为思想政治工作提供更贴近人心的教育方式。思想政治教育工作以知识性的说理和事务性的管理为主要方式,而心理健康教育以倾听、共情、心理疏导、情感关怀、谈心谈话为主要的工作方式。两者的工作形式有区别,但都以言传身教的方式来育人,并且通过语言来交流思想和情感,教育、引导和帮助当代青年大学生以积极的心态去学习和生活,在青年时期树立正确的世界观、人生观和价值观。2014年5月4日,习近平总书记在北京大学考察时对莘莘学子充满深情地说:"青年的价值取向决定了未来整个社会的价值取向,而青年又处在价值观形成和确立的时期,抓好这一时期的价值观养成十分重要。这就像穿衣服扣扣子一样,如果第一粒扣子扣错了,剩余的扣子都会扣错。人生的扣子从一开始就要扣好。"

最后,心理育人有助于提升思想政治教育的实效性,有助于提升思想政治工作的质量。一方面,心理育人是提升思想政治工作质量的重要方式和手段;另一方面,从根本上来说,提升思想政治工作质量的最终目的是为了培养德智体美劳全面发展的人。传统的思想政治教育偏重从宏观的国家和社会层面讲授价值观念,让学生了解国家的历史和发展动态,形成正确的人生观、世界观和价值观。在对学生进行评价时,存在着简单地使用"道德标准"来评估和衡量学生非道德行为的现象。然而,学生的很多思想和行为均与其心理有关,他们的思想和行为问题很多都属于心理问题,而非单纯的道德问题。如果把学生的心理问题片面地当做思想政治问题,使用不适当的教育方式去解决,那么往往会出现较为严重的后果,不仅不能解开学生的心结,还可能造成学生的逆反和抵触心理。注重并加强心理育人,就可以在这时发挥重要作用——遵循和关注学生身心发展的特点和规律,引导学生认识自我、悦纳自我、完善自我,从而促进学生健康成长。

三、高校思想政治工作者的心理育人工作

高校思想政治工作队伍由高校党政干部、共青团干部、思想政治理论和哲学社会科学教师、辅导员/班主任和心理咨询教师构成。高校思想政治工作者是高校思想政治工作的主力军,是全面落实立德树人根本任务的关键力量。

(一)心理育人是新时代赋予高校思政工作者的使命

深入推进心理育人,提升立德树人实效,是新时代赋予高校思政工作者的使命。首先,高校及思政工作者必须树立新的教育观念,把心理育人作为思政工作的一项重要内容,把心理育人与其他九项工程结合起来。其次,高校在实际工作中应落实"三全育人"要求,统筹心理健康教育资源、凝聚心理健康教育力量、推动形成全员育人合力。再次,应坚持全面普查和分层分类辅导协同推进、知识普及和实践教育协同推进、朋辈互助和专业教育协同推进、有效防护和主动干预协同推进,形成多维协同的工作格局。从次,要整体推动形成心理健康教育体系、实践活动体系、咨询服务体系、预防干预体系,把解决思想问题、心理问题与解决实际问题结合起来,进一步提升工作实效性。最后,高校必须重视思政工作者心理育人能力的提升,通过培训和自主学习,掌握大学生心理健康知识,学会心理辅导的基本技能,能够组织学生开展心理健康专题活动,对特殊学生进行心理危机干预。

(二) 高校思政工作者在心理育人中承担的角色

1. 大学生心理健康教育核心价值观的"引领者"

心理健康教育负有价值引领的使命。我国的思想政治教育工作是以社会主义核心价值观为航标,心理健康教育作为思政工作的一部分,也应当肩负传播和发展社会主义核心价值观的任务和使命,把社会主义核心价值观融入和渗透到心理健康教育工作中。对于个体,社会主义核心价值观教育可缓解心理冲突,重建心理秩序;对于社会,可凝神聚气,塑造社会正向心态;对于国家,可提升国民的国家认同感,增强民族向心力。因此,高校思想政治教育工作者在从事心理健康教育工作时,应以社会主义核心价值观为价值导向,做大学生核心价值观的引领者。

2. 大学生心理健康发展的"培育者"

高校思政工作者并非是部分有严重心理问题或精神疾病的学生的治疗者,而是全体大学生心理健康发展的培育者、支持者和维护者,目标在于培养其乐观积极的心态,发掘其心理潜能,促进其心理健康成长。因此,高校思政工作者主要是通过组织学生活动,或者在思想政治教育理论课授课中营造良好的氛围、创设实践平台、普及相关知识来促进大学生养成维护自我身心健康的习惯。其开展的心理辅导的具体事务主要聚焦于塑造大学生健康的人格,提高自我心理调适能力,如情商和意志力培养、情绪管理和压力应对能力提升、职业生涯规划和就业心理调适、养成良好的学习习惯、建立良好的人际关系等。

3. 大学生心理危机预防和干预的"协同者"

高校思政工作者应具有心理危机预防的意识,时刻绷紧生命安全这根弦。有人认为,心理危机预防机制的制定和实施应由心理健康教育中心的工作人员完成,思政工作者只是预防反应链上的关键人物。但是,从高校心理危机预防和干预体系的建设和运行效果来说,思政工作者是心理危机预防和干预的重要参与者和专业心理咨询师的"协同者"。以对有较为严重心理问题和心理障碍学生的处理为例,首先需要发现和识别症状,这项工作主要由辅导员完成,随后由具备心理咨询师职业资格的思政工作者(专业心理咨询师)进行评估,在其能力范围内给予学生心理咨询和辅导。若超出其能力范围,则需要及时转介给精神科医生诊断治疗。在这一阶段,思政工作者仍然要发挥重要作用。在大学生心理危机事件发生过程中,思政工作者还要做好协调工作,协助各相关部门与学生家长进行及时沟通,做好心理危机处置的善后工作,如对危机主体或其亲人、同学等做常规的心理疏导,创设有利于学生恢复心理健康的集体氛围等。

(三) 高校心理育人体系和思政工作者的心理育人职责

1. 高校的四级心理育人工作体系

根据心理育人的目标和任务,高校需要建设四级心理育人工作体系。

(1) 第一级:学校层面

学校心理健康教育工作领导小组由学校主要领导担任组长,分管校领导担任副组长,学生处、教务处、总务处、财务处、团委等处室负责人、各系部(或二级学院)党组织负责人、大学生心理健康教育中心主任为成员,全面负责学校的心理健康教育工作。

学校心理健康教育中心作为领导小组办公室,具体负责组织开展全校的心理健康教育工作,对系部(或二级学院)、班级、宿舍和心理社团进行指导和检查;面向全校学生开展心理健康教育课程教学、知识宣传、心理咨询与辅导、危机干预等工作。

(2) 第二级:院系层面

系部(或二级学院)心理辅导站由系部(或二级学院)党组织负责人担任站长,全体专、兼职辅导员和班主任为成员,条件成熟的可配备专职心理咨询师。辅导站结合二级机构实际,在学校心理健康教育领导小组领导下开展各项工作,执行学校心理健康教育中心安排的各项任务,负责本系部(或二级学院)学生心理健康教育工作的实施、监督和检查,对本系部(或二级学院)各班级的心理委员和学生心理自助组织进行指导。

(3) 第三级:班级层面

班级心理健康教育工作由辅导员或班主任负责。各班级选拔有较好的群众基础、乐于助人、善于沟通、热心班级心理健康工作的学生为班级心理委员,每班1~2名。班级心理委员负责向本系部(或二级学院)和校心理健康教育中心反映本班学生的有关心理健康的信息,负责向本班学生传达校、院系两级心理健康教育方面的工作任务和要求;对本班学生实施心理健康教育、心理辅导和初步的心理危机预警和干预。

心理社团是由热爱心理学、积极参与心理自助和志愿向同学提供心理帮助的学生自发组织形成的一种学生心理自助组织。心理社团在学校心理健康教育中心的指导下开展各种活动,学习、宣传心理健康知识,帮助会员和其他同学维护心理健康。很多高校都成立了心理委员联合会。它是由各班级心理委员组建的一个学生组织,在学校心理健康教育中心指导下,协助学校心理健康教育中心开展全校性的心理健康教育活动。这些组织有效地把学生、班级、院系和学校连接起来,在心理健康知识宣传、心理健康教育活动开展等方面发挥了重要的作用。

(4) 第四级:宿舍层面

各宿舍设置"心理天使"1名。"心理天使"由宿舍和班级选拔产生,接受系部(或二级学院)心理辅导站的指导,负责向班级、院系和校心理健康教育中心报告宿舍学生的心理健康信息,为需要帮助的室友提供必要的心理支持。

2. 高校思政工作者的心理育人职责

思政工作者岗位不同,所以具有不同的职责分工。具体如下:

(1) 高校党政干部。把心理育人的理念融入到学校总体的思想政治工作中,建设好"十大育人"体系,构建集"课程教学+心理咨询与辅导+心理健康活动+心理普查+心理危机预警和干预"于一体的心理育人网络,把心理育人作为思想政治工作的重要内容,各级领导干部带头关注学生的心理健康,做大学生心理健康发展的引领者、示范者和帮助者。

(2) 共青团干部。组织开展形式多样的学生社团活动,注重在团组织活动中培养学生自尊自信、理性平和、积极向上的心态。号召广大团员青年从自身做起,关爱自我心理发展,做心理健康的新时代青年。

(3) 思想政治理论课和哲学社会科学教师。把课程育人与心理育人紧密结合,在思政课程教学过程中尊重学生认知和情感的发展特点和规律,注重对学生的三观、性格、意志品质和健全人格的培养,从而实现育德和育心双丰收。

(4) 辅导员/班主任。把大学生心理健康发展作为班级管理的重要目标,把心理学理论和技术作为班级管理的重要依据,关注学生心理健康,组织开展形式多样的班级活动,创造积极向上、互助友爱的班级环境,促进学生德智体美劳全面发展。

(5) 心理咨询教师。采用线上线下相结合,以及有效的教学方法,上好大学生心理健康教育课;不断提高业务水平,为学生提供专业的心理咨询和辅导;组织开展形式多样的心理健康活动,宣传普及心理健康知识;参与学生心理健康普查、心理档案建设和心理危机干预;对有关人员进行培训,提高全员的心理育人能力。

心理咨询教师作为专业的心理学工作者,应通过学历教育、继续教育和自学等多种形式,学习掌握心理育人各领域的专业知识和技能。因此,本书将高校心理咨询教师以外的其余四类思政工作者作为主要阅读对象。

第一章 大学生的学习与学业发展

第一节 大学生学习心理

学习是大学生的主要任务。大学生的学业发展水平是其思想状况的重要影响因素之一。了解大学生的学习心理特点,引导帮助大学生主动学习,积极应对学业压力,是高校思政工作者的必备能力。

一、学习心理概述

(一)学习的含义

广义上的学习,是人和动物共有的行为,是指个体在一定情境下因反复经验而产生的行为或行为潜能的比较持久的变化。通过学习,动物和人可以获得经验,并引起行为或者心理结构的变化。与动物学习相比,人的学习具有主动性、直接经验和间接经验并存,以及以语言为中介等特点。

狭义的学习则专指学生的学习。学生的学习是指在各类学校的特定环境中,按照特定的教育目标的要求,在教师有目的、有计划、有组织地指导下,以掌握一定的系统的科学知识和技能,形成一定的价值观、世界观和道德品质为主要任务的学习。

(二)学习过程

学习过程是一个在意向活动(动机、情感、意志、性格等)参与下,以认识活动(感知、记忆、想象、思维)为基础的心理活动过程和以智能为核心的个性心理形成过程。据此,可以把学习过程分为六个阶段。

1. 动机阶段

学习者必须首先形成学习动机,才能产生学习行为。动机源于需要。当学习者产生学习的需要,他就会形成学习的意向,并确定学习目标,调动各种心理因素指向学习对象,形成学习的内驱力。动机阶段集中体现了意向活动的作用。

2. 了解阶段

这是认识活动的开始阶段,是学习者对学习材料予以注意和选择性知觉,并进行初步感知和思维加工。

3. 获得阶段

学习者对信息进行编码等进一步加工,即对学习材料进行比较、分析、综合,经过抽象概括形成概念法则,并把这些知识纳入已有的知识结构中或改组以往的知识结构。这种加工有利于深入理解知识,也有利于知识的记忆和巩固。

4. 保持阶段

学习者对所学知识进行进一步编码加工,使其便于存储在长时记忆系统中。

5. 运用阶段

相当于作业阶段。在这个阶段,学习者通过练习、实验、实习等途径,把所学知识用于新的学习或实践活动中,形成技能和品德。

6. 反馈阶段

学习者借助于反馈信息(他人评估或自我检查评价等)使学习动机和学习行为得到强化,并据此进一步调整学习态度和学习策略。

人类的学习,不管是学生的在校学习还是成人的业余学习,基本上都包括上述六个阶段。经过这几个阶段,学习者在知识、技能、情感、意志、人格等方面都会有所进步,从而走上新的台阶。

(三)学习的心理基础

学习的心理基础主要包括智力因素和非智力因素两种。

1. 智力因素

智力是影响学习的重要因素,尽管智力的定义尚无定论,但它与学习间的密切关系则是公认的。智力由注意力、观察力、记忆力、思维力、想象力、创造力等构成,其中思维力,特别是抽象逻辑思维是智力的核心。国内外学者的多项研究结果表明,智力与学生的学业成绩存在着中等程度的相关,智力不仅影响着学生的学业成就,更重要的是还影响着学生掌握知识与技能的速度、深度和灵活性,并且在很大程度上决定着学生的准备状态,决定着学生学习的可教育性程度。

人的一生中,智力水平随个体年龄的增长而变化。一般来说,智力的发展可以划分成三个阶段,即增长阶段、稳定阶段和衰退阶段。从出生到15岁左右,智力的发展与年龄的增长几乎等速,之后以负加速度增长,增速逐渐减慢。一般在18~25岁,智力的发展达到高峰。在成人期,智力表现为一个较长时间的稳定保持期,可持续到60岁左右。进入老年阶段(60岁以后),智力的发展表现出迅速下降现象,进入衰退期。当然,智力发展的趋势也存在个体差异。大学生正值智力发展高峰期,应充分发展智力。

2. 非智力因素

广义的非智力因素包括智力以外的心理因素、环境因素、生理因素。狭义的非智力因素指那些不直接参与认识过程,但对认识过程起直接制约作用的心理因素,主要包括需要、动机、态度、目标期望、归因、态度与价值观、自我效能感、习得性无助、个性(气质、性格)等,其中个性是核心。这里指的是狭义的非智力因素。它对人的认知活动和行为起着驱动、定向、引导、持续、调节和强化的作用。学生学习内容的选择在一定程度上取决于动机、兴趣等心理因素。长时间的学习会产生疲倦、松懈、枯燥乏味等情绪,这时就需要顽强的意志、强烈的求知欲等良好的因素介入,以推动学习能够持续进行。

对于大学生来说,智力的个体差异较小,学习中非智力因素比智力因素更具有影响力。大量研究表明,在智力水平相当的学生中,非智力因素优秀的学生,其学习成绩都高于非智力因素不良的学生;智力水平中等但非智力因素优秀的学生,其学习成绩也会超过智力水平较高但非智力因素不良的学生。

二、当代大学生学习心理的基本特点

(一)学习的专业性与广博性

大学生的学习活动是一种高层次的专业学习,是以掌握专业知识和技能为特征的社会活动。大学的学习与中学学习有着显著的不同。中学是基础教育阶段,不区分专业,主要是按年级划分学生,各年级开设的主要课程基本相同,只是难度有所差异。而大学是专业教育阶段,学生按专业划分,所学课程分为公共基础课、专业基础课和专业技能课等,目的是培养专业人才。各专业之间存在较大差异。但是,专业性不等于单一性,当今的大学教育同样注重对学生全面素质的培养,强调知识掌握的广博性。大学生在学习本专业知识的同时,也要广泛涉猎其他各学科领域,一专多能,以便更好地适应社会的发展。

（二）学习方式的独立性和自主性

大学生的学习虽然按照教师的要求进行，但是是以自学为主、教师教授为辅的，充分强调学生学习的自主性。学生自主安排课外时间，自我支配的时间较多。因此，大学生要学会统筹规划、合理安排自己的学习，懂得自我督促和自我检查，选择合适的学习方法，以提高学习效率。

（三）学习方法的创新性

创新是一个民族发展的灵魂，是一个国家前进的不竭动力，是一项具有开拓性的活动。大学生不仅要掌握基础知识和专业知识，同时还要积极拓展自己的思维能力，大学教育必须重视培养大学生的创新能力，大学生的学习也具有研究和探索的性质。大学生要学会利用新观点、新思想去武装自己，积极探索和思考，敢于提出自己的见解；大学生要渐渐地萌发一种重新整合各种知识，从新的角度解释已有现象的创新愿望，从而产生探索和创新的需求，并通过社会实践、参与科研项目等方式培养自己的创新能力。因此，在大学期间，大学生应当学会如何学习。

三、大学生常见的学习心理问题与调适

（一）学习动机不当与调适

学习动机是激发个体进行学习、维持已引起的学习活动，并使其行为朝向一定学习目标发展的一种内在的心理过程或内部心理状态。学习动机反映了学习者的某种需要，并决定着学习的方向，是影响学习效果的重要因素之一。心理学研究表明，学习动机对学习具有一定的促进作用，当动机强度处于中等水平时工作或学习效率是最高的。动机太弱或动机过强，都会对大学生的学习造成负面影响。

1. 学习动机不当的表现

（1）学习动机缺乏

学习动机缺乏是指学习缺乏动力，没有明确的学习目标，学习态度不端正，学习毅力不强，对专业不感兴趣。此外，家庭、社会、环境、经济等外部因素也会导致学习动机不足。学习动机缺乏主要表现为：学习目标模糊、缺乏理想、不愿上课、注意力下降、纪律观念淡薄；上课时无精打采，对知识毫无兴趣、无成就感、无抱负和期望；逃课等。

(2) 学习动机过强

学习动机过强同样不利于学习。学生自尊心过强,对自己的学习能力缺乏合理评价,个性好强、固执等造成学业自我效能感下降,从而产生巨大心理压力。主要表现为:自我期望过高,一旦遇到失败,自尊心就会严重受损;学习焦虑情绪严重,对成就的渴望过于强烈,害怕失败,精神长期处于紧张状态,把努力勤奋作为成功的唯一条件,对自己要求过高从而导致注意力减退、思维迟缓,甚至出现考试作弊等情况。

2. 学习动机不当的调适

思政工作者可以从以下几个方面帮助学生调适学习动机。

(1) 学习动机缺乏的调适

① 引导学生正确认识大学学习的意义。帮助大学生把学习与社会需要紧密联合起来,建立学习的价值感、使命感和责任感,使其能够规划自己的学业和人生。

② 协助学生培养学习兴趣。兴趣和爱好是最好的老师,是一切学习的基础,也是推动学习的强大动力。学习兴趣可以在学习过程中逐步培养,从而改变缺乏学习动机的状态。

③ 引导学生端正学习态度。学习态度是影响学习效果的重要因素。思政工作者要帮助大学生积极调整心态,转换角色,树立切实可行的学习目标。站得高,看得远,以积极的心态面对挫折和困难,从而全力以赴,显示出强劲的动力。

(2) 学习动机过强的调适

① 引导学生正确认识自我。帮助大学生通过各种方式对自己进行正确的自我评价,对自己的能力和水平做出客观的认识,制订恰当的学习目标,避免好高骛远。

② 帮助学生认识到过程比结果更重要。一味地强调结果会引发攀比心理,容易对学习结果形成不恰当的归因。因此,要引导大学生多关注过程,重视学习活动的亲身体验,形成积极的学习态度,正确对待荣誉和学业成绩。

③ 引导学生端正学习态度,积极参加社会活动。社会活动能丰富大学生活,促进个体素质的发展,给大学生提供体验成功的更多可能性,使其在保持学习热情的同时弱化过强的学习期望。

(二) 学习目标迷茫与调适

1. 学习目标迷茫

高中阶段,学生的学习目标是升学,学习几乎成为高中生的全部生活内容。

高考结束后,很多学生感觉轻松了,但与此同时,茫然也不期而至。多年的学习目标消失,压力骤减,进入大学后不知道为什么还要努力学习,于是出现前所未有的空虚、迷惘等感觉。还有的同学想好好放松一下,体验丰富多彩的大学生活,但是一旦放松就再也"紧张"不起来了。在每年毕业季的后悔墙上,都会有学生说:"就要毕业了,回头看自己所谓的大学生活,似乎什么都没有学到,什么都没有做到,不知简历该怎么写……当考试亮起红灯、就业遭受挫折时,才觉得为时已晚。"还有一种情况是学习目的不明,表现在对自己的发展方向没有想法和规划,盲目跟随潮流,社会上流行什么、别人学什么,就跟着学什么,学了不少,收获不多,真正适合自己的则更少。

2．明确学习目标

思政工作者可以从两个方面帮助学生明确学习目标。

（1）帮助学生学会规划人生与学业,制订合理的目标。学习目标有远大与短近之分,远大学习目标的建立在社会需要的基础之上,如为服务社会而学习。短近学习目标是与学习的具体活动或具体教学要求相联系的,如准确理解某个词的含义就是课堂教学要求的反映。大学生在学习过程中,既要有长远明确的目标,又要有短近具体的学习目的,后者是有效完成学习任务、成功达到远大学习目标的关键。

（2）协助学生设置分层目标。操作简易、合理可行的学习目标的确定,受多种因素的制约和影响,如个人兴趣爱好、能力和已有的主观条件等。应协助学生学会将相对宽泛的总体目标分解成多个具体的子目标,将一个长远目标分解成多个近期的子目标。目标分层渐进、简单易行并具有可测性。

一般来说,确定具体的学习目标时,应掌握三条原则:一是求近不求远。完成某项学习是眼前的事,而非指向未来的学习目标。二是具体明确而非笼统模糊。没有明确的学习目标,就不能做到有的放矢。三是分析个体情况,制订具体的有一定挑战性的学习目标。只有难易适度的学习目标才能激起自身强烈的学习动机。因此,思政工作者要不断地向学生提供学习的反馈信息,让学生随时知道自己阶段性的学习效果,并不断提高自我评价水平。在这个基础上再协助其制订合适的学业目标与学业期望,调整成就动机,脚踏实地,循序渐进,不好高骛远。

（三）考试焦虑与调适

1．考试焦虑及其表现

考试是一种复杂的智力劳动,是对大学生学习效果和知识掌握程度的检查。大学里考试科目众多、内容繁杂,所以在临考前,大学生普遍感觉心情焦虑、精神紧张、心理压力大，容易出现心理障碍。焦虑是一种以不安、担心和忧虑为标志的情绪状态。适度的焦虑有利于自身水平的正常发挥，提高考试成绩，但是过度的焦虑则会对身心健康产生危害。考试焦虑是在应试情境下引起的一种状态焦虑，它以担忧为基本特征，以防御或逃避为行为方式。对于大学生而言，身体的健康状况和成熟水平、遗传因素、学习水平、考试动机等都是考试焦虑的诱因。

考试焦虑是一种严重影响学生能力发挥的情绪反应，主要表现在以下几个方面：

（1）情绪上的担忧、焦虑、烦躁不安，主要担心考不好，会影响他人对自己的评价以及未来的前途等。

（2）注意力不集中、记忆力下降、答题效率低、思维僵化等。

（3）行为上心神不定、坐立不安、惊慌失措。

（4）焦虑严重时出现躯体化反应，在备考时出现头痛、食欲不振、恶心、失眠、腹泻等症状，在临考时出现心慌气短、呼吸困难、出汗、发抖等，在考试时，部分学生出现动作僵硬、看不清题、看错或看漏题目、大脑一片空白等。

2. 考试焦虑的调适

考试焦虑并不是一开始就有的，很可能是因为受到过去失败的考试经历的影响，所以产生心理压力，从而对考试产生了畏惧感，进而产生考试焦虑。对于大学生而言，考试成功的标准应该是在考试中发挥正常水平，顺利通过考试。然而，很多学生却因考试焦虑而导致考试时发挥异常。因此，调控好心理状态，以积极平和的心态应对考试是非常重要的。众多的研究表明，通过积极的自我调适，可以达到有效消除焦虑情绪的目的。

（1）帮助学生改变对考试的不合理认知。帮助学生意识到自我认识和评价是造成考试焦虑的关键，明确考试只是衡量学习好坏的手段之一，考试成绩并不能全面反映一个人的学习能力和知识水平，更不能决定一个人的前途和命运，不要把考试成绩看得太重，相信人可以用理智和意志来控制和调节情绪。

（2）引导学生调整抱负水平。引导学生学会合理地估计自己的能力，既要相信自己的能力水平，又能实事求是，不做过高的期望，降低过高的学习目标，保持合适的学习压力，重视学习的过程而不是考试的结果。

（3）教育引导学生认真学习和复习。帮助学生认识到只有平时学习刻苦勤奋，考试时才能"艺高胆大"，充满信心。考前全面复习，尽量熟悉考试题型、时间、地点、要求等，做到心中有数，胸有成竹。

（4）引导学生劳逸结合。引导学生科学用脑，讲究学习方法；注意营养，劳逸结合；睡眠充足，以维持神经系统的正常机能，以及保持充沛的精力、清醒的

（5）帮助学生掌握必要的考试技巧。学生应该在考前对考试的基本模式有所了解，以便做到心中有数。例如，在计算机、英语等课程考试前，应该熟悉题型，通过模拟测试来把握考试时间，通过不断地练习来掌握必要的答题技巧等。这样就可以使大学生在能力相同的情况下获得更高的分数，也有利于减轻考试焦虑。

（6）教育引导学生保持健康的体魄。在大学的学习生活中，大学生要注重锻炼身体，强健体魄，保证充足的睡眠，这样才能在考试时保持乐观的情绪、充沛的体力、清醒的头脑以及良好的身体状态。同时，适当参加一些户外的文娱和体育活动，劳逸结合，将有助于考前放松、稳定情绪，营造良好的考试状态。

四、大学生学习能力的培养

（一）培养大学生良好的个性品质

能力的发挥和人的个性特征有紧密的联系。凡是能够充分发挥自身能力、获得成功的人，都具有坚强、乐观、上进等优良的个性品质。学习是一个长期的过程，需要进行严格的自我计划性安排，在计划实施的过程中达到对所学知识的充分掌握。在学习的过程中，自我规划是保证学习顺利进行的必要条件。

此外，在学习过程中，免不了会有失败以及困惑不解的地方，这就需要大学生学会努力去克服。因此，高校思政工作者必须重视培养大学生对社会、对家庭、对自己人生负责任的态度和责任心，让他们具有积极乐观、健康向上、有责任感的优秀品质。高校思政工作者有责任培养大学生形成优良的个性品质，引导大学生树立远大目标，并形成积极进取的人生态度、开朗乐观的性格和坚强的意志。

（二）增强大学生学习的自我效能感

提升自我效能感对于大学生的学习具有重要意义：一是自我效能感影响学生对学习任务的选择；二是自我效能感影响学生学习的坚持性；三是自我效能感影响学生的思维方式与情感反应。

提升大学生自我效能感的途径包括：第一，引导大学生多发现自己的优点，让其看到自己的进步；不盲目地横向比较，而是同自己的过去纵向比较，看到自己的进步。第二，进行正确的归因。所谓归因，是指寻找成功或失败的原因。在解释学习成功或失败的原因时最好归结为不稳定但可以控制的因素，如努力的程度等。这样，当大学生学习成功时就可以促使他为下一次成功继续努力；

而当暂时失利时,也能够对自己说:"我的努力程度还不够,还要再加把劲。"

（三）提升内部学习动机

自我决定理论认为,当社会环境满足了人的三种先天的心理需要时,就可以促进内部动机。这三种需要是自主(自我决定做什么和如何做)、胜任力(发展和练习技能以操控环境)、相关(通过社会关系来依附他人)。基于此,思政工作者可以采取以下几种方法帮助大学生提升内部学习动机。

首先,引导学生正确认识学习的价值。在大学里,专业课往往是衡量学习能力的指标,对未来的发展有重要的影响。通过专业课的学习,可以培养大学生的学习能力。例如,获取信息的能力,加工、应用、创造信息的能力,创造能力,学习的调控能力等。因此,思政工作者可以引导学生认识到:学习专业课程是一个人自我认识、自我成长的过程,也是职业生涯中不可缺少的重要组成部分。

其次,引导学生在选择自主学习的材料时,难度系数不能太低或太高。难度系数太低不具有挑战性,不能高效调动积极性,就算完成了这个学习任务也难以感到成就感。同时,选择的任务也不能太难,否则既不能解决问题,又不利于调动内在的学习动机。

再次,协助学生学会自我奖励。在完成任务后可以给予自己适当奖励,以强化自身内在的学习动机。

最后,注意培养学生专业学习的兴趣。很多学生进入大学后,发现所学专业并非是自己理想的专业,专业课的学习枯燥乏味,没有学习兴趣,缺少学习的动力。思政工作者可以引导学生认识到,兴趣不是天生的,兴趣和其他心理因素一样,都是以一定的素质为前提,在后天环境中逐渐形成和发展起来的。

第二节　大学生职业生涯规划

一、大学生活与职业生涯规划

（一）职业生涯规划的含义

职业是人一生所从事的工作、岗位和扮演的一系列角色的综合,它既是可以从中获取应有报酬的岗位,又是扮演一定社会角色、履行自身社会职责的舞台，还是使个人实现人生价值的场所。生涯是指一个人的生命成长历程。职业生涯规划是指个人在生涯发展历程中，对个人的能力倾向、价值观、兴趣爱好、气质等个性特征，结合职业类型、行业发展和社会环境等客观因素，进行综合分析与权衡，确定个人的职业奋斗目标，并为实现这一目标做出行之有效的行动过程。

（二）大学生发展与职业生涯规划

1. 职业生涯规划可以发掘自我潜能，增强个人实力

一份行之有效的职业生涯规划可以引导大学生正确认识自身的个性特质、现有与潜在的资源优势，引导大学生对自己的综合优势与劣势进行对比分析，评估个人目标与现实之间的差距，对自己的价值进行较为准确的定位并使其持续增值，树立明确的职业发展目标与职业理想，搜索或发现新的或有潜力的职业机会，学会运用科学的方法并采取可行的步骤与措施，不断增强职业竞争力，实现自己的职业目标与理想。

2. 职业生涯规划可以增强发展的目的性与计划性，提升成功的机会

生涯发展要有计划、有目的，不可盲目地"撞大运"，相当一部分学生的职业生涯受挫就是由于生涯规划没有做好。好的计划是成功的开始，"凡事预则立，不预则废"就是这个道理。

3. 职业生涯规划可以提升应对竞争的能力

清华大学前校长顾秉林先生给毕业生说过这样一段话："未来的世界是，方向比努力重要，能力比知识重要，健康比成绩重要，生活比文凭重要，情商比智商重要！"大学生进行职业生涯规划能为自己确立职业方向、职业目标，选择职业道路，确定教育计划、发展计划，不断提升自己的职业竞争力，为社会、企业创造更多价值和财富，同时也能更好地实现个体价值。

4. 职业生涯规划有助于大学生自我认同的发展

研究发现，职业生涯团体辅导是促进大学生建立自我同一性的有效途径之一。自我认同是在校大学生发展的主要任务。认真思考并能够清楚回答"我是谁、我将到哪里去"，将对今后的工作、婚姻等产生重大影响，影响个体以后的生活质量。

二、影响大学生职业发展的心理因素

（一）动机水平

个体行为动机的强度取决于效价的大小和期望值的高低，动机强度与效价及期望值成正比。大学生行为动机强烈，即意味着为达到一定目标，他将付出极大努力。若效价为零乃至负值时,则表明目标实现对个人毫无意义。在这种情况下,目标实现的可能性再大,个人也不会产生追逐目标的动机。如果目标实现的概率为零,那么无论目标实现意义多么重大,个人同样不会产生追求目标的动机。

动机有内在动机和外在动机之分。内在动机是指人们根据其自发兴趣进行探索,掌握新信息、新技能,尝试新体验的一种动机。与外在动机驱使人从事某种活动相比,那些受内在动机驱使而从事某种活动的人会表现出更强烈的兴趣和自信,会发挥出更好的水平,有更出色的表现,并彰显出更鲜明的持久性和独特性的特质,其自尊和幸福感也可得到更充分的满足。因此,提高内部动机可以帮助学生克服困难,努力达到目标。

(二)人格特质

个体的能力倾向、兴趣爱好、气质与性格等方面的特质,会在一定程度上限制个人职业选择的自由。在职业定向上,能力因素起筛选作用,个人根据能力的高低和能力优势确定其职业意向。在人才市场上,用人单位都把能力作为一个重要的考虑因素。能力强的人自然倍受招聘者的青睐,在求职过程中也表现出更多的自信。能力差的人再加上自卑心理,求职时就会遇到更多的麻烦,不过个性等其他方面的优势可以缓解和改善这种状况。不同的能力优势也影响着职业选择趋向,长于记忆、细于观察、善于思维或想象力丰富的人都可能选择到适合自己并容易发挥自己能力特长的职业。

人的气质分为四种类型:多血质型、胆汁质型、黏液质型和抑郁质型。具有对应气质的人分别适合何种职业类型呢?如表1.1所示。

表1.1 四种气质类型与职业匹配

类型	适合的工作	对应职业
多血质	适合做社交性、文艺性、多样性、要求反应敏捷且均衡的工作,而不太适宜做需要细心钻研的工作	外交人员、管理人员、驾驶人员、医生、律师、运动员、新闻记者、冒险家、服务员、侦察员、警察、演员等
胆汁质	适合做反应迅速、动作有力、应激性强、危险性较大、难度较高且费力的工作,不适宜从事稳重、细致的工作	导游、勘探工作者、推销员、节目主持人、演讲者、外事接待人员等
黏液质	适合做有条不紊、刻板平静、难度较高的工作,不适宜从事剧烈多变的工作	外科医生、法官、管理人员、出纳员、播音员、会计、调解员等
抑郁质	适合做兢兢业业、持久细致的工作,不适宜做要求反应灵敏、处理果断的工作	技术员、打字员、检查员、登录员、化验员、刺绣工、机要秘书、保管员等

需要说明的是,气质并无好坏之分,任何一种气质都有其积极面和消极面。气质并不决定一个人的社会价值和成就大小。另外,现实生活中,纯粹属于某一气质类型的人并不多,大多数人都是属于几种气质兼而有之的混合型。需要强调的是,决定个人实际能力的是性格特点,而性格是后天形成的,是可以锻炼改造的,只要扬长避短,每一种气质类型的人都可以在大部分职业中有所作为。因此,确定职业意向要考虑气质因素,但又不能将它的作用扩大化、绝对化。

不同性格适应不同的工作领域。因为人们从事的职业具有各自不同的特点,所以对毕业生的性格特点也会提出不同的要求。一般来说,开朗、活泼、热情、温和的性格,比较适合从事外贸工作、涉外工作、文体工作、教育工作、服务工作以及其他同人群交往多的职业;多疑、好问、倔强的性格,比较适合从事科研、治学方面的工作;深沉、严谨、认真的性格,比较适合做人事、行政、党务工作;勇敢、沉着、果断与坚定是新型企业家和管理者不可缺少的性格。

(三) 早期生活经验

临床心理学家罗伊依据自己多年的临床心理学研究经验和对各类杰出人物有关适应、创造、智力等特质的研究结果,并综合精神分析论、莫瑞的人格理论与马斯洛的需要层次理论后提出:遗传因素和儿童时期的经验对未来职业行为有较大的影响。

罗伊认为,早年经验会增强或削弱个人高层次的需求,进而影响人的生涯发展。个体不同的儿童时期的经验会塑造出个人需求满足的不同方式。罗伊认为,需求满足的发展与个人早期的家庭气氛及成年后的职业选择有着密切关系。例如,个体成长过程中,父母对他(她)是接纳的还是拒绝的,家庭气氛是温暖的还是冷漠的,父母对他(她)的行为是自由放任的还是保守严厉的,这些都会反映在个人所做的职业选择上。人们选择的工作反映了儿时的家庭心理氛围。如果经历的家庭氛围是温暖、慈爱、接纳或过度保护,那么个人可能会选择服务、商业、组织、文化和艺术娱乐类等与人打交道的工作;如果经历的家庭氛围是冷漠、忽视、拒绝或过度要求,那么个人可能会选技术、户外、科学等与物体、动植物而非与人打交道的职业。

第三节　大学生的就业心理

一、大学生常见的就业心理问题

近年来,大学生就业受挫时产生的心理问题以焦虑、抑郁、自闭等心理障碍和自卑、自傲等自我认知障碍为主。心理专家将大学毕业生的这些心理问题统称为就业综合征,其有以下具体表现。

（一）急功近利

一些毕业生选择就业单位时过分强调金钱实惠,以工资高为择业标准,片面扩大对自我利益的追求而缺乏对职业理想、就业环境的考虑,只顾眼前利益,放弃长远目标。

（二）焦虑急躁

毕业生在投递了无数份简历,参加了若干场招聘会,经历了漫长的等待、失望之后,往往都会产生焦虑急躁的心理。其主要原因是缺乏充分的就业准备,对可能遇到的困难、出现的问题考虑不周,缺乏必要的心理准备和应对措施,缺乏对复杂的现实社会的理性认识,产生了步入社会前的心理恐惧。

（三）自卑抑郁

表现为对自身的能力和素质评价过低,对自己缺乏信心,觉得自己处处不如他人。在求职中,不能充分展示自我,缺乏大胆尝试、积极参与竞争的勇气,从而错失就业良机。

（四）挫折失望

大学生生活经历简单,未曾经历过多少波折,心理承受能力和自我调节能力较差,情绪波动较大,缺乏应对挫折的心理准备,进而在面对投出的简历没回音、面试被拒绝等挫折时,容易陷入苦闷、焦虑、失望、悔恨、愤怒等消极的心理状态。

（五）嫉妒自负

有人在失败和超越不了他人的时候，会产生一种由羞愧、愤怒、怨恨等组成的复杂情感，这就是嫉妒。伴随着嫉妒行为，会出现中伤他人，怨恨他人，诋毁他人，想方设法贬低他人，无端讽刺、挖苦他人等。还有一些毕业生因就读名校或所学专业紧俏，故产生高人一等的自负心理，从而因高估自己的能力而在求职择业过程中遭遇失败。

（六）择业从众

择业时的从众心理是指在求职择业时"跟着感觉走"，盲目从众。其主要原因是缺乏择业主动性，缺乏对现实就业市场和政策的充分了解，缺乏对就业信息的主动收集与分析判断，对自己的职业目标、需要、价值观以及自身特点等没有明确认识，在就业时不能正视自己的能力、素质和择业的客观环境，随大流而造成的。

（七）盲目攀比

一些大学生在求职时往往不能从自身的实际情况出发，而是喜欢与其他同学比较。尤其是成绩较好的同学，他们总觉得自己在校期间成绩较好、荣誉多，工作也理所当然应比他人好，却不知用人单位并非以此作为评判人才的唯一标准。在攀比心理的驱使下，他们将择业的目标定得过高，对用人单位要求十全十美。这种心态导致他们不能积极对自己进行客观、正确、公正的分析，过多地把注意力放在与他人的比较上，往往错失最佳的求职时机。

（八）依赖心理

一些毕业生在择业中缺乏独立意识和自主承担责任的意识，形成择业依赖的心理现象。这主要是由个人独立决策能力不强、缺乏进取精神造成的。其时常表现为：不主动出击，消极逃避就业市场，抱着等、靠、要的依赖思想，依赖家人通融社会关系，试图通过关系就业；依赖老师、学校送工作上门，总念着"车到山前必有路""天上也会掉馅饼"，试图坐等就业；即使有选择就业岗位的机会，也要向千里之外的家长寻求决策帮助，对职业左顾右盼，拿不定主意，以致贻误择业时机。

二、影响就业的心理因素

（一）自我同一性混乱

许多毕业生在求职择业时，尚未达成自我同一性。具体来说，就是对自己的职业目标、需要、价值观以及自身特点等没有明确的认识，在就业时不能正视自己的能力、素质和择业的客观环境，不能对自己有一个客观、清醒、全面的评价。因此，在职业选择时往往表现出茫然、犹豫不决、反复无常、见异思迁、躁动不安，不能主动、独立地获取职业信息、筛选目标、规划职业生涯，也不能解决就业中的问题并做出正确的决策。自我同一性混乱在就业中的两个突出表现就是盲目从众与依赖，缺乏自主择业的能力。

（二）自卑与自大

一些毕业生在求职过程中常会产生自卑心理，对自己评价偏低，尤其是一些高职高专院校的毕业生，他们总是认为自己的水平比别人差，单位要求很高而自己肯定达不到，自己能力不行，等等。就业中的自卑一般产生于以下一些情况：

（1）一些冷门专业的毕业生看到就业市场中寻求自己所学专业的单位少且待遇差，或者在求职遭冷遇时，就容易悲观失望。

（2）一些性格比较内向、不善言辞的毕业生在看到其他应聘者口若悬河，而自己什么也说不出来时，容易自惭形秽。

（3）一些在校成绩与表现一般的毕业生在看到他人的自荐书上奖励、证书、成果一大堆，而自己什么也没有时，容易自我贬低。

（4）一些女生在遭受到用人单位歧视后会自怨自艾。

总之，自卑的毕业生不敢正视现实，对自己的长处估计不够，怀疑自己的能力，不善于发现适合自己的职业岗位，在对自己的抱怨、贬低中失去了求职的勇气。

自卑的反面是自大，且两者有时会相互转化。一些专业较好、就业资本较雄厚的毕业生容易从自信变为自负。还有一些毕业生表现出脱离实际的自大，他们既缺乏对自己的客观认识，又对就业市场、职业生活缺乏了解，一切都凭自己的主观想象。例如，有的毕业生自以为经过大学几年的学习和锻炼已经满腹经纶，任何工作到手后都可以出色完成，在求职中自觉高人一等、自命不凡、四处吹嘘，一旦出现变故，就容易陷入自卑、自责、一蹶不振。

由此可见，自卑与自大都是大学生身上常见的人格缺陷，其在求职中的表现都是对自己缺乏客观的评价,同时对职业缺乏深入的认识。在就业中自卑与自大常存在交织的现象:一些毕业生在求职比较顺利时容易自大,一旦遭遇挫折就自卑;有些毕业生虽然对自身条件比较自卑,但是在面对用人单位时却又表现为自大。

(三)偏执和人际交往障碍

毕业生在就业过程中出现的偏执心理有三种不同的表现。

1. 追求公平的偏执

毕业生要求公平的竞争环境,对一些不良的社会风气会感到气愤。然而,有一些毕业生表现为对公平的过分偏执,将自己求职中碰到的一切问题都归结于就业市场的不公平,以致给自己的整个求职过程都笼罩上心理阴影。

2. 高择业标准的偏执

大多数毕业生对求职有过高的期望,不过多数人能通过在就业市场的体验来客观地认识和接受当前的就业现状并调整自己的择业标准。但仍有部分毕业生固执己见,偏执地坚持自己原来的择业标准,甚至宁愿不就业也不改变自己的期望。

3. 对专业对口的偏执

一些毕业生在就业时过分追求专业对口,不顾社会需要,无视专业的伸缩性、适应性,只要是与专业有一定出入的工作就不问,只要不能干本专业的工作就不签约。这样就人为地减少了自己的就业机会。

此外,有些毕业生缺乏基本的人际交往能力。例如,有的毕业生在求职过程中过于怯懦、紧张,不敢在招聘人员面前表现自己,甚至连面试都不敢去,常常一开口就面红耳赤、语无伦次;有的在求职中不会察言观色,不懂得照顾他人的感受,不懂得人际交往的基本礼仪。

三、大学生就业心理调适

(一)充满自信,不自负或自卑

自负和自卑都是在求职过程中最容易产生的两种极端心理,其原因都在于求职者对自己缺乏理性的认识和准确的定位。遇到这种情况时,要想办法使自己冷静下来,把父母的期待、同学的影响、求职的嘈杂等外在因素都抛在一边,正视最本真、最真实的自己,与心灵来一番对话:我是谁?我到底想要什么?我具有竞争优势吗?别把自己太当回事,也别把自己太不当回事。

大学生需要对自己有充分的认识,把主观愿望和客观条件结合起来,强化自信心。平时要注意培养自己良好的人格品质,改变不适应发展的不良人格品质,培养自信乐观、自强不息、宽容豁达、开拓创新等品质,树立自信心。在求职遇到挫折困境时,要相信自己的能力,不被暂时的困难所吓倒,正视现实,放眼未来,相信未来是美好的,前途是光明的,对自己抱有合理且坚定的信心。同时,适时调整自己的不良心理,不眼高手低,对求职的期望要适度,保持实事求是、知足常乐的心理。

(二)正视现实,调整期望值

正视社会现实是大学生择业必备的健康心态之一。积极的心态是正视社会、适应社会;消极的心态是脱离社会、逃避社会。求职考量的不仅仅是学生所在的学校、所学的专业以及个人的自然条件,还考量着学生的心态。

随着国家劳动人事制度的改革,社会将尽可能为大学生求职择业提供更好的环境,职业选择的机会将大大增加,这必定为大学生施展自己的才能提供更加广阔的天地,也有利于大学生自身的发展与成才。但同时也必须看到,当前乃至今后一个时期就业市场仍然存在较大的竞争,因此大学生求职时要适当调低求职预期,不能以精英化时代的就业观念来对接大众化时代的就业市场。就个体来讲,既不能过高地估计自己,盲目乐观、宁缺毋滥,导致错失机会,成为"剩男""剩女",也不能自卑自弃,"饥不择食",影响自己的职业发展。因此,大学生要从实际出发更新择业观念,面对人才市场必须勇于竞争,以便早日被社会承认和接受。

大学生要正视社会现实,并认清社会需求,根据社会需要选择适合自己的工作,而不应好高骛远、脱离实际。人的本质是社会关系的总和,人不能离开社会而生存与发展,每个人自我愿望的实现都离不开他所处的社会环境。择业作为人的一种社会性活动,也必然会受到种种社会条件的制约。大学生一旦脱离社会需求,就很难被社会接纳,甚至难以生存下去。那种一味追求个人名利以满足自己愿望的择业观是不可取的。

(三)正确对待挫折,不急躁或忧郁

求职是一场心灵的砥砺,它考量的不仅仅是求职者的学历和能力,也在考量着每个求职者的意志和智慧。挫折是试金石。心理健康的人,勇于向挫折挑战、百折不挠;心理不健康的人,知难而退,甚至精神崩溃、行为失常。大学生在求职过程中应保持健康稳定的心理、积极进取的态度。遇到挫折不要消极退缩,而要认真分析失败的原因:是主观努力不够,还是客观要求太高?是主观条件不具备,还是客观条件太苛刻?经过认真分析,才能心中有数,进而调整好心态。

有的同学只遇到一次落聘就灰心丧气、一蹶不振,或者急躁、抑郁。落聘虽失去了一次选择职业的机会,但并不等于择业无望、事业无成。过于急躁就有可能躁而生怒、躁而生悲、躁而生怨。人在过于急躁的情况下往往会不冷静、不理智,甚至会情绪失控,而带着情绪做出的决定往往会带有很大的偏差和盲目性。因此,遇到挫折时,要急而不躁、忧而不郁,要敢于向挫折挑战,要知难而进、百折不挠。当出现问题时,要增强理智、学会克制,多从积极的角度考虑问题,并采取转移视线、转换角度等方法舒缓情绪、调节心理。

(四)面向未来,不怨天尤人

虽然多数大学生可以通过双向选择获得满意的职业,但是由于种种原因,仍有一部分大学生的志愿难以实现。有些大学生在遭遇求职失败后,不是积极从自身找原因,认真总结经验教训,振奋精神继续努力,而是整天怨天尤人、大发牢骚,埋怨招聘条件太苛刻,埋怨自己生不逢时,埋怨"天不助我",埋怨没有识才的伯乐等。这些人只相信运气、机缘、天命之类的外在东西,却忽视了态度、才智、气质等基本的内在因素,本末倒置,缘木求鱼。看到他人表现出色,他会说"那是天分";看到别人找到满意的工作,他会说"那是幸运";看到有人受到老板重用,他会说"那是有背景",始终不明白自己的问题究竟出在哪里。

"木桶理论"表明,一个人的成功,一件事情的成功,是多种因素共同作用的结果,而其失败往往只缘于其中一个因素的作用,并不需要众多因素的合力作用。求职受挫不可怕,可怕的是不能从自己身上找原因。亡羊不去补牢,而是怨天尤人,千方百计给自己找借口,失败的阴影就会一直笼罩着你。与其诅咒黑暗,不如点亮蜡烛。借口只是懦者的护身符,拒绝借口才是强者的奠基石。大学生应该审视自我、正视现实、放眼未来。就业是自己生活的新起点,全身心投入其中,才能使自己成长、发展、充实、满足,从而实现自我价值,服务社会。

第二章　大学生的情绪与情感

第一节　情绪概述

一、情绪的内涵

情绪是人们内心活动过程中产生的心理体验,或者说,情绪是人们对客观事物是否符合自身需要的态度体验。

（一）情绪有其生理反应

在不同的情绪状态下,人的心律、血压、呼吸乃至人的内分泌、消化系统等,都会发生相应的变化。例如,人在焦虑状态下,会感到呼吸急促、心跳加快;在恐惧状态下,会出现身体战栗、瞳孔放大;在愤怒状态下,则会出现面红耳赤等生理特征。这些变化都是受人的自主神经支配的,不由人的意识所控制。即使你不愿意表露出来,甚至极力去控制,这些变化仍然会出现。

（二）情绪是一种内心感受

不同情绪的生理状态必然会反映在人的知觉上,反映到人的意识中,从而形成不同的内心体验。例如,人在受到伤害时,会感到痛苦;在朋友聚会时,会感到由衷的快乐;当面对极度危险境地时,会让人产生毛骨悚然的恐惧感;当自己的某些需要得到充分满足时,会感到幸福愉快;在被欺辱时,会感到愤怒。

（三）情绪会表现在行为中

情绪不仅体现为生理反应和内心体验,还会直接反映在人的外在行为表现中,如人的表情、语态和行为过程。面部表情最直接地反映着人的情绪状态,可通过一个人的面部表情的变化来了解一个人的情绪状态。例如,当自己喜欢的球队获胜时,脸上会不由自主地喜笑颜开;当遇到困难和挫折时,就会愁容满面。体态行为也同样反映着一个人的情绪状态。例如,在期末考试过后,思政工作者可通过学生们表现出的坐立不安、手舞足蹈和垂头丧气来判断他们此时此刻的情绪状态和心境。声音语态是指人们交流时声音的声调、音色和声音节奏的快慢等方面的变化。例如,一个人悲伤时会出现语调低沉、言语缓慢、语言断断续续;而兴奋时则会语调高昂、语速加快,声音抑扬顿挫、清晰有力。

二、情绪的分类和功能

（一）情绪的分类

情绪是非常复杂的。研究者对情绪进行了长期的探索,提出了一些分类方法。

1. 从愉悦维度区分

情绪的愉悦度是指情绪体验在快乐和不快乐程度上的差异,依此可以把情绪分为积极情绪、消极情绪和双重情绪。

（1）积极情绪。积极情绪是人们进行正性的、积极的外部行为和内心活动时的情绪状态。其核心是积极的内心体验,如喜欢、满足、快乐等。

（2）消极情绪。消极情绪代表个体对某种消极的或厌恶的情绪的体验程度,如紧张、悲哀、厌烦、不满等。

（3）双重情绪。许多情况下,人的情绪并不简单地表现为积极或消极两种,如满意和不满意、信任和不信任等,而经常表现为既喜欢又怀疑、基本满意又不完全称心等双重性。例如,消费者对要购买的商品非常喜爱,但对商品的价格偏高则感到有些遗憾。

2. 从情绪状态区分

依据情绪发生的强度、速度、紧张度、持续性等指标,可将情绪分为心境、激情和应激三种。

（1）心境是一种比较平静而持久的情感体验。当人处于某种心境时,会以同样的情绪体验看待周围的事物。例如,人在伤感时,会见花落泪、对月伤怀。心境体现了"忧者见之则忧,喜者见之则喜"的弥散性特点。平稳的心境可持续几小时、几周、几个月,甚至几年。

（2）激情是一种迅速爆发且用时短暂的情绪体验。激情往往是由对人具有重大意义的强烈刺激所产生的过度兴奋或抑制引起的。积极的激情可以激励人们去克服困难,成为正确行动的强大推动力;消极的激情具有抑制作用,会使人对周围事物的认识与自控力降低,不能预见行为的结果,不能评价自己的行为及其意义。因此,在激情状态下,要注意调控自己的情绪,以避免冲动性行为。

(3)应激是指人在意外的紧急情况下所产生的适应性反应。当人面临危险或突发事件时,人的身心会处于高度紧张的状态,引发一系列生理反应,如肌肉紧张、心率加快、呼吸变快、血压升高、血糖增高等。例如,当遭遇歹徒抢劫时,人就可能会产生上述的生理反应,从而积聚力量以进行反抗。但应激的状态不能维持过久,因为这样很消耗人的体力和心理能量。一个人若长时间处于应激状态,则可能引发适应性疾病。

(二)情绪的功能

喜、怒、哀、乐并不简单地是一个人内心体验的表达。情绪对人的生存和生活都具有重要的意义。总结起来,情绪对于个体而言具有以下四项功能。

1.自我防御功能

在正常情况下,情绪能够帮助人们做出更迅速的反应。当身体或人的其他方面受到威胁时,人会产生恐惧以应对威胁;当发生利益或权利上的冲突时,人会产生愤怒以应对冲突;当吃到不适的食物或污物时,会产生厌恶感。因为我们可以清楚地体察这些情绪,所以才能积极地采取应对措施,以达到情绪上的平衡。这些情绪反应表现出非常明显的自我保护倾向。例如,学生在考试前会表现出适当的焦虑,这种焦虑的情绪会促使他们更加认真地复习功课,以达到自己的考试目标。

2.社会适应功能

情绪能够使个体针对不同的刺激事件产生灵活自如的适应性反应,并调节或保持个体与环境间的关系。情绪在社交活动中拥有广泛的作用。例如,作为一种积极的社交黏合剂,它使你更贴近某人;作为一种消极的社交防水剂,它使你远离他人。情绪不仅直接反映着人们的生存状况,如快乐表示生活得幸福,痛苦表示生活得困苦等,人们还通过情绪进行社会适应,维持人际关系,传递信息和沟通思想,以求得更好的发展。例如,羞怯感可以加强个体与社会习俗的一致性。当个体对他人造成伤害时,内疚感可激发社会公平重建。其他的情绪,如同情、喜欢、友爱等,也能起到构建和保持社会关系的作用。同时,个体间既能凭借表情传递情感信息,也能凭借表情传递自己的某种思想和愿望。你在聆听他人的演讲或谈话时始终面露微笑,就可以把支持和赞赏等情绪传达给对方;同样,你也可获得对方的好感。

3．动机唤起功能

新买的鞋子刚穿了一天就开线了,你为什么会立即去商店要求退款?如果你想回答"因为我生气了"或"因为我很失望",那么你就可以发现情绪实际上成为了行为的原动力。

情绪的一个重要功能是促使人向重要的目标迈进。由情绪引发的生理唤醒可以令人达到最高的绩效水平。适度的情绪兴奋,可以使身心处于活动的最佳状态,进而推动人们有效地完成工作任务。人在紧张情绪发生时会表现出一系列生理变化,如血压升高、呼吸频率提高、肾上腺素分泌增加等。这一切都有助于一个人充分调动体力,去应付紧急状况。

4．强化认知功能

研究证明,情绪影响学习、记忆、社会判断和创造力。情绪反应在人们对生活经历进行组织和分类时起着重要作用。当出现紧急情况时,消极情绪(如愤怒和恐惧)能够唤起大脑的警觉水平;积极情绪(如高兴)能使一个人的感觉和知觉变得敏锐、记忆力增强、思维更加灵活,有助于一个人内在潜能的充分发挥。也有研究表明,如果一个人在特定的情境下体验到给定的情绪时,那么这种情绪就会同事件一起储存在他的记忆中,就像背景一样。而在处理和提取信息时,那些和当时情绪一致的内容更容易被发现、注意和深入加工。这说明,有效记忆的方法之一就是把情绪加入到影响记忆编码的重要情境因素中去。

总之,情绪在人的生活中占有重要的地位。正是由于情绪的存在,人们才能体验到幸福、欢乐、喜悦、爱情,才会欣赏美好的事物,体会创造的愉悦。如果没有情绪,那么这个多姿多彩的世界将毫无意义。因此,每个人都应该学会认识自己的情绪,并适时地管理和调控自己的情绪,以促进自己的身心健康。

三、健康情绪的标准与表现

人本主义心理学家马斯洛在阐述关于"自我实现者"的情绪特点时,提出了健康情绪的特征:平和、稳定、愉快和接纳自我,清醒的理智,适度的欲望,对人类有深刻、诚挚的感情,富于哲理、善意的幽默感,丰富、深刻的自我情感体验。

对于大学生来说,情绪健康具体表现为:情绪的基调是积极、乐观、愉快、稳定的;对不良情绪具有自我调控能力,情绪反应适度;高级社会情感(理智感、道德感、美感等)得到良好的发展。

概括地说,可以从三个方面考察情绪是否健康。

(一)愉快的情绪多于不愉快的情绪

一般表现为乐观开朗、充满热情、富有朝气,善于自得其乐;处事豁达,不斤斤计较;谈吐风趣、幽默、文雅;自信、乐观、有主见,能独立地解决问题,进行创造性的工作;对自己、对生活充满信心和希望;对前途充满信心,富有朝气,勇于上进,坚韧不拔。

（二）情绪稳定性好,善于控制和调节自己的情绪

既能克制约束,又能适度宣泄,不过分压抑,使情绪的表达既符合社会规范的要求,又符合自身的需要;情绪正常、稳定,不会经常或长时间地大起大落或喜怒无常,能随遇而安;尊重他人,具有一定的宽容性,能与人为善、和睦相处,建立良好的人际关系;明智、少偏见,能正确认识自己和他人的长短处;能面对现实、承认现实和接受现实,并能按社会要求行动;对平凡的事物保持兴趣,能不断从生活环境中得到美的享受、快乐的享受,会学习也会消遣;能给予人爱或接受他人的爱,待人热情、乐于助人、有同情心。

（三）情绪反应由适当的原因引起

一个人的喜、怒、哀、恐等情绪都是由具体的可感受的现象和事物引起的,而非莫名其妙的无端反应。同时,情绪反应的性质、强度和持续时间应与引起这种情绪的情境相符合。

第二节　大学生常见情绪问题及调适

一、大学生的情绪特点

（一）丰富性和复杂性

大学阶段是大学生身心发生较大变化的阶段。在这一时期,大学生将面临人生的多种选择。随着学习、交友、恋爱、就业等事件的发生,他们的社会化水平不断提高,自我认识的内容越来越丰富,情感体验也在逐步加深。他们朝气蓬勃、精力充沛、思维活跃、兴趣广泛,有着丰富、强烈而复杂的感情世界。他们的情绪体验快而强烈,喜怒哀乐常常一触即发。心理学家常用"急风暴雨"来比喻这种丰富而复杂的情绪特征。

大学生的情绪发展是一个由不稳定到稳定、由不成熟到成熟的渐进过程。由于大学不同年级的培养目标和培养重点不同,大学生的情绪发展出现阶段性

和层次性的特点。以专科院校学生为例。一年级新生主要面对的是适应新环境、掌握新的学习方式、确立新目标等问题,此阶段他们的情绪波动较大。二年级学生由于对学习和生活普遍存在适应感和自信感,情绪较为稳定;三年级学生受就业信息的影响,内心会有一些压力;情感问题会成为部分学生的第一大事。三年级学生因为面临着就业或升学等多方面的重大问题,所以内心压力较大,情绪呈现出矛盾性和复杂性的特点。

(二)外显性和内隐性

大学生情绪的外显性和内隐性是同时存在的。他们对外界的刺激反应迅速、敏感,常常将情感外露,这是情绪外显性的表现。虽然他们的情感变化与外部表现在多数情况下是一致的,但是由于自制力的逐渐增强,以及思维独立性和自尊心的发展,情绪的文饰性表现开始增多。例如,有的人即使遭受挫折,也努力克制沮丧的情绪,以笑颜示人;有的人对异性萌生爱慕之情,却刻意给对方"并不在意"的印象。

同时,大学生常常会思考"我是谁""我的生活目标是什么""我应该如何发展"等问题。对这些问题的探究导致了他们开始关注自我、情绪内隐。这是大学生积极认识自我、适应社会的一种表现。大学生愿意拥有更多的私人空间,内心深处有渴望被理解的需要。

(三)稳定性和波动性

大学生情绪的稳定性相比高中生有了很大的提高,但仍存在一定的波动性。大学生的情绪容易波动,会从一个极端发展到另一个极端。他们的积极性往往随情绪起伏而涨落。在波动起伏的情绪中,往往可以观察到大学生试图理智地控制自己的情绪时所做的努力。

大学生情绪的波动性是处在青春期的他们在发展过程中迅速走向成熟却又未完全成熟的表现。就其自身发展而言,一方面,大学生对自我的认识还不稳定,还缺乏完整的把握,因而轻易地加以绝对的肯定或否定,往往易走极端。他们的人生观、价值观也正在逐步确立中,经常会自我否定。另一方面,社会、家庭、学校及生活事件都会对大学生的情绪产生影响,使他们的情绪摇摆不定,时而热情兴奋,时而悲观消沉,有时会因为一件微不足道的小事黯然神伤,有时也会通过理智的思考处理一些棘手的事情。

二、大学生常见的不良情绪及其危害

大学生有强烈的上进心,渴望做出一番成就,可是由于人生经验和社会经验不足,学习和生活中的学业压力、竞选失败、人际冲突、失恋、就业困难等会使他们产生负性的情绪,如愤怒、憎恨、悲伤、焦虑、恐惧、苦闷等。当然,这些负性情绪体验都是个体应对环境或事件的常见反应,本身具有调节意义,并无好坏之分。只有强度过大、持续时间过长的负性情绪才可能对个体造成危害。

大学生常见的不良情绪有焦虑、愤怒、抑郁、嫉妒等。

（一）焦虑

焦虑是一种复杂的综合的负性情绪,是在社会生活中,人们对可能造成心理冲突或挫折的某种事物和情境进行反应时所产生的一种不愉快的情绪体验。个体主观上预料到将会有某种不良后果产生,但因无法明确不良后果的性质与内容,从而无法采取有效的手段加以控制,便产生焦虑。其表现是提心吊胆、惶惶不安、忧心忡忡,似乎会大祸临头,却又说不出究竟怕什么或者究竟会发生什么样的灾难或不幸。

焦虑可以分为现实性焦虑、道德性焦虑和神经症性焦虑。严重的焦虑情绪若长时间不能得到处理,就会导致焦虑性神经症,突出表现为：一是无原因、无对象的烦躁,易激怒,注意力不集中,记忆力下降,经常处于惊觉状态；二是躯体性表现,如颤抖、坐立不安、来回走动、经常变换姿势等；三是自主神经功能紊乱,如心跳加快、呼吸紧迫、胸闷、心悸心慌、多汗等。

焦虑是大学生常见的异常情绪和心理障碍,主要涉及以下几个方面：一是考试焦虑,即因担心考试失败或渴望获得更好的成绩而产生的一种忧虑、紧张的心理状态,考试焦虑一般在考试前几天就会表现出来,随着考试日期的临近而日益严重；二是身体焦虑,即因对身体健康过分关注而产生的焦虑不安,并有失眠、疲倦等症状；三是适应焦虑,即因对大学的环境、学习方式和人际关系等不能快速适应而产生的焦虑,常见于一年级学生。

（二）愤怒

愤怒是由于客观事物与人的主观愿望相违背或者主观愿望无法实现时,人内心产生的一种激烈的消极情绪反应。心理学研究表明,当愤怒发生时,可能导致人体心跳加快、心律失常、血压升高等躯体性疾病。同时还会使人的自制力减弱甚至丧失、思维受阻、行为冲动,干出一些事后后悔不迭的蠢事,或者造成不可挽回的损失。

愤怒是大学生常见的一种消极情绪,精力充沛、血气方刚的青年大学生,在情绪情感发展上容易形成好激动、易动怒的特点。例如,有的大学生因一句刺耳的话或一件不顺心的小事而暴跳如雷；有的因人际协调受阻而怒不可遏、恶语伤人;有的因他人的观点或意见与自己相左而恼羞成怒;有的因暂时的挫折或失败而悲观失望、痛不欲生。凡此种种遇事缺乏冷静分析与思考,图一时之快,逞一时之勇的好激动、易动怒的不良情绪特点,在一些大学生身上时有体现。这种情绪对于大学生来说是极其有害的。

(三)抑郁

抑郁是一种因感到无力应付外界压力而产生的消极情绪,一般表现为情绪低落、心境悲哀。抑郁者会表现出对生活的无望感和强烈的无助感。大学生抑郁情绪的表现有郁郁寡欢、闷闷不乐、做事情缺乏兴趣、没有活力、思维迟缓、回避与他人的交往、感到生活没有意义等。与此同时,还伴随身体症状。例如,经常感到乏力,起床变得困难,更严重时睡眠状况都将改变,睡得太多或早晨醒得太早,并且不能再次入睡;也可能出现饮食紊乱,吃得过多或过少,随之而来的是体重激增或剧减。抑郁是一种持续时间较长的低落的消沉的情绪体验,常常与苦闷、不满、烦恼、困惑等情绪交织在一起。

有抑郁倾向的大学生对自我的评价是以消极为特征的,严重的抑郁还会导致大学生自杀。因此,对抑郁情绪的及时调整是非常重要的。

(四)嫉妒

嫉妒是自尊心的一种异常表现,是因他人胜过自己而引起抵触的消极的情绪体验,在大学生中普遍存在。大学生中常见的嫉妒心理是攀比心理,他人有的东西自己没有就会产生心理不平衡和一种相对剥夺感。有些大学生不能对自我做出正确的评价,总是喜欢拿自己的长处和他人的短处比,不允许他人超过自己。当看到他人的学识能力、品行荣誉甚至穿着打扮超过自己时,内心就会产生不平、痛苦、愤怒等感觉。当他人身陷不幸或处于困境时则幸灾乐祸,甚至落井下石,在人后恶语中伤、诽谤。嫉妒是一种情绪障碍,它扭曲人的心灵,妨碍人与人之间正常真诚的交往。

嫉妒心强的人往往事事好胜,常想方设法阻止他人的发展,总想压倒他人。这可能使他人想躲开你,不愿与你交往,从而给自己营造出一个不良的人际关系氛围,进而带来孤独、寂寞等情绪。嫉妒还会造成个人内心的痛苦。嫉妒心强的人,常常陷入苦恼之中不能自拔,时间长了会产生自卑,甚至可能采取不正当的手段去伤害他人,使自己陷入更恶劣的处境。

不良情绪的产生,一方面是机体为适应环境而做出的必要反应,它能动员机体潜在的能量,使自己适应环境的变化;但另一方面,这种情绪的产生又会引起高级神经活动的机能失调,使人体失去身心平衡,从而对机体的健康产生十分不利的影响。我国古代的医学典籍中很早就有了关于不良情绪影响人的生理功能的论述,如喜伤心、怒伤肝、忧伤肺、思伤脾、恐伤肾。当然,这里所说的情绪反应都超过了一定的限度,要么过分强烈,要么过分持久。

长期的负性情绪会妨碍个体正常的心理功能,如注意力、记忆力、思考和抉择的能力,同时导致社会功能下降,如学习不能集中精力,人际交往中冲突增多。持续性的不良情绪往往会使某些人寻求一些错误的应对方式,而这些错误的应对方式会进一步强化不良情绪,从而导致恶性循环。例如,长期酗酒或上网会造成酒精依赖或网络成瘾,更有甚者,还会诱导某些精神障碍,如精神分裂症、双向情感障碍、痴呆、强迫症、恐惧症、疑病症等。因此,应及早消除不良情绪,以防发生上述问题。

三、情绪管理与调适

管理情绪,特别是管理消极情绪,可以从四个方面入手。

（一）认知调控法

认知调控方法是指当个人出现不适度、不恰当的情绪反应时,理智地分析和评价所处的情境,分析形势,理清思路,冷静地做出应对。认知调控的关键是控制与即时情绪反应同时出现的认知和想象。

认知调控方法在实际应用时可分为两步:一是分析刺激的性质与程度。人类情绪反应是进化选择的结果,有利于种族的生存与发展,是驱动我们应付环境、即刻反应的本能冲动,虽然伴有认知过程和结果,但即刻的认知往往笼统、模糊,其诱发的反应往往强烈。冷静分析问题所在,可以即时调控过度的情绪反应。二是寻找多种解决问题的方案,经比较后择优而行。情绪引发的即刻反应往往是冲动性本能反应,有时可以帮助我们脱离险境,如室内失火时夺门而出以避险;有时则会导致灾难性后果,如高层建筑失火时从窗户往下跳。很多问题都有多种可能的解决方案,寻找最佳方法至关重要,而冷静思考是前提。

（二）行为调控法

詹姆斯于1884年提出的情绪理论认为,情绪是内脏器官和骨骼肌活动在脑内引起的感觉。也就是说,人是因为笑而快乐,因为哭而悲伤,因为发抖而恐惧。乍一看,这似乎很奇怪,可是人们却不乏这样的经验。在哈哈大笑时,人会不自觉地感觉到轻松。挺胸抬头一点,脚步坚定一点,笑容灿烂一点,这样的自信大方不仅会让你显得风度优雅,同时也会改变你的心情、态度和看待问题的方式,你的内心深处会涌起自信、淡定和幸福。情绪低落时,积极地去做一些有意义有价值的事情,不仅能有效地分散注意力,将自己从消极的情绪中转移出来,还能增强自我效能感,让自己的心情"雨过天晴"。

处于情绪困境时,可以暂时将问题放下,从事你喜爱的活动以转变情绪体验的性质,也可以达到调控情绪的目的。事实证明,听音乐是调控情绪的有效方式之一。欢快有力的节奏使情绪消沉者振奋,轻松优美的旋律让紧张不安者松弛,大学生可以学习乐器演奏和音乐创作,把内心的体验转化成心灵的曲调,并从中体验成功。体育活动也是转移调控情绪的良好方法。当情绪状态不佳时,游泳跑步、打球下棋都是极好的情绪调控手段,体育活动既可以松弛紧张情绪,又可以消耗体力,使消沉者活跃,激愤者平静,实现平衡情绪的目的。

（三）合理宣泄

遇到不良情绪时,最简单的办法就是"宣泄",具体可以采用以下四种方式进行宣泄。

（1）倾诉宣泄。俗话说:"快乐有人分享,是更大的快乐;痛苦有人分担,就可以减轻痛苦。"将不愉快的事情隐藏在内心深处,会增加心理负担。当出现不良情绪时,可以找一个你认为最能理解或最值得你信任的人,尽情地将心中的郁闷无所顾忌地倾诉出来。这样,一方面会使不良情绪得到宣泄,另一方面你在倾诉烦恼的过程中,还可以获得更多的情感支持和理解,获得认识和解决问题的新思路、新途径,从而增强克服困难的信心。

（2）书写宣泄。通过写信、写文章、写日记等方式,将内心的消极情绪宣泄出来。它的好处在于可将那些因各种原因而不能对他人表露的消极情绪宣泄出去。

（3）运动宣泄。医学研究表明,运动可以使人的情绪得到振奋。通过打球、跑步、游泳等有氧运动将消极情绪宣泄出来,这种方式既可以直接宣泄消极的情绪,又能达到锻炼身体、促进心理健康的目的。建议每周运动3~4次,每次持续30分钟。

（4）哭泣宣泄。通过号啕大哭或偷偷流泪的方式将消极情绪宣泄出来。科学研究表明,流泪能将人体内导致情绪压抑的化学物质排出,从而使不愉快的情绪得到缓解,消除心理上的压力。当然,哭泣时应注意时间和场合。

（四）学会寻求帮助

当陷入较严重的情绪障碍时,大学生有必要向社会支持系统寻求帮助。每个大学生都应该建立自己的社会支持系统,有能够在心理方面给予自己支持、帮助的社会网络,如亲人、朋友,或者专业的社会工作者、心理医生。社会支持系统的存在有多个方面的意义:一是拥有倾诉的对象,苦恼的人将苦恼向他人倾诉之后,会有轻松解脱的感觉,大学生应该经常利用这种情绪调控手段;二是提供新的看问题的视角和思路,帮助当事人走出个人的习惯性思维模式,重新评价困境,寻找新的出路;三是社会工作者和心理医生可以提供专业意见、建议,运用心理学手段和方法帮助大学生更有效地解除情绪障碍。

第三节 情商及其培养

一、情商的概述

美国当代心理学家沙洛维和梅耶于 1990 年提出情绪智商理论,并认为情绪智商是影响个人发展的重要因素。1995 年,哈佛大学心理学博士丹尼尔·戈尔曼进一步提出"情绪智力"的概念(通常称之为情商,EQ),并经过科学论证后得到结论:EQ 是人类最重要的生存能力。

情绪智力指的是管理情绪的能力,代表一个人能否适当地处理自己的情绪,具体包括自制力、热忱、毅力、自我驱策力等。一个高情绪智力的人通常情绪稳定,不因小事而产生剧烈的情绪波动,并且在产生情绪反应时,能够恰当地处理自己的情绪,对事对人能有合理的想法,同时做出合宜的行为。

沙洛维认为情商包含五种能力。

(一)认识自己的情绪

认识情绪的本质是情感智商的基石,当人们出现了某种情绪时,应该承认并认识这些情绪,而不是躲避或推脱。只有对自己的情绪有更大的把握性,才能成为生活的主宰,良好地引导自己和自己的情绪,并能准确地决策某些重要的事情;反之,不了解自身真实情绪的人,必然会沦为情绪的奴隶。

(二)妥善管理情绪

情绪管理是指能够调控与安抚自己的情绪,使之适时、适地、适度。这种能力具体表现在,通过自我安慰和运动放松等方法来有效地摆脱焦虑、沮丧、激怒、烦恼等因失败而产生的消极情绪的侵袭,不使自己陷入情绪低潮中。这方面能力较低的人,时常需要与低落的情绪交战;而这方面能力高的人则能够控制刺激情绪的根源,可以从挫折和失败中迅速摆脱,重整旗鼓,迎头赶上。

（三）自我激励

自我激励是指能够整理好情绪，让自己朝向一定的目标努力，增加注意力与创造力。任何方面的成功都必须有情绪的自我控制——延迟满足、控制冲动、统揽全局。拥有这种能力的人能够集中注意力、自我把握、发挥创造力、积极热情地投入工作，并能取得杰出的成就；缺乏这种能力的人，则易半途而废。

（四）认知他人的情绪

认知他人的情绪即移情的能力，是在自我认知的基础上发展起来的最基本的人际技巧。具有这种能力的人，既能通过细微的社会信号，敏锐地感受到他人的需要与欲望，分享他人的情感，对他人的处境感同身受，又能客观地理解与分析他人的情感。

（五）人际关系的管理

人际关系的管理即能够理解并回应别人的情绪，以维持良好的关系。这也是建立领导力的基础。大体而言，人际关系的管理就是调控与他人相处的情绪反应的技巧。这种能力包括展示情感、富于表现力与情绪感染力，以及社交能力。人际关系管理可以强化一个人的受欢迎程度、领导权威、人际互动的效能等。

二、大学生情商的培养

（一）学会认知情绪

高情商的一个重要标志就是能习惯性地认知自我情绪的变化，并根据环境条件积极主动地调适自己的心理，判断情绪的影响，做出合适的行为反应。学会认知情绪，可以帮助自己迅速化解不好的感觉，是进行情绪管理的第一步。同时，因为自身觉察能力的增加，所以更容易了解与自己互动的人的情绪。

1. 认知情绪的基础

学会认知情绪，首先要做到以下五点。

（1）愿意觉察自己的情绪：不要抗拒自己的行动，以为那是浪费时间的事，要相信，了解自己的情绪是重要的领导能力之一。

（2）愿意诚实地面对自己的情绪：每个人都可以有情绪，接受这样的事实，才能了解内心真正的感觉，更适当地去处理正在发生的状况。

（3）问自己四个问题：我现在是什么情绪状态？假如是不良的情绪，原因是什么？这种情绪有什么消极后果？应该如何控制？

（4）给自己和他人应有的情绪空间：容许自己和他人有停下来观察自身情绪的时间和空间，才不至于在冲动下做出不适当的决定。

（5）为自己找一个安静定心的方法：每个人都有不一样的使自己静心的途径，也都需要找到一个最合适自己的安心方式。

2. 认识自我情绪的方法

在认知情绪的基础上，应学会一些认识自我情绪的方法。

（1）情绪记录法：做一个记录自我情绪的有心人。请抽出一至两天或一个星期，有意识地留意并记录自己的情绪变化过程。可以按情绪类型、时间、地点、环境、人物、过程、原因、影响等项目为自己列一个情绪记录表，连续记录自己的情绪状况。等一段时间之后，再来看看这些记录，你会有新的感受。

（2）情绪反思法：利用你的情绪记录表来反思自己的情绪，也可以在一段消极的情绪过程之后进行反思：我的情绪反应是否得当，为什么会有这样的情绪？这种情绪的原因是什么，有什么消极负面的影响？今后应该如何消除类似情绪的发生，如何控制不良情绪的蔓延？

（3）情绪恳谈法：与家人、老师、同学、朋友等交谈，征求他们对你情绪管理方法的看法和意见，借助他人的眼光认识自己的情绪状况。

（4）情绪测试法：借助专业情绪测试软件或咨询专业人士，获取有关自我情绪认知与管理的方法建议。

（二）培养共情能力

共情能力主要是指能充分理解他人的心理状态，并把这种理解以关切、温暖、尊重等方式表达出来的能力。共情能力对大学生情商的提升具有重要的意义。只有具备较好的共情能力，才能切身体会他人的需要与苦恼，才能采用恰当的方式与他人沟通和交往。

（1）摆脱以自我为中心。大学生要具备共情能力，首先应学会关注他人，避免以自我为中心。在人际交往过程中学会真正关注他人，敏感地察觉他们的需要和反应，捕捉他们发出的有价值的信息。捕捉的信息越准确，感受越深入，共情的层次就越高。

（2）善于倾听。倾听即全神贯注地聆听对方的诉说，以对方为中心，专心致志，不轻易打断或插话，并注意观察对方的动作、表情、语音、语调等的变化，及时使用微笑、点头等身体语言来回应对方。在他人讲述的过程中，尽量不发表任何评价，更不要打断对方。只有善于倾听，才能正确判断对方在想什么，为什么会这么想，沟通才会更顺畅，更容易达到预期的效果。

（3）换位思考。学会换位思考，即能设身处地地从对方的角度，把作为主体的自我当作客体的自我来审视和评价，这样就能较为公正地理解他人的想法。能换位思考，才能够真正"想他人所想，急他人所急"，并及时提供帮助和支持；才能够真正理解"己所不欲，勿施于人"，对他人的错误予以理解，不苛责。

（三）学会人际交往

"人是群体性动物"决定了人必须与人交往。较高的情商有利于建立良好的人际关系，良好的人际关系也有利于情商的培养。在所有的情商技能中，和人相处的能力的强弱对一个人事业的成败和生活质量的高低起关键作用。大学生在人际交往时可应用以下一些技巧：注意外表形象，积极主动交往，学会幽默健谈，适当赞美他人，善于控制情绪，学会换位思考，树立开放心态，容纳不同的观点，学会倾听与积极反馈等。关于人际关系的理论和方法可参见本书第四章。

（四）放松训练

在生活中每个人都会有情绪紧张的时候，当处于紧张状态时，全身的肌肉都会变得紧张起来，而肌肉的紧张会引起身体的多种反应，如脸红、心跳、额头和手心出汗、手发抖、身体僵硬或颤抖等。这些反应也会进一步导致紧张，形成一种恶性循环。

缓解身体紧张最有效的方法就是进行放松训练，放松身体能消除或缓解焦虑以及身体不适感，并且心理也能得以放松。

第三章 大学生的人际交往与恋爱

第一节 大学生的人际交往

一、人际交往及其基本原则

(一)人际交往的含义及其意义

在人类的社会活动中,人与人之间相互交流信息、沟通情感的过程就是人际交往。在人际交往中,人们用语言或非语言信号交流想法、表达情感和满足某种需要。而通过交往可以形成人与人之间比较稳定的心理关系,它主要表现在人与人之间在交往过程中关系的深度、亲密性、融洽性和协调性等心理方面的联系程度。大学生的人际交往对象很多,如家长、亲友、老师、同学等,还有一些短暂联系的个体或群体,如路过的行人或外出旅游时加入的团体等。

良好的人际交往可以有效地纾解心理压力,宣泄不良情绪。对于处在自我意识形成关键期的大学生而言,良好的人际交往对维护大学生的心理健康具有重要意义。

1. 有利于信息交流

"独学而无友,则孤陋而寡闻。"《学记》里的这句话强调了良好的人际交往在学习中有着重要作用。大学生通过人际交往能获取和交换信息、积累社会生活经验,学到相关的知识、技能、社会规范等。

2. 有利于提高大学生的学习效率

在一个良好的人际交往环境中,友爱、和谐的人际关系会使人感到温暖、安全、愉快,从而激发出人的积极性和创造性,提高学习效率和工作效率。反之,冷漠、排斥、敌意的人际关系会使人产生压抑、焦虑、烦恼的情绪体验,从而阻碍人的潜能发挥。

3．有利于大学生的个性发展

研究表明,融洽的人际交往对大学生的益处包括:产生稳定感和归属感,提高宽容和理解的能力,提供学习社交技巧的机会,获得社交经验,培养社会洞察力,发展对集体的忠诚心。良好的人际交往能让大学生内心变得宽容、理解和信任。大量事实表明,良好的人际交往,能让大学生对人对事变得宽容、理解和信任,有利于大学生的个性发展。

4．有利于提高大学生的幸福感

心理学家通过调查和研究发现,良好的人际交往,尤其是亲子、亲密朋友之间等关键人际关系的融洽,才是人生幸福的最重要的决定因素。从某种意义上说,幸福是一种生活态度和生活方式。只要大学生在人际交往过程中,对人真诚、友爱,对人关怀、体贴,对人理解、宽容,就能获得良好的人际关系,最终收获幸福。

(二) 人际交往的过程

1．相互觉察阶段

这一阶段是确立交往对象的心理过程。当人产生某种交往的心理需求时,就会将其注意力优先集中到具有能满足自己心理需要的某些特征的人身上,并通过初步接触判断其是否可以作为交往和建立人际关系的对象。

2．表面接触阶段

这一阶段是在进一步的接触中双方寻找共同的心理领域、形成情感联系的过程。交往双方在相互觉察的基础上通过正式交流的形式给彼此留下初步印象,开始尝试建立情感联系。在沟通过程中逐渐扩展彼此的共同心理领域,加深彼此的情感联系。

3．关系建立阶段

这一阶段是交往双方在建立信任感的基础上具有较深情感卷入的交往过程。因为彼此已经建立了信任感和安全感,所以在交往中自我暴露的深度和广度增加。

4．亲密互惠阶段

这一阶段是情感交流进一步稳定和深化的过程。在这一阶段中,交往双方心理上的相融性进一步增加,彼此之间建立了稳固的信任关系。允许对方进入自己高度隐秘的个人领域,分享自己的幸福,并愿意分担对方在现实生活中的痛苦。人与人之间的交往深度是一个渐进的发展过程,可以停滞在整个过程中的任何一个阶段,有时还可能因为某种原因使交往关系由深到浅,甚至反目成仇。在实际交往过程中,很少有人能够真正达到亲密互惠阶段。

(三) 人际交往的原则

1. 尊重原则

古人说:"敬人者,人恒敬之。"尊重包括自尊和尊重他人两个方面。自尊就是在各种场合自重、自爱,维护自己的人格;尊重他人就是重视他人的人格、习惯与价值。在人际交往中,有的大学生往往要求别人尊重自己,自己却不懂得尊重他人。例如,老师在讲台上讲课,他却头戴耳机听音乐;同学在课堂上讲演,他却在下面高声说笑等。这样做既伤害了他人的自尊,也是不尊重自己的表现。

2. 真诚原则

真诚待人是人际交往中较有价值、较重要的原则之一。以诚待人是人际交往得以延续和深化的保证。心理学家曾列出555个描写人品的形容词,让大学生说出最喜欢哪些、最不喜欢哪些,结果学生评价最高的品质是:真诚。在获得高评的前8个形容词中,有6个和真诚有关,分别是真诚、诚实、忠诚、真实、信赖和可靠。而评价最低的品质中,虚伪居首位。古人说:"以诚感人者,人亦诚而应。"那么,怎样才能做到真诚待人呢?简单地说,一要正直无私;二要说老实话,办老实事,做老实人;三要表里如一,言行一致。

3. 平等原则

"君子上交不谄,下交不渎。"每个人都应有自己独立的人格、做人的尊严和法律上的权利与义务,人与人之间的关系是平等的。在交往过程中,如果一方居高临下、盛气凌人、发号施令、颐指气使,那么他很快便会遭到孤立。大学生往往个性很强,互不服输,这种精神是值得提倡的,但绝不能自认为高人一等,更不能因同学的出身、家庭、经历、长相等方面的客观差异而对人"另眼相看"。

4. 宽容原则

宽容表现为对非原则性问题不斤斤计较,能够以德报怨。在人际交往中,难免会遇到一些不愉快的人和事,要学会宽容,学会克制和忍耐。在人际交往中心胸要宽、姿态要高、气量要大,遇事要权衡利弊,切不可事事斤斤计较、苛求他人、固执己见,要尽量团结那些与自己意见有分歧的人,营造宽松的交际环境。

5. 互助互惠的原则

互助,就是当一方需要帮助时,另一方要力所能及地向对方提供帮助。这种帮助可以是物质方面的,也可以是精神方面的;可以是脑力的,也可以是体力的。互惠是指交往双方相互满足需要的过程,若用一个词来表达,那就是"礼尚往来"。

6. 理解的原则

"己欲立而立人,己欲达而达人""己所不欲,勿施于人",当你在交往中善解人意,处处理解和关心他人时,相信别人也不会亏待你。理解不等于知道和了解。就人际交往而言,你不仅要细心了解他人的处境、心情、特性、好恶、需求等,还要根据彼此的情况,主动调整或约束自己的行为,尽量给他人以关心、帮助和方便,多为他人着想,处处体谅别人,自己不爱听的话别送给他人,自己反感的行为别强加于他人。

7. 诚信原则

人际交往讲究一个"信"字。信用有两层含义:一是言必信,即说真话,不说假话。如果一个人满嘴胡言,尽说假话骗人,那么到头来连真话都不能使人相信了。二是行必果,即说到做到,遵守诺言,实践诺言。如果一个人到处许愿而不去做,那么必然会引起他人的反感和唾弃。无信不立,言而无信非君子。

二、大学生人际交往的类型和特点

(一)大学生人际交往的主要类型

人际交往是大学生生活的基本内容之一。同学之间、师生之间、老乡之间、室友之间、个人与班级之间、个人与学校之间的社会交往,构成了大学生人际交往的网络系统。

1. 班级人际交往

同学关系是大学生人际交往的基本关系,也是大学生人际交往的主要对象。班级中同学之间的交往最普遍,也最微妙和复杂。刚刚走入校门的大一新生的人际关系几乎都在班级内开展。一方面,他们年龄相仿、经历相似、兴趣爱好相近,又共同生活在一个集体,学习相同的专业,所以沟通交往也较容易;另一方面,他们来自不同的地域、不同的家庭背景,加之生活习惯、个性方面的差异,对人际交往的期望较高,一旦得不到满足,就很容易形成消极逃避的态度。

2. 宿舍人际交往

学生宿舍是大学校园里的"细胞",宿舍里的人际关系对大学生的日常生活,甚至身心发展都有着举足轻重的影响。在刚刚入学不久的大一新生中,往往是同一个宿舍的同学最先成为好朋友。可是,时间一长,各种矛盾就出现了。由于生活习惯不同、作息时间不同、兴趣爱好不同,于是一系列的问题产生了:有的学生喜欢早起早睡,而有的学生一到晚上就精神焕发,折腾到很晚才上床;有的学生比较讲卫生,喜欢整洁,床铺书桌都收拾得整整齐齐,而有的学生则不太讲究,脏衣服、脏袜子到处乱丢,报纸书刊摆一桌;有些学生家境较好,穿着都是名牌,生活上比较奢侈浪费,可有些学生家境贫寒,生活非常节约。特别是女生宿舍,因为大多数女孩子都比较注意生活细节,很容易计较宿舍里产生的小摩擦,所以宿舍里的人际关系可能会比较紧张。

3. 师生交往

教师是大学生人际交往的重要对象。教师是知识的传授者,是大学生人格模仿的对象。与教师间的交往也是大学生知识获取的重要途径,教师与学生的平等交往也是师生共同成长的前提。然而,由于大学授课的流动性与课堂的扩展,师生之间缺乏直接的沟通与必要的情感交流,师生信息的对流与沟通明显不足,师生间的心理距离和心灵隔阂成为高校中一个普遍存在的问题。

(二)大学生人际交往的特点

1. 交往愿望强烈,但容易受挫

与中学生相比,大学生的人际交往更具有广泛性、互动性和多样性。大学生对人际交往的愿望比中小学生更为迫切,他们十分关心自己所扮演的社会角色以及在集体中的位置,关心自己的情感、渴望真挚的友谊和他人的理解。在远离家乡的父母及中学同学并进入大学后,大学生们希望通过结交更多的新朋友、接受更多的新思想来开阔视野,丰富知识,学会处置以及表现自己各方面的才能,同时也希望与同龄人分享和交流自己在学业成长和情感方面的体验,以获得情绪的稳定,保持足够的自尊心和自信心。但是,对于大学生而言,无论是对同辈朋友,还是对师长,往往都是以理想色彩来看待人际交往的,常常以理想化的标准要求对方,一旦感觉不尽如人意,就容易心灵受挫。

2. 交往时注重独立性

大学生的性格日趋成熟与稳定,对家庭往往已不再依赖,而是以成人的眼光参与和处理家庭事务,其价值观、世界观基本成型。这个时期,他们在很多问题上都会表现出以独立的人格和处事态度,表现为一定程度的坚持性,不仅理性地思考、判断、处理自身的问题,也关心社会,批判地接受知识和看待其他事物,有着强烈的体现个性的见解和疑问,这使得大学生更容易接受新事物和新东西,也更容易受不良思潮的影响。

3. 交往范围扩大

随着社会的发展,大学生人际间的交往由以前的亲戚、邻居、成长伙伴转向大学同学和在社交场合认识的其他人,其中又以同学交往为主。大学生过着朝夕相处的集体生活,众多的交流机会,相似的人生经历,共同的学习任务使得大学生的交往对象主要选择在同寝室、同班级、同乡和同学之间,围绕学习、娱乐、思想交流、感情交流而展开。交往能力强的学生的交往范围不再局限于同班同学,而是发展到同级、同系、同校、外校的同学及社会上的朋友。大学生之间的交往既包括同性,也包括异性。另外,网络的发展为大学生的交往提供了更加广阔的交往空间,使大学生的人际交往变得更方便、更快捷,交往距离更远,交往范围更广。

4. 交往方式和内容多元化

从交往方式看,大学生虽然主动追求开放式的人际交往,但由于时间、精力、生活环境、经济条件等方面的限制,其交往的主要场所仍然在校园内,以学生寝室为中心,社会工作和网络社交占主导。现代社会中,互联网已经成为大学生生活中必不可少的一部分,传统的聚会联谊、信件交流、短信沟通方式已经逐渐被淘汰,而微信、QQ等手机软件已成为大学生沟通的主要途径。

从交往的目的看,情感交往与功利交往并重。随着社会的发展变化,大学生的社交目的趋于"理性化",选择什么样的人交朋友并不纯粹是出于情感和志同道合,交往的动机已变得很复杂。可以说,大学生的人际交往在注重情感交流的同时,越来越注重与自身社会利益相关的务实性,从而呈现出情感交往与功利交往并重的趋势。

第二节 大学生改善人际关系的策略

一、大学生常见人际交往问题及对策

一般来说,大学生在人际交往过程中,出现一些困难或不适应是难免的。但是,如果个体的人际关系严重失调,人际交往时常受阻,那么就说明存在着交往问题。大学生常见的交往问题常常受到各种心理特点的影响,主要表现在六个方面。

(一)偏执自负心理影响人际交往

1. 偏执自负者的表现

不能正确地认识自己和他人,过高地评价自己,认为自己的能力、知识面都超过他人,坚持自己的信念而贬低他人意见。在人际交往中表现为目中无人、固执己见。与人交往时,只在乎自己的需要而不考虑他人的感受,高兴时会海阔天空、手舞足蹈地讲个不停,不高兴时会不分场合地乱发脾气,全然不顾他人的情绪和态度。喜欢夸大他人和事物的消极面;揭他人短处;挑剔他人;喜欢与他人辩论;合作时,一旦出错,往往推诿责任;心胸狭窄,报复心、妒忌心强。在对待自己和他人的关系上,往往过高地估计了彼此的亲密度,讲一些不该讲的话。偏执自负者往往会遭到他人疏远和孤立,难有知心朋友。

2. 偏执自负者的调适

应从他人的评价和反应中认识自己,接受批评,转变态度,抛开偏见去认识他人。提高对自我的认知,全面地了解自己的优势和劣势,将对自己的评价放到大的环境中,学会取长补短。自负者放下自视甚高的架子,与人平等相处,清除在观念上和行动上希望其他人为自己服务、付出的想法。

（二）自卑心理影响人际交往

1. 自卑心理的表现

自卑是一种过低的自我评价。自卑的浅层感受是他人看不起自己,而深层的体验是自己看不起自己。有自卑心理的大学生在交往中常常缺乏自信、畏首畏尾,遇到一点挫折,便怨天尤人。如果受到他人的耻笑与侮辱,那么更是忍气吞声。实际上,自卑并不一定能力低下,而是凡事期望值过高,不切实际,在交往中总想把自己的形象理想化、完美化,惧怕丢丑、受挫或遭到他人的拒绝与耻笑。这种心境使自卑者在交往中常感到不安,所以常将社交圈子限制在狭小的范围内。

2. 自卑心理的调适

主动交往,适度地开放自我。自卑者往往封闭自己、孤立自己,由于与他人长期缺乏交流,自卑者会发现自己无法融入对方的生活,不能理解他人的沟通方式,于是进一步退缩。其实,自卑者大多心思细腻、谦虚谨慎、做事仔细,比夸夸其谈者更容易成为人际交往中的参与者。因此,如果主动积极地与人交往,开阔心胸,那么自卑是可以克服的。在交往中做到不卑不亢,符合真实的自我,不特意取悦他人,借此换来好评以满足虚荣心,也不需要故意在他人面前夸耀自己以提高"身价",只有这样的心态才能渐渐地消除自己的自卑心理,并获得他人发自内心的尊重。

（三）妒忌心理影响人际交往

1. 妒忌心理的表现

妒忌在人际交往过程中表现为对强过自己的人或将超过自己的人的一种不服、不悦、失落、担心、愤怒,甚至带有某种破坏性的情感体验。当看到他人取得了比自己优越的地位或成绩时,便产生一种嫉恨心理;当对方陷入困境时,就幸灾乐祸,甚至采取不道德的手段贬低他人,安慰自己;当自己无法取得心理平衡时,就会怨天尤人,自怨自艾。大学生常见的妒忌行为包括:

(1) 对他人学习成绩的嫉妒。学习成绩不好的学生嫉妒学习好的同学,且学习好的学生也会产生嫉妒心理。

(2) 对他人荣誉的嫉妒。看到其他同学取得荣誉,就会产生不平衡心理。

(3) 对他人容貌衣着的嫉妒。当看到有的同学穿得比自己漂亮时,就喜欢与人攀比而产生妒忌。

2. 妒忌心理的调适

妒忌心理的产生通常源于错误的归因方式,如认为他人的成功是对自己的威胁,是侵害了自身利益等。大学生应正确面对失利,积极调节认知模式,认识到每个人身上都存在优点和缺点,通过不断比较来产生拼搏进取的动机,以成绩证明自己的实力。学会把注意力集中到自己身上,集中到自己现在的生活及将来规划的实现上,不断充实自己,提高竞争能力。

(四) 猜疑心理影响人际交往

1. 猜疑心理的表现

猜疑是指个体在人际交往中凭主观推测而怀疑他人的不信任的复杂情绪体验。有的大学生猜疑心很重,对他人的言语和行为常疑神疑鬼,以小人之心度君子之腹,认为别人经常说自己坏话,跟他过不去,专门与他作对,从而产生不必要的人际冲突。例如,相识的同学擦肩而过时没有打招呼,好猜疑者就会产生不安。"为什么他对我视而不见?肯定是瞧不起我!"只有经常说他人坏话的人才会经常担心别人说自己的坏话。

2. 猜疑心理的调整

(1) 积极沟通,消除误会。当意识到可能造成误会的时候,应稳定自身情绪,找好时间、地点,尽快与误会的对象进行开诚布公的交流,了解彼此的真实想法,心平气和地解决问题。

(2) 学会自我安慰。当一个人遭遇到生活中的议论与流言时,通常都会有情绪的困扰,只要没有触犯立身处世的大原则,我们就可以从容笑对,减少不必要的烦恼。

(五)害羞心理影响人际交往

1. 害羞心理的表现

害羞在大学生人际交往中常常表现为腼腆,动作忸怩、不自然,脸色绯红,说话音量低而小,严重者怯于交往,在交往中往往采取回避的态度。过多约束自己的言行,则无法充分表达自己的愿望和情感,也无法与人沟通,会造成交往双方的不理解或误解,妨碍良好人际关系的形成。

2. 害羞心理的调适

(1)正确认知自己,建立自信。害羞者要善于发现自己的长处,肯定自己,接纳自己,经常体会自己在交往过程中的快乐感受,将其记录下来并分析自己的进步和成长,逐渐积累自信。

(2)积极的自我暗示。害羞者不要在行动前就想到失败,越担心会导致越害怕,应意识到羞怯并不等于失败,失败也不等于无能,走出自我否定和消极自我暗示的阴影,多积极地自我暗示。可以经常告诫自己:"我能行""我是最好的""失败也不能否定一切"等。

(六)孤僻心理影响人际交往

1. 孤僻心理的表现

孤僻是指不愿意与他人接触、交往,喜欢独来独往,却有时感到寂寞、空虚的心理现象。具体表现为希望拥有自己的独立空间,不受他人干扰,自己的东西不喜欢别人碰,对他人沟通交流的善意表现出不耐烦,不愿意向他人吐露心声,不爱与人主动联系。这样的人往往孤芳自赏、自命清高,结果是"水至清则无鱼,人至察则无徒",与人不合群,待人不随和。

2. 孤僻心理的调适

(1)在实际生活中确立有效的目标。这个目标既可以是生活上的,也可以是学习上的,只要是有利于自身发展的目标都可以将心理力量集中在一个地方,转移对自我的过分关注,减缓孤僻对自己内心的影响。

(2)正视日常环境中的各种压力。面对问题时,主动寻求帮助,而不是自己独自承受,一味地压抑和逃避,应用乐观、开朗的态度认真对待面临的困难。学会自我宣泄,陷入孤僻境地的大学生,可以积极参加户外活动,如打球、跑步、游泳等,将负面的情绪及时宣泄出去。

二、掌握优化人际交往的技巧

生活当中有很多人缘好的人,受人欢迎的人其实就是能在交往中令人感到愉快的人。如何才能让自己成为受欢迎的人？在人际交往中需要怎样的交往技巧呢？

（一）保持微笑——增加自己的亲和力

呆板的表情就像一块挂在路中的木牌，告诉人们"此路不通"，而微笑就等于说："我喜欢你，是你让我快乐。我很高兴见到你。"微笑表达了你的善意和友好，你的微笑会照亮别人的生活。对于一个看过许多皱着眉头、愁容满面或把脸转向一边的人来说，你的微笑就像透过乌云的阳光。如何学会保持微笑呢？可利用照镜子来进行人际交往技巧训练。请你试着每天照三次镜子，每次照镜子时都要保持微笑，然后自我暗示：我的心情好，很好，非常好！我要微笑着面对今天遇到的每一个人，我要和他们友好相处，和他们成为好朋友。

（二）会听才会说——加强自己的倾听技巧

倾听可以使别人感到自己受到尊重，感到被对方理解。没有人喜欢自己一说话就被他人打断，而是喜欢自己的话能被人认真地倾听。苏格拉底说："上天赐给每个人两只耳朵、一双眼睛，而只有一张嘴巴，就是要求人们多听多看，少说话。"中国也有句老话："说三分，听七分。"耐心而专注地听对方说话，会让对方感到自己受到重视，并获得自尊的极大满足，进而对给予他这种满足的倾听者也会报以特别的好感。

倾听不仅仅是用耳朵听别人说话，还要用心去听。莎士比亚说："最完美的说话艺术不仅是一味地说，还要善于倾听他人的内在声音。倾听是接收口头和非语言信息、确定其含义和对此做出反应的过程。"听对方描述事情，还要注意对方表露出来的情感和态度，在他人情绪低落的时候，只有用心地听才能感受他人心中的苦闷。把自己的想法暂时搁置一边，全神贯注地去听对方的完整表述，不要带着自己的情绪去听。在倾听中，要"恰当"的回应，用眼神、点头、鼓励性言语表达自己的兴趣和理解。

（三）幽默——化解人际矛盾的调和剂

人际交往离不开诙谐与幽默，生活中不都是一本正经与严肃认真。心理学家凯瑟琳说过："如果你能使一个人对你有好感，那么也就可能使你周围的每一个人甚至是全世界的人都对你有好感。只要你不是到处与人握手，而是以你的友善、机智、幽默去传播你的信息，那么时空距离就会消失。"幽默是以愉悦的方式让他人获得精神快感的一种语言方式，是最富有喜剧性和审美价值的一种艺术性的交际语言。幽默法的特点是"智"和"乐"。大学生可多看些书，多读些报纸和杂志,记住一些幽默故事和富有哲理的小笑话,适逢恰当的时间、地点和环境,可制造愉悦的气氛,或者达到缓解紧张气氛、消除工作压力、打破人际僵局、改善彼此关系的效果。

（四）换位思考——理解他人的良方

在人际交往中有一个重要法则:每个人都是按照自己的意志行事,而不是依照他人的意志行事。要在人际交往中取得成功,就必须学会换位思考,懂得站在对方的角度去思考。这要求我们以爱己之心来对待周围的人,无论做什么事,都用自己的感受去体会他人的感受,以自己的处境去想他人的处境,将心比心,把自己当作他人看待,合情合理地为对方着想。例如,如果你不希望有声音干扰你读书和学习,那么在别人读书和学习时你就不能发出较大的声响;如果你不喜欢别人挑三拣四,那么你就应该随遇而安;如果你不喜欢别人说大话,那么你就要做到言行一致。如果你能够从别人的角度着想,那么你就不难实施有效的沟通,别人也会乐意与你常来常往,因为人们知道你是一个通情达理的人。

（五）分享和接受——建起沟通的桥梁

分享是一个很重要的品质,尤其对人际交往有着特殊的意义。儿童时期的分享强调的是物质的分享,如分享玩具和食物,而对于成人来说,分享是在接受和给予过程中的精神分享。接受与给予是矛盾统一于人际交往中的一对交互影响的心理品质与行为。由于每个人都会生活在某个群体中,必然会与群体中的人发生各种形式的联系,在这一过程中,我们无法离开他人的给予,也正是在这种接受与给予的过程中,体验帮助与被帮助的快乐,感受人际交往中的情感快乐。

请求他人给予帮助应该建立在对方自愿的基础上,经常麻烦他人为自己提供帮助对人际关系无益。但是,如果只是请对方帮个小忙,对方又是最合适的人选,且对他来讲仅是举手之劳,并在受到帮助之后会以合适的方式向他表示感谢的话,那么这个忙就会将人际关系推进到更好的状态。请人帮这样的忙,对他人而言并没有什么压力,还能给对方一种成就感,让对方感到自己的长处得到了承认,这是件令人愉快的事情,这种帮助和被帮助会有利于人际关系的和谐发展。

（六）赞同和赞美——人际关系的加速器

对别人引起你共鸣的观点表示赞同,会给人知己感,反驳则会树敌。对别人引起你共鸣的观点坦率而真诚地表示赞同,会给人知己之感,处处抬杠和反驳则会给自己树敌。但即使表示赞同,也要注意语气。一句简单的"是呀,我也这样想"或"我和你有很多相似之处"就足以让对方倍感亲切,认为自己的意见受到了尊重,从而更主动地与你交往;若是回答"废话,那还用说吗"或"本来就是,你才知道呀",那就等于嘲笑对方,他是笨蛋,他的观点你早想到了。这么一来,明明你是同意对方观点的,但却以伤害对方自尊的方式告诉他,反而会激起对方的反击,产生不必要的矛盾。

真诚的赞美会引起他人的行为发生自己所期待的改变;指责和批评则会让他人表现得更坏。看待他人身上的优点或好的外在变化时,大胆地给予赞美或认可,会给对方带来欢乐。这种欢乐和谐的氛围会影响人际关系,使人与人之间的关系变得轻松融洽。每个人都希望得到他人的赞美和赏识,这会增强自信心。赞美绝不等同于恭维,既不是拍马屁,也不是阿谀奉承。赞美时切忌夸大其词、不着边际和虚伪做作,更不能人前一套、人后一套,当面说好话、背后说坏话,或者传递他人之间相互指责、诋毁的话,引发矛盾。

第三节　大学生的恋爱心理及调适

一、关于爱情

从心理学的角度看,爱情是个体之间基于一定的客观物质基础和共同的生活理想,以倾慕为重要前提而产生的一种依恋、亲近的情感,也是人际吸引最强烈的形式。身心成熟到一定程度后,个体便会对异性产生浪漫的高级情感。爱情是人类特有的社会现象,蕴含着丰富的社会属性,积极的爱情能造就充实丰盈的人生,而狭隘的爱情则会导致痛苦无奈的人生。

恋爱是指异性之间在生理、心理和环境因素交互作用下互相倾慕和培植爱情的过程。恋爱是大学生较为关注的话题之一。它影响着年轻学子的学习、生活和心理健康,树立正确的恋爱观、正确处理恋爱中出现的问题是大学生涯中的一项重要任务。

心理学家斯腾伯格提出了爱情三因素论,认为人类的爱情基本上由三种成分组成。

(1) 动机:是产生爱情行为的驱动力,包括内在的性驱力和异性之间身体、容貌特征的彼此吸引。

(2) 情绪:由刺激引起的身心激动状态,如喜、怒、哀、惧等。

（3）认知：对于情绪和动机来说，认知是一种控制因素，是爱情中的理智层面。

爱情三因素论认为，两性间的爱情形式因人而异，情侣间的亲密关系和热烈程度可能各不相同，但大致都由三因素不等量组合演化而来。斯腾伯格进一步将动机、情绪、认知三者各自单独在两性间发生的爱情关系称为热情、亲密与承诺。即以情绪为主的两性关系是热情的，以动机为主的两性关系是亲密的，以认知为主的两性关系是承诺的、守约的。

二、大学生恋爱的影响因素

通过对不同大学生选择恋爱对象的观察分析，发现以下因素对大学生的恋爱选择有较大影响。

（一）生理因素

满足性冲动的心理因素是促进大学生投入恋爱活动的重要诱因。性意识的发展有一个从萌生、疏远异性、向往异性到恋爱的过程。随着性意识的发展，性心理需求会日益强烈，性意识发展过程中弥散化的性冲动会逐渐投射到选定的特殊对象上。出于性冲动的驱使，大学生开始脱离群体化的两性活动而单独约会，这是恋爱发生的重要标志之一。

（二）心理因素

1. 亲密关系的需要

青年期的大学生不再像儿童那样满足于血缘关系带来的亲近，而是有意识地结交一些个人密友。大学生不愿向长辈倾诉自己的烦恼，而是希望有一个可以相互吐露心声的亲密知己。随着亲密关系的需要进一步发展，倾诉的对象已不再局限于密友。恋人间的亲密在很多方面是亲子关系所不能比的，所以对亲密关系的追求把内心孤独的青年引向恋爱是件非常自然的事。

2. 归属的需要

马斯洛把归属与爱的需求放在一起，认为它们是高层次的心理需要。群体活动增加了男女青年的交往机会，对群体的共同归属又增加了两人之间的人际吸引力。在恋爱中，恋人能感觉到自己属于另一个人，两人共同分享所有的财产、感情、私密，恋爱可以直接满足归属与爱的需要。

(三)社会文化因素

1. 文学作品的影响

文学作品中经常渲染爱情的纯洁和神圣,增加了青年将爱情理想化的倾向。许多人恋爱就是为了尝试电影、小说中描绘的甜蜜爱情。

2. 经济和社会环境的影响

在商品经济的冲击下,市场经济的利益原则、竞争机制直接或者间接地影响了大学生的婚恋价值取向。有的大学生在择偶标准上急功近利、唯利是图、金钱至上,将金钱作为择偶的一项重要指标。与此同时,大学生的就业压力增大,金钱、物质因素在婚恋中占有相当大的比重。

三、大学生恋爱的特点

(一)恋爱动机简单

许多大学生在恋爱过程中,从未考虑过有关家庭与责任的问题,也没有考虑过将来的婚姻问题,这是由大学生青春期身心发展的客观条件决定的。他们恋爱,只是因为需要爱和被爱,想尝试爱的感觉和滋味。

(二)"快餐式"恋爱受推崇

有首歌唱到"不在乎天长地久,只在乎曾经拥有",它俨然成了很多大学生恋爱信仰的代名词。对于一些学生而言,谈恋爱可以弥补校园生活的空虚寂寞,恋爱成了一种打发"无聊"日子的消遣。校园里流行的"不要问我为什么?""是的,爱过""爱是游戏,认真你就输了"……可以很好地印证这一点。

(三)自主性强

学生在恋爱问题上,个性突出、重感情、易冲动,不受传统习俗局限,在恋爱选择上,他们开始有了更多的主见,一般不会征求父母的意见。

(四)耐挫力较弱

有些学生在热恋时,往往不善于控制自己的情感,恣意放纵,缺乏理智控制,过分依赖另一方;恋爱过程稍有波折,便痛苦万分、无法排解;更有甚者,情绪失控,无法自拔,给学习、家庭和生活带来严重影响。

（五）情感不稳定

近些年来,学生的恋爱呈现低年级化,人数也呈上升趋势。在对自身的人生目标都不确定的基础上,面对恋爱过程中出现的一系列问题,感情和思想易变、恋爱技巧和应对能力的匮乏,导致恋爱的成功率较低。

四、大学生常见恋爱困扰及调适

（一）恋爱选择困难症

"大学可以谈恋爱吗？""我爱他,他爱我吗？""这是心动的感觉吗？""要不要分手"……这些统称为恋爱中的选择困难。

1．形成原因

青春期的青少年易沉湎于幻想,自我控制和调节能力缺乏,但是处在此阶段的大学生又充斥着对性意识和性愿望的憧憬,有爱慕之心,但缺乏勇气,所以饱受煎熬。

2．调适方法

适当控制自己的感情,多注意观察,如果时机成熟了,那么在对方做好接受准备的前提下,大胆地跟对方表白自己的感情。如果后期再三思考,还是觉得相处不适应、不自然,那么就秉持伤害最小化原则,顺其自然,莫要强求。

（二）父母关系的代际渗透

孩子总是倾向于模仿他们的父母,恋爱关系中的部分困扰也源于此。

1．形成原因

恋爱属于亲密关系的范畴,亲密关系中的冲突及其产生的困扰往往与父母息息相关。社会学习理论认为,父母是孩子的学习榜样,在原生家庭中,子女会观察父母在处理感情问题时采用愤怒的行为还是积极的应对方式。有少数人会对消极应对方式进行学习模仿,并应用到自己的亲密关系中,从而产生一些恋爱问题。

2．调适方法

（1）采用建设性的关系积极应对困扰,不要过多地卷入到父母紧张、愤怒的情绪中。

（2）学会从局外人的角度观察父母关系,将自己从家庭关系中解脱出来,保持"亲密感"和"独立感"的平衡,积极面对亲密关系中的冲突和不一致,以更加成熟和理智的方式去解决冲突。

（三）失恋

有成功就会有失败,失恋是爱情之路的中断。

1. 形成原因

由于社会现实、他人介入、性格不合等导致的感情破裂不在少数,失恋带来的影响会波及学生的生活、学习和心理,随之而来的悲伤、痛苦、绝望等情绪体验,如果处理不当,那么既会带来精神上的折磨,也会引发严重的后果,如自杀、伤害他人等。

2. 调适方法

（1）"酸葡萄"心理。吃不到的葡萄就是酸的,降低对无法得到的东西的好感以减缓痛苦。不断回想对方的缺点,从而建立心理平衡,削弱失落感。应客观分析优缺点,不过分贬低对方。

（2）积极的自我暗示。比如,"性格不合,所以分手,与个人魅力无关""以后还是有很大的机会遇到更适合我的"。通过积极的自我暗示,能帮助自己迅速地冷静下来。

（3）注意力转移。为了尽快摆脱失恋阴影,应该设法将自己的生活重心转移到自己比较感兴趣的事情上去。例如,做瑜伽、跑步、打排球、参加社团活动和社会实践等。

（4）避免极端处理。遵循"四不"原则（不打击、不报复、不伤害、不破坏）,避免让创伤扩大。爱情是人生的重要部分,但不是人生的全部。"失之东隅,收之桑榆",调整好自己,下个路口才会有不一样的风景等待着你。

（四）网恋困惑

随着社会的发展和进步,互联网已经渗透到了我们生活中的方方面面,网络为交际面较窄的大学生开拓了一片广阔的人际交往空间,为相隔异地的男女提供了在线交流的平台,为另一个环境中爱的催生提供了条件。

1. 形成原因

网络恋爱有两种形式:一是柏拉图式的精神恋爱,永远活在彼此的想象和期待中,线下完全不接触,线上确立虚拟恋爱关系;二是网络聊天有些时日了,于是走下"神坛",线下接触,感情增温。

调查显示,大学生网恋极易上瘾,沉沦于网络之中,于是与同学间的交流日益减少,集体活动也不愿意主动参加,性格逐渐孤僻,严重的还会伴有精神崩溃。不得不说,部分欺骗性质的网络恋情对于有些学生来说,造成了不小的打击。

2. 调适方法

（1）积极发展正常的人际交往。网络的联系缺乏信任感，削弱了情感交流中最重要的感官信息，而人与人之间的很多正常交往是需要通过时间和身体语言来建立信任的。脱离网络虚拟的爱情，跟真实的人沟通，会更懂得爱。

（2）积极升华多样的兴趣爱好。洞察幸福的真谛，发展多种多样的兴趣，培养自己积极乐观的心态，多感受愉悦快乐的体验，弱化网络的影响力。

五、健康恋爱观和择偶观的培养

（一）树立正确的恋爱观

爱情不是游戏，不是两性的简单结合，而是严肃、崇高的高级情感。

有些人认为物质是爱情的基础。恋爱时少不了逛商场、看电影、过情人节和庆祝生日，这些都需要一笔不小的开支。因此，部分大学生希望自己的恋爱对象是"高富帅"或"白富美"，物质条件好的优质恋爱对象不仅能满足自己的攀比心理，还能以此换取优越的生活质量。另外，还有各取所需的"临时伙伴关系"（谈一场无关责任、只有风花雪月的恋爱），其背离了责任感的约束，只想着活在当下，及时行乐。

将以上两种错误认知作为衡量幸福的一个重要标准，折射出部分大学生对健康恋爱观的混淆、模糊。门第、钱财、外貌都是暂时的存在，它们终会消失。具备健康爱情观的大学生会本着对自己、对他人负责的良好心态，真正地把恋爱建立在心灵相通的基础上，努力寻找和珍惜自己的人生伴侣。

（二）增强恋爱中文明交往的意识

真正的爱情是同高尚的道德融为一体的，没有高尚的道德就没有纯洁的爱情。

首先，必须在恋爱的过程中加强自己的责任感和义务感，并从中体会到爱情的珍贵。其次，应把握好恋爱行为的分寸。恋人间的亲昵行为一定要把握好分寸，要体现大学生的良好精神风貌。再次，正确对待恋爱中的性问题。性行为应该遵循双方自愿原则，并以不违反法律和社会公德为前提。

因此，大学生必须对婚前性行为有正确的认识，更应该严肃对待。从个人发展、道德观和心身健康的角度考虑，不提倡婚前性行为。

（三）择偶需处理好的关系

大学生的恋爱是浪漫并充满激情的，但不应是盲目的，处理好恋爱中的一些问题对于大学生身心的健康成长是十分重要的。

1．恋爱与学业

对于大学生来说，真正的爱情应该成为激发学习热情，推动事业发展的动力。如果处理好了爱情与学业的关系，那么就能在爱情与学业的互动中，既品尝到爱情的甘甜，又享受到学业成功的喜悦，自然也有利于身心的健康成长。反之，把爱情与学业对立起来，或者因谈恋爱而荒废了学业，或者借口学习而拒爱情于千里之外，使自己陷入矛盾困惑之中，则不利于身心健康。

2．恋爱与集体、他人

有些学生因恋爱而将自己"禁锢"在二人世界，疏远同学，不参加集体活动，这会限制人际交往的范围，影响自身的发展进步，不利于优化个性以及社会适应能力的提高。只有热爱集体，关心他人，才会真正地给予自己所爱的人以深沉、坚实的爱。

第四章　大学生的自我意识

第一节　自我意识概述

一、自我意识的内涵

（一）什么是自我意识

自我意识是指人对自己以及自己和外部世界关系的认识，包括认知自己的生理状况（如身高、体重、体型）、心理特征（如兴趣爱好、能力、个性等）以及自己与他人的关系（如自己与周围人相处的关系、自己在集体中的位置等）。自我意识是人的主体意识与外部世界互动作用的结果，是个体通过观察、分析外部活动及情境、社会比较等途径获得的，是一个多维度、多层次的心理系统。

自我意识在个体的健康人格和行为的形成中具有主动调控和完善作用。自我意识完善和成熟的学生能更客观地自我肯定、自我欣赏，对自我行为和意识进行调控，同时对学习和生活中的挫折能更正确地加以分析和克服。

自我意识包含两个部分：一个是"主观自我"，即主观的"我"，是对自己活动的觉察者；另一个是"客观自我"，即客观的"我"，是被觉察到的自己的身心活动。人类学家米德把前者称为"I"，把后者称为"me"。"主观自我"与"客观自我"的分化是自我意识得以形成和发展的基础和前提。

大学生往往会思考这么几个问题："我是谁？""我有什么职业目标？""我为什么上大学？"等。当向他人描述自己时，大学生首先想到的特征会是什么，是性格特征，如外向、内向，还是外表特征，如高、矮、胖、瘦？事实上，大学生一般更倾向于用概括性的语言对自己做一个总体评价。例如，"我是一个大学生""我是一个有理想、有抱负，但有些懒惰、自制力弱的人"等。这是大学生自我意识的真实体现。

(二) 自我意识的结构

自我意识的结构从不同的角度分析具有不同的解释(见表4.1)。

表4.1 自我意识结构分析表

	自我认识	自我体验	自我控制
生理自我	对自己身体、外貌、衣着、风度、所有物等的认识	英俊、潇洒、漂亮、有魅力、迷人、可爱、自我悦纳	追求体貌的健康与美,物质欲望的满足,维持家庭的利益等
社会自我	对自己的名望、地位、角色、性别、义务、责任、力量的认识	自尊、自信、自爱、自豪、自卑、自怜、自恋	追求名誉地位,与他人竞争,争取得到他人的好感等
心理自我	对自己的智力、性格、气质、兴趣、能力、记忆、思维等特点的认识	有能力、聪明、开朗、敏感、迟钝、感情丰富、细腻	追求信仰,注意行为符合社会规范,要求智慧与能力的发展

1. 自我认识、自我体验、自我控制

按照自我意识的结果要素划分,自我意识是由知、情、意统一组成的高级反映形成,可分为"自我认识、自我体验、自我控制"。

(1) 自我认识是"主观自我"对"客观自我"的评价,包括自我感觉、自我观察、自我印象、自我分析、自我评价等。自我认识解决"我是一个什么样的人"的问题,如"我是一个高个子""我很老实""我性格开朗"等。进行客观、正确的自我评价是一个复杂、贯穿终生的过程,自我认识的发展也是一个连续、贯穿终生的过程。

(2) 自我体验是"主观自我"对"客观自我"产生的情绪体验,是在自我认识的基础上产生的。自我体验包括自尊、自信、自爱、责任感、义务感、优越感等,主要集中在"能否悦纳自己""对自我是否满意"等方面。例如,一个人感到很有自信,是因为自己比较有能力等。

(3) 自我控制是对自己的行为和思想、言语的控制,以达到自我期望的目标。包括自我激励、自我暗示、自强自律,其核心内容是"我将如何规划自己的人生"。例如,"我怎样才能成为一个口才好的人?""我怎样做才能克服懒惰?""我可以选择如何做?""自制力"就是自我控制的能力。

2. 生理自我、社会自我、心理自我

自我意识的内容可以划分为生理自我、社会自我与心理自我。

(1) 生理自我是个体对自己身体、生理状态(如身高、体重、容貌、性别、年龄)的认识和体验。生理自我是与生俱来的,随着自我意识的成长,我们逐渐对生理自我有了一个明晰、正确的认识。女生关注自己是否漂亮迷人,男生关注自己是否高大健壮等。

(2) 社会自我是个体对自身与外界客观事物间关系的认识、体验和愿望,包括个体对自己在客观环境及各种社会关系中的角色、地位、权利、义务、责任、力量等的意识。例如,用"我已经长大了"来表达自己的社会自我,期望社会给予积极的肯定与认可。

(3) 心理自我是个体对自己的心理活动、个性特点、心理品质的认识、体验和愿望,包括对自己的感知、记忆、思维、智力、能力、性格、气质、爱好、兴趣等的认识和体验。心理自我也伴随着我们的情感、智力、能力、兴趣、情绪等与日俱增。例如,觉得自己喜欢打篮球、性格随和等。

3. 现实自我、投射自我、理想自我

(1) 现实自我是指个体从自己的立场和观点出发,对自己目前的实际情况的评价和看法。如认为自己是个学习成绩不错的大学生。

(2) 投射自我是指个体想象他人对自己的评价和看法。如觉得别人看不起自己。

(3) 理想自我是指个体要实现的比较完善的一种自我境界或形象,是一个人追求的目标。如大学生毕业后想自己创业当企业家等。理想自我虽然可能和现实自我不一致,但它对人的认知和行为有很大影响,是人前进的动力和方向。

4. 积极的自我意识、消极的自我意识

自我意识按作用划分为积极的自我意识和消极的自我意识。例如,自信心、适度的自尊心、一定的责任感等属于积极的自我意识;自卑、自我否定、缺乏自制力等属于消极的自我意识。健康的自我意识首先是积极的自我意识,而健全的自我意识主要表现为自我认知、自我体验、自我控制的协调统一,表现为生理自我、社会自我、心理自我的协调统一,现实自我与理想自我的协调统一,投射自我与他人对自己的实际评价和看法相一致。

(三) 自我意识的作用

1. 让个体保持行为的一致性

人是社会生物,人的行为既受各种社会因素的制约,又在很大程度上受自我意识的影响。个体如何看待自己会左右他采取何种方式去行动。如果个体的自我意识积极认真,那么他在待人接物、工作和学习等各方面都会严格要求自己。

2. 影响个体对事物的解释

人的自我意识各不相同。对于同样一件事,不同的人会做出不同的解释。自我意识积极的人会倾向于做出积极的解释,而自我意识消极的人往往会形成消极的解释和看法。

3. 使个体觉察和反省自身活动

每当个体做出行为,自我意识就会对个体保持良好的觉察,知道自身在干什么,干得怎么样,并随时做出调整。具有良好自我意识的人,能够对自己的活动做出恰当的评判,并分析信息,从而保持或改变活动的内容、方向和强度。

4. 引导个体寻求理想自我

理想自我指向未来,与现实的自我会有差距,而正是这种差距推动着个体不断努力,去寻求并达成理想的自我状态。

二、大学生自我意识的发展特点与规律

(一)大学生自我意识的发展特点

大学生由于在生理、认知和情感等方面的发展,使自我意识进一步增强,出现了新的特点。这些新的特点标志着大学生们正一步步在自我探索的道路上走向成熟。

1. 自我评价能力提高

大学生正处于智力发展的高峰期,思维敏捷、反应迅速、求知欲望强,自我认知的广度和深度大大提高。大学生不仅关注自身,还关注社会政治、经济变革问题甚至世界形势的变化,同时乐于参与社会活动。大学生自我认知不但涉及自己的气质、人格等一般问题,而且涉及自己的社会地位、社会责任、自我价值等深层问题,对这些问题的认知体现出自觉性和主动性。随着自我评价能力的提高,大学生对自己的分析、评价逐渐变得全面、客观,对自己的优缺点也有了比较正确的认知和评价,但是自我评价能力有很大的个体差异。

大学生自我评价具有不平衡性、多样化和不成熟性。一些学生认为刚入学时觉得自己是天之骄子,快要毕业时发现自己什么都不是。因此,大学生自我评价存在两极性:一是高估自己,有着很强的优越感、自信心;二是低估自己,产生自卑心理,不主动规划自我,不敢向前。

2. 自我体验敏感而复杂

大学生自我体验的强度较大,具有敏感性、丰富性、波动性和深刻性等特点。大学生被称作各种社会群体中"最善感"的一个群体。从整体上看,大学生

自我体验的情绪、情感是积极的、健康的。多数学生表现为乐于接纳自我,对自己满意,但也有部分学生对他人的言行和态度十分敏感,把自己的情感体验封闭起来。自我意识的复杂性主要表现在大学生情绪波动性较大,但凡涉及"我"及与"我"相联系的许多事物,常常会引起大学生的情绪和情感反应。因此,大学生内心体验起伏较大,取得成绩时容易产生积极、肯定的自我体验,甚至骄傲自满;遇到挫折时又容易产生消极、否定的情感体验,甚至悲观失望。

3. 自我控制能力提高

大学生有设计自我、完善自我的强烈愿望。他们根据自我设计的"最佳自我形象"来不断地充实自己的知识、培养自己的能力、形成自己良好的性格与品德。大学生的成就动机是最强的,他们不愿做一个碌碌无为的人,都想干出一番事业,能对社会、祖国有所贡献,以实现自己的人生价值。大学生自我控制能力明显提高,低年级的大学生的冲动性还比较明显。进入高年级后,他们能够根据他人的评价和自己的行动结果进行反思,及时调整自己的行为和目标。大学生具有强烈的独立意识,希望独立和自制,摆脱依赖和管束,有着强烈的自我设计、自我规划的意愿。

(二)大学生自我意识的发展规律

大学生的自我意识的发展是有规律可循的。研究表明,大学生自我意识发展的基本规律表现为"分化—冲突—统一"。

1. 自我意识的分化

青春期自我意识发展的特点是自我分化,原来完整笼统的我被打破了,出现了两个"我":"主观我"和"客观我"。随着"主观我"和"客观我"的分化,"理想我"和"现实我"也开始分化。随着自我意识的分化,大学生开始主动、迅速地关注自己的内心世界,重新体验和认知生理自我、心理自我、社会自我。随着自我认知能力的提高,由此而来的种种激动、焦虑、喜悦增加,自我体验敏感且丰富。大学生会经常思考自己应该怎么做、能怎么做、不应该怎么做、不能怎么做等问题,渴望有自己的一片天空,期望得到理解和关注。

自我意识的分化是自我意识走向成熟的标志,也是大学生自我意识发展的重要过程。正是这种分化过程促进了大学生个体思维和行为的发展,从而为客观地评价自己或他人奠定了基础,进而形成新的自我意识。

2. 自我意识的冲突

自我意识的分化带来的种种矛盾冲突是大学生自我意识发展中的正常现象,也是大学生迅速走向成熟的集中表现。自我意识冲突一方面会使学生感到焦虑苦恼、痛苦不安,可能影响他们的心理发展和心理健康;另一方面也会促使他们设法解决矛盾,来实现"理想我"与"现实我"的统一。大学生自我意识冲突主要包含以下四种。

(1)"主观我"和"客观我"的冲突

"主观我"用来表示我是谁,我做什么;"客观我"表示怎样看待我,是一个人对社会情境做出的反应,是自我意识中积极主动的一面。"主观我"和"客观我"的统一是个体对客体的认知与个人愿望的统一,是个人与社会的统一,是自我意识良好的标准。

一些大学生在失去竞争优势或遭遇挫折后,"主观我"与"客观我"就会产生矛盾冲突,导致自暴自弃,表现为失望、苦闷、怨天尤人,从而重新思考"我应该成为什么样的人?""我的条件和前途如何?"逐步从与周围同龄人的比较中转移到社会背景下认知自我。

(2)"理想我"与"现实我"的冲突

这可以说是大学生自我意识矛盾最突出、最集中的表现。大学生对未来充满信心,抱负水平较高、成就欲望较强,但他们生活范围相对狭窄、社会交往比较单一、缺乏社会阅历、对自我认识的参照点较少,所以不能很好地将理想与现实结合起来,从而使"理想我"与"现实我"之间产生较大差距。在现实生活中,"理想我"与"现实我"总是存在着一定的差距,合理的差距能够激发大学生奋发进取的积极性,使人不断进步、奋发有为。但是,若差距过大,则会给大学生带来很多苦恼和不满,进而可能引起自我意识分裂,导致一系列的心理问题。

(3)渴望交往与自我封闭冲突

大学生迫切需要友谊、渴望理解、寻求归属和爱。有强烈的交往需要,希望能向知心朋友倾吐对人生和生活的看法,盼望能有人分担痛苦、分享欢乐。同时由于自我保护的需要或其他一些因素的影响,大学生在与他人交往时存有较强的戒备心理,总是有意无意地与他人保持一定距离。许多大学生往往不愿主动敞开自己的心扉,而是把自己的心灵深藏起来,或者把自己的内心世界托付给不曾谋面的陌生人,正是这种自我封闭使得不少大学生都有孤独的感受。因此,大学生渴望交往与自我封闭的矛盾冲突对他们的心理产生了明显的影响,建立正确的人际认知、学习沟通、学会交往是解决这一冲突的有效方法。

(4)积极进取与消极退缩的冲突

大学生都有较强的上进心,希望通过努力来实现自身的价值。但在追求价值实现的过程中,困难、挫折在所难免,由于缺乏良好的自我控制能力,不少大学生常常出现情绪波动和行为退缩。主要表现为内心极为矛盾,困惑、烦躁不安、焦虑,在困难面前望而生畏,消极退缩,听之任之。但大多数学生在暂时的退缩之后,会不甘放弃,心中依然渴望追求与进取。因此,常常看到大学生的精神状态波动较大,时而信心满满、斗志昂扬,时而颓废消沉、自怨自艾。

3. 自我意识的统一

自我意识的统一即自我同一性,主要是指"主观我"和"客观我"的统一、自我与客观环境的统一、"理想我"与"现实我"的统一,也表现为自我认识、自我体验、自我控制的和谐统一。然而,由于个人的社会背景、生活经验、智力水平、追求目标等方面的差异,自我意识的统一途径会有所不同,但总的来说其统一途径包括三个方面:① 努力改善现实自我,使其逐渐接近理想自我;② 修正理想自我中某些不切实际的过高标准,并改善现实自我,使两者互相趋近;③ 放弃理想自我,从而迁就现实自我。不管通过哪种途径达到的自我意识的统一,只要统一后的自我意识是完整的、协调的、充实的、有力的,就是积极健康的统一,就有利于个体的心理健康。

大学生自我意识的发展状况既是心理健康状况的集中反映,也是心理健康和人格发展的新起点。一般来说,自我意识积极统一的人往往心情舒畅、生活如意、容易成功;自我意识消极统一的人为了趋同现实自我而不惜牺牲理想自我,往往胸无大志、悲观失望、难有作为;自我意识无法统一的人往往内心苦闷、心事重重、无所适从。因此,大学生若要维护和增进心理健康,则应努力促进自我意识的发展和积极的统一。

第二节 大学生自我意识发展中常见的问题与完善

一、大学生自我意识发展中的常见问题

(一) 自我认识与评价主观化

大学生在自我认识与自我评价上往往存在一定的主观性,也常为突出个性而歪曲自我。在相对宽松的校园环境中,一些大学生积极参加学校组织的各项活动和社会实践,在知识和能力上有了很大程度的提高,视野不断扩大,自信心也有了很大提升,甚至是夸大了自己的能力与优势。但学校和社会毕竟是有差别的,大学生在探讨、评价和思考实际问题时,往往带有幻想色彩,很难切合实际、全面地看待事物并认识问题。当遇到挫折时不能正确归因,不能接受和正视自己的缺点,自我否定和回避的态度常使心理负担加重,进而影响学业和个人发展。

(二) 自我体验两极化

因为大学生的自我意识仍处在不断发展与完善的过程中,个性还不够稳定和成熟,对情感的驾驭能力稍显薄弱,所以他们的情感体验往往表现出较为明显的敏感性和波动性。他们因成功而产生积极快乐的甚至骄傲自大的情感体验,表现为过度自我接纳,即对自己的肯定评价过多;或者因失败而自尊受挫、悲观失望,表现为过度的自我拒绝,即经常的、严重的、多方面的自我否定。

过度的自我接受容易使人产生盲目的乐观情绪,自以为是。同样,对自己的要求过高、错误的自我评价会使一个人难以完成任务,所以不可避免地引起实际行动中的失利和矛盾冲突。自我评价过低的人常常对自己的智力、能力等一切产生怀疑和否定,这不仅限制了自己对未来事业及美好生活的向往,还导致自己在面对问题时常常退缩,从而不能最大限度地发挥自己的潜能和才能。

(三) 过分的独立意向与依赖心理

大学生自我意识发展的特点之一是独立性,但是独立意向过强,往往使大学生感到压力很大。生理与心理的成熟使大学生渴望独立,尤其是在离开父母后,有了更多的自主空间,更加希望能在经济、生活、学习、思想等方面独立,摆脱成人的管束。他们渴望独立,以独立的个体面对生活、学习与工作中遇到的问题,从而证明自己已经长大。

过分独立意识的典型表现就是逆反心理。为了保护新发现的、正在逐渐形成的、还比较脆弱的自我,为了抵抗和排除在他们看来压抑自己的那种外在力量,不少大学生在青春期阶段出现了"第二反抗期"。另外,由于长期的校园生活使他们的社会阅历与经验相对匮乏,在心理上又对父母、朋友存在深深的依赖,特别是在遇到困难和挫折时,这种依赖就表现得更为明显。对于独生子女来说,因为长期受到父母的溺爱与保护,所以这种过分的依赖心理则表现得非常突出。

(四) 过度的"三自"心理

"三自"心理是指自尊、自信和自卑三种心理现象。过度的自尊就会变成虚荣,过分的自信就是自负,过度的自卑就是自我否定、自我拒绝。

1. 过度的自尊就是虚荣

自尊是个体对其社会角色进行自我评价的结果。自尊涉及个体是否对自己有积极的态度,是否感到自己有许多值得骄傲的地方,是否感到自己是成功和有价值的。如果个体把他予以积极评价的角色看得比较重要,那么他就有高水平的自尊。自尊遇到挫折时,个体可能会感到无能与弱小,产生自卑,以致丧失自信心。

过度自尊的人通常是那种虚荣心强、不自信的人。虚荣是一种追求外表荣誉,以期获得社会或他人尊重的心理行为。过度自尊的人不是通过实实在在的努力,而是利用吹牛、撒谎、弄虚作假、投机取巧等错误手段去提高自己的社会地位和获取他人的尊重。追求虚假的荣誉,只是自欺欺人,不仅会失去他人的尊重和友谊,失去诚信,还会失去能真正体现自己价值的追求,留下苍白的人生。

2. 过分的自信就是自负

在过度自信的支配下,个体往往扩大现实的自我,形成错误的不切实际的理想自我,并认为理想可以轻易实现。这种类型的大学生往往盲目乐观,以我为中心、自以为是,不易被周围环境和他人所接受与认可,容易引起别人的反感和不满,所以极易遭受失败和内心冲突,进而产生严重的情感挫伤,导致苦闷、自卑、自我放弃。

当代大学生较为普遍地形成了自信的优良品质,他们有独立思考的能力,对自己的才能信心十足,对自己的未来踌躇满志。但也有一些大学生自信过度,自我感觉太好就会变成自负。他们听不进父母的建议,听不进老师的教诲,听不进他人的意见,一意孤行,对自己的肯定评价超过实际情况。

3. 过度的自卑就是自我否定

自卑是一个人对自己的不满、轻视,对自己有过低的自我评价。这类大学生往往降低社会需求水平,过分怀疑自我,压抑自我的积极性,并可能引发严重的情感损伤和内心冲突。他们的心理体验常伴随较多的自卑感、盲目性、自信心丧失、情绪消沉、意志薄弱、孤僻、抑郁等现象,尤其是面对新的环境、挫折和重大生活事件时,常常会产生过激行为,酿成悲剧。大学是个人才济济的地方,一些学生感到某些地方不如他人,感到自卑,这是正常现象。但是过度自卑就等于自我毁灭。

二、大学生自我意识的完善

(一) 正确地认知自我

大学生通过不断地反思自我,能够产生比较准确的认知与自我评价。在正确的比较中认知自我,能够认知自己的长处和短处。通过从他人对自己的态度与评价中认知自我,不夸大自己的优势与不足,对现状与未来有明确的认识、准确的评价和符合实际的规划,既不好高骛远,也不妄自菲薄。

可以请学生完成以下的练习来全面、客观地认识自我。

(1) 对自己的身高、体重、体型、外貌的评价:_____。
(2) 对自己的智力、优点、特长的评价:_____。
(3) 对自己短处、缺点、弱点的评价:_____。
(4) 我的座右铭:_____。
(5) 我最欣赏自己的是:_____。
(6) 我最讨厌自己的是:_____。
(7) 我的烦恼是:_____。
(8) 我与家人相处的情况:_____。
(9) 我的朋友:_____。
(10) 我的心理是否健康:_____。

将以上这些描述清晰地整理出来,能够促使学生反思自我、正视自我,并在此基础上形成正确且全面的自我意识。也可以请学生与自己的同学、家人、朋友、恋人沟通,听取他们对上述自我评价的认同度,这也是自我过滤的过程。

(二) 积极的自我悦纳

积极的自我悦纳是发展健康自我体验的关键和核心,主要包括:① 愉快感和满足感;② 性情开朗,对生活乐观,对未来充满憧憬;③ 平静而理智地看待自己的长处与短处,冷静地对待自己的得失,以发展的眼光看待自己,充分认识到成功不是永恒的,失败也只是暂时的;④ 树立远大的理想,并以此激励自己,不断克服消极情绪;⑤ 既不以幻想的自我来补偿内心的空虚,也不以消极回避来漠视自己面对的现实,更不以怨恨、自责以至厌恶来否定自己。

自我悦纳是个体对自己真实面目的认同、肯定态度。一个人是否心理健康,重要的不是他能否准确地了解自己,而是他是否接纳自己,满意自己。一个人只有肯定自己、认同自己,才会有自豪感、自信心、自尊感。除了正确看待自己的长处和短处,正确面对失败以外,从实践活动中获得更多成功的体验,还需要调整自己的期望值。只有学会调控自己的期望值,建立合适的理想目标,把自我期望与自己的实际情况密切联系起来,才能逐渐适应社会。

(三) 有效的自我控制

自我控制是自我意识的关键环节,"知"与"行"之间有很长的路,大学生常常"心动而不行动",事实上心动是一件容易的事,而真正磨炼意志则需要更多的自我控制。例如,早晨起床是一件最简单不过的事。但对于懒惰者而言,这也是需要意志的。特别是在寒冷冬天的早晨,想想被窝里的温暖,再面对起床的"痛苦",这是需要进行思想斗争的。而当意志成为一种习惯时,自我控制就转变为"自动化"。

培养自己的意志品质和坚强的性格,发展自己的自制力,增强挫折耐受力,主动自觉地认清理想自我,为实现理想自我建立长期的目标,为实现目标努力付出、坚持不懈、克服困难,正确地面对成功和失败。建立合乎自我实际情况的抱负水平,确立合理的理想自我。把远大的理想分解成一个个远近高低不同的子目标,由近及远,由低到高,循序渐进,逐步实现。关键是每个子目标都应立足现实,具体可行,且经过努力可以实现。

(四)正确的成就归因

自我意识的完善还有赖于成就归因,即对其成败的解释。勃纳德·维纳发现大学生个体可能将成败归结为四种原因:能力、努力、任务难度、运气。能力和任务难度这两种稳定因素能导致强烈的成就期望,努力和运气则是不稳定的因素,随着环境不断变化,很难让人产生期望。维纳认为正确的归因是将成功归结于能力强,因为这种稳定的归因使我们能够看到自己的成功,并使我们期望能再次成功;相反,将失败归结于努力不足(并不是能力不足)则更理想,因为努力是不稳定的,这使我们相信如果我们努力,则下次结果会更好。

因为对成败的认识、个人的体验水平不同,所以会产生不同的归因方式,这会对自我意识的完善形成一定的影响。将个人的失败归结于运气、机遇等不可控制因素的人会趋于自我保护和防御,缺乏正视现实和挫折的勇气,不利于自我认知和反省;将个人失败归于自身能力、水平等内在因素,则容易丧失自信,导致退缩行为。只有正确的成就归因,才能恰当客观地评价自己的能力,产生合理的自我分析与评价,形成积极的自我体验,实施有效的自我控制。

(五)增强自信心

自信是指一个人在对自己的充分肯定的基础上建立起来的一种信心,它推动人的心理与行为向积极的方向发展。大学生只有对自己的外表、学识、能力、品行等方面具有较强的自信心,才能真正做到悦纳自我。增强自信可以从以下几个方面入手:

(1)大学生要了解自己自卑心理的特点和成因,理智地看待自卑心理的合理性,克服自己的自卑心理。克服自卑心理最好的方法就是积极参与社会交往和社会实践活动,在学习和生活中,确立一个合适自己的清晰目标,为实现目标一步步地展开行动。

(2)大学生要积极发现自己身上更多的"闪光点"。任何人都不是十全十美的,都有自己的一些缺点和不足,能够做到肯定自己的价值,接纳自己的不完美也是心理健康的体现。大学生要增强自信心,必须积极发现自己的优点,且不能过分夸大自己的缺点和不足。

(3) 学会积极思考问题。在遇到挫折时,想一想事情的积极方面,就算是失败了,也能发掘出失败的价值。大学生要经常给予自己积极的暗示,在做一件事情的时候,可以在心中默念:"我可以!""我一定能行!""我能做得很好!"

第五章 大学生的人格

第一节 人格概述

一、人格的内涵与发展规律

(一)人格的内涵及特征

"人格"是日常生活中的一个高频词汇。我们经常说"他具有高尚的人格""他出卖了自己的人格""他具有健全的人格"等。古代汉语中并没有"人格"这一词,但有"人性""人品""品格"等词。最早讲到人性的是孔子,他在《论语·阳货》中说:"性相近也,习相远也。"

什么是人格呢?心理学家关于人格的定义有50多种,每一种理论都有自己的定义。"Personality"(人格)一词最初来源于古希腊语"Persona",原意是演员的"面具",用来在戏剧中表现人物身份和角色特点。它有两种理解,既可以外指一个人在社会上呈现出的种种行为特点,又可以内指一个人不愿意展露的真实的内在自我。

人格心理学家奥尔波特指出:"人格是一个人内部决定他特有的行为和思想的心身系统的动力组织。"我国心理学家黄希庭认为:"人格是个体在行为上的内部倾向,表现为个体适应环境时的能力、情绪、动机、兴趣、态度、价值观、气质、性格和体质等方面的整合,是具有动力一致性和连续性的自我,是个体在社会化过程中形成的给人以特色的心身组织。"米歇尔则把人格定义为:"人格是心理特征的统一,这些特征决定人的外显行为和内隐行为,并使它们与别人的行为有稳定的区别。"

综合各个学派的观点,心理学家把人格定义为:"一个人相对稳定而不易改变的心理特质。"这里的"特质"指的是一个人的认知、情绪或行为;而"相对稳定"指的是在不同的情境,以及在不同的时候,这个人的特质不会有太大的变化。可以认为,人格是个体内部的心理和行为倾向,它通过个体对环境的适应表现出来,包括能力、气质、性格、需要、动机和价值观等方面,是个体在社会化过程中形成的独特的、稳定的身心特质。

首先,人格是一组心理特质的有机组合。我们在描述一个人时经常会用到"外向""乐观""认真""幽默""诚实守信""思维敏捷"等词汇,超过 20000 个类似词汇可以用于描述人格特点,而我们描述个体时所使用的词汇又是不一样的,这也是人格的首要特征——独特性。它是指每个人的心理活动与行为方式不同。不同的遗传、生活经历、教育环境等形成了人们各自独特的心理特点,不同的因素组合构成不同的人格,体现了人格的多样性。在我们的生活环境中,可以观察到各种不同个性的人,他们在能力、气质、性格、动机和价值观等方面都具有自己的特点。所谓"人心不同,各如其面",这就是人格的独特性。

其次,人格具有整体性。它是由多种成分构成的整体,但在一个人身上实现时,它们并不是孤立存在的,而是错综复杂地交互作用,组成一个有机的整体,具有内在一致性,受自我意识的调控。人格的整体性是人格健康的标志,一个失去人格内在统一性的人,他的行为常常就会受到几种相互抵触的动机、意志的支配,这是一种人格分裂的现象,表现为"双重人格"或"多重人格"。多重人格在电影和文学作品中早已屡见不鲜,电影《神探》《爱德华医生》《催眠》等许多作品使得人们对"多重人格"的好奇心越发增加了。

再次,人格是一个人在长期的生活过程中形成的独特的心理特征,具有相对的稳定性,具有跨时间的持续性和跨情境的一致性,并在一切生活环境中显示出有别于他人的独特性。如人们常说的"江山易改,本性难移",就是指人格的稳定性。当然,这并不意味着它在人的一生中是一成不变的,随着生理的成熟和环境的变化,人格也可能发生或多或少的变化,正因为其具有可塑性,才能培养和不断完善人格。

最后,人格具有社会性。人是一种社会性动物,人格是在社会群体交往中体现出来的。古罗马著名学者西塞罗对人格的定义是"一个人表现在别人眼中的印象,以及在生活和工作中扮演的角色,表示人的尊严和优越"。其中,"别人眼中的印象"就是指人格的社会性。因此,人际关系是否正常,工作是否能够顺利开展,生活是否和谐,是否得到大多数人的尊重和认可,便成为人格是否健康的评价标准。这就是人格的社会性。

（二）人格的发展

每个人在人格的形成和发展过程中都有"关键期"，呈现出连续的人格发展规律。艾里克森的人格发展八阶段理论认为，每个阶段心理、社会发展课题的完成，都会形成积极的人格品质。反之，就会产生消极的人格品质。

第一阶段婴儿时期：信任—不信任（0～1岁）。这是获得信任感并克服不信任感阶段。这阶段的婴儿对母亲或其他养育者表示信任，婴儿感到所处的环境是个安全的地方，周围的人是可以信任的，由此会扩展为对一般人的信任。婴儿如果得不到周围人的关心与照顾，那么就会产生害怕与怀疑的心理，这将影响他们下一阶段的健康成长。

第二阶段婴儿后期：自主—羞怯、怀疑（2～3岁）。这是获得自主感并避免怀疑感与羞耻感阶段。在这个阶段，儿童开始有了独立自主的要求，如想要自己穿衣、吃饭、走路、拿玩具等，他们开始探索周围的世界。如果父母及其他照顾者允许他们独立地做一些力所能及的事情，并且表扬他们完成的工作，那么就能培养他们的意志力，使他们获得一种自主感，能够自我控制。相反，过分爱护、包办代替，或者过分严厉、斥责体罚，会使孩子产生自我怀疑与羞耻感。

第三阶段幼儿期：自信—内疚（4～5岁）。这是获得主动感并克服内疚感阶段。在此阶段肌肉运动与言语能力发展很快，能进行跑、跳、骑小车等运动，能说一些连贯的话，还能把活动扩展到超出家庭的范围，个体对周围的环境充满了好奇心。如果成人对孩子的好奇心以及探索行为给予更多机会，耐心地解答他们的问题，那么孩子会表现出很大的积极性与进取心，形成自信。反之，会使孩子产生内疚感与失败感。

第四阶段儿童期：勤奋—自卑（6～11岁）。这是获得勤奋感并避免自卑感阶段。儿童的思维能力发展迅速，提出的问题广泛，且有一定的深度，参加的活动已经扩展到学校以外的社会。对他们影响最大的不仅是父母，还包括同伴，尤其是老师。他们很关心物品的构造、用途与性质，并产生浓厚兴趣。若能得到成人的支持、帮助与赞扬，则能进一步加强他们的勤奋感。

第五阶段青年期：同一—混乱（12～18岁）。这一阶段的核心问题是自我意识的确立和自我角色的形成。青少年从别人对他的态度中，从自己扮演的各种社会角色中，逐渐认清自己。他们逐渐疏远自己的父母，与同伴们建立亲密的友谊，并认识整合内心的自己与外在社会生活中的自我，实现心理社会统一感。

第六阶段成人前期：亲近—孤独（18～25岁）。这是建立家庭生活的阶段，是获得亲密感、避免孤独感的阶段。亲密感是指人与人之间的亲密关系，包括友谊与爱情。人如果缺少亲密关系,那么就会陷入孤独寂寞的苦恼情境中。

第七阶段成人中期:创造—停滞(25~60岁)。这是获得创造感并避免自我专注阶段。这一阶段有两种发展可能性,一种可能性是向积极方面发展,个人除关怀家庭成员外,还会关心社会上的其他人,关心下一代的幸福。他们在工作上勇于创造,追求事业的成功。另一种可能性是向消极方面发展,即自我专注,只顾自己和自己家庭的幸福,而忽视他人的困难与痛苦,自我利益至上。

第八阶段成人后期:自我完善—悲观失望(60岁以上)。这是获得完美感,避免失望感阶段。如果前面七个阶段积极的成分多于消极的成分,那么就能在老年期汇集成完美感,觉得生活很有意义。反之,就会产生失望感,甚至绝望的感觉,精神萎靡不振。

二、人格的类型及其特质

人格的重要组成部分中包括气质和性格等,不同个性特征表现出不同的心理健康现象。

(一) 气质

气质是由遗传和生理决定的心理和行为特征,受文化因素影响较小,在人格中最为稳定,基本的气质特点在人一岁时就会表现出来并保持终生。公元前5世纪,古希腊名医希波克拉底创立了气质学说,他认为人体内有四种体液:血液、黏液、黄胆汁和黑胆汁,各种体液在人体内部的含量比例不同决定了一个人的气质类型不同。

根据神经系统活动的强度、灵活性、平衡性特征,心理学家将典型气质类型分为胆汁质、多血质、黏液质和抑郁质。

(1) 胆汁质(强但不平衡):这类人直率、热情、精力旺盛、易冲动、性情急躁、心境变化剧烈、难以自制等。如张飞、李逵、普希金等。

(2) 多血质(强且平衡、灵活):这类人活泼、好动、反应迅速、喜欢交往、兴趣广泛、注意力容易转移、情绪易起伏波动、善于适应变化了的环境等。如王熙凤、苏东坡等。

(3) 黏液质(强且平衡、不灵活):这类人安静、稳重、反应缓慢、沉默寡言、善于忍耐、注意力稳定且难以转移、情绪不易外露、交际适度等。如林冲、薛宝钗等。

(4) 抑郁质(弱型):这类人行动迟缓、感情体验深刻、心细敏感、感受力强、情感细腻、乐于独处、不善交际、孤僻多疑等。如林黛玉。

大学生了解自我气质类型特点,便能知晓自己的优势与弱势,在学习、生活和交际方面准确定位,扬长避短,建立自信,进而拥有良好的心理健康水平。

(二) 五因素人格

五因素人格模型源于20世纪80年代由麦克科瑞和科斯塔提出的人格特质理论,现已在人才测评和心理健康教育领域得到广泛应用(见表5.1)。

表 5.1 五因素人格及其相关特质

高分特质	特质量表	低分特质
烦恼、紧张、情绪化、不安全、不准确、忧郁	神经质(N)	平静、放松、果敢、安全、自我陶醉
好社交、活跃、健谈、乐群、乐观、好玩乐、重感情	外向性(E)	冷静、无精打采、冷淡、厌于做事、退让、话少
好奇、兴趣广泛、有创造力、有创新性、富于想象	开放性(O)	习俗化、讲实际、兴趣少、无艺术性、非分析性
心肠软、脾气好、信任人、助人、宽宏大量、直率、易轻信	宜人性(A)	愤世嫉俗、粗鲁、多疑、不合作、报复心重、残忍易怒、好操纵别人
有条理、可靠、勤奋、自律、准时、细心、整洁、有抱负、有毅力	尽责性(C)	无目标、不可靠、懒惰、粗心、松懈、不检点、意志弱、享乐

1. 神经质(情绪稳定性)

神经质反映个体的情感调节过程,反映个体体验消极情绪的倾向和情绪不稳定性。高神经质个体倾向于有心理压力、不现实的想法、过多的要求和冲动,更容易体验到愤怒、焦虑、抑郁等消极的情绪。他们对外界刺激的反应比一般人强烈,对情绪的调节、应对能力比较差,经常处于一种不良的情绪状态下,所以这些人的思维、决策和有效应对外部压力的能力比较差。相反,神经质维度得分低的人较少烦恼、较少情绪化、比较平静。

2. 外向性

外向性表示人际互动的数量和密度、对刺激的需要以及获得愉悦的能力。这个维度用来将社会性的、主动的、个人定向的个体和沉默的、严肃的、腼腆的、安静的个体做对比。外向的人喜欢与人接触,充满活力,能经常感受到他们的积极情绪。他们热情,喜欢运动,喜欢刺激冒险。在一个群体当中,他们非常健谈、自信,喜欢引起别人的注意。内向的人比较安静、谨慎,不喜欢与外界过多接触。他们不喜欢与人接触,但不能被解释为害羞或抑郁,这是因为相比外向的人,他们不需要那么多的刺激,所以喜欢一个人独处。内向者的这种特点有时会被人误认为是傲慢或不友好,其实一旦和他接触,你就会发现他往往是一个非常和善的人。

3．开放性

开放性用于描述一个人的认知风格。对经验的开放意味着对经验本身的积极寻求和欣赏,以及对不熟悉情境的容忍和探索。这个维度用来将那些好奇的、新颖的、非传统的以及有创造性的个体与那些传统的、无艺术兴趣的、无分析能力的个体做比较。开放性的人偏爱抽象思维,兴趣广泛。封闭性的人讲求实际,偏爱常规,比较传统和保守。

4．宜人性

宜人性表现个体对其他人所持的态度,这些态度一方面包括亲近人、有同情心、信任他人、宽大、心软,另一方面包括敌对、愤世嫉俗、爱摆布人、复仇心重、无情。宜人性高的人是善解人意的、友好的、慷慨大方的、乐于助人的,愿意为了他人放弃自己的利益。宜人性低的人则把自己的利益放在他人的利益之上,所以不乐意帮助他人,甚至对人多疑。

5．尽责性(严谨性)

尽责性是指控制、管理和调节自身冲动的方式,评估个体在目标导向行为上的组织、坚持和动机。它把可信赖的、讲究的、严谨的个体和懒散的、马虎的、冲动的个体做比较,同时反映个体自我控制的程度以及推迟需求满足的能力。冲动的个体常被认为是快乐的、有趣的、很好的玩伴。但是冲动的行为常常会带来麻烦,虽然会给个体带来暂时的满足,但却容易产生长期的不良后果,如攻击他人、吸食毒品等。谨慎的人容易避免麻烦,能够获得更大的成功。人们一般认为谨慎的人更加聪明和可靠,但是谨慎的人可能是一个完美主义者,或者是一个工作狂。极端谨慎的个体让人觉得单调、乏味、缺少生气。

因此,了解自我人格特点,有助于从多维度了解自己的情绪情感、人际互动、思维模式和特点,再结合自我学习与工作之中取得的高效率成就,容易构建良好的和谐人际氛围,有利于身心的健康发展。

(三)ABC人格

这一人格划分方法是由医学专家弗里德曼与罗森曼等人在临床经验的基础上提出的,由于其与身心健康紧密关联,现已被人们广泛接受。

1．A型人格

A型人格的人具有六种基本特征:① 强烈持久的目标动机;② 处处追求完美的内在倾向;③ 强烈持久的追求赞誉与进步的欲望;④ 连续卷入多项事务,挑战极限压力;⑤ 习惯于突击完成工作;⑥ 经常特意地使自己的心理与身体处于机警状态。A型性格者积极进取,富于竞争意识,讲效率,能充分利用时间并发挥自己的才能,有助于个人事业的成功和潜力的发挥。但是,A型性格者过于紧张、急躁,情绪起伏大,在生活中心理压力过大,易造成较长时间的应激状态,从而严重影响身心健康及学习和工作。A型人格易患冠心病和高血压等疾病。

2. B型人格

B型人格与A型人格相反,属于一种舒缓的、善于自我调节的人格特点。B型人格特征包括:① 没有上述任何一项A型人格特质;② 从未感到被时间所迫,也未因时间不够用而感到厌烦;③ 除非万不得已,不在他人面前自夸;④ 与世无争,万事心宽,不对他人产生敌意;⑤ 休闲消遣时,身心松弛,心旷神怡;⑥ 不易被外界事物所侵扰。

3. C型人格

C型人格表现为:情绪不稳定,易产生焦虑不安、怨恨、愤怒,但又好忍气吞声,过度压抑自己的情绪,负性情绪体验过多,以牺牲自我或隐藏情绪来换得人际关系的和谐。内心矛盾冲突,不统一,造成长期心理压力。中国人当中具有比较典型的C型人格特征的是一些带有较强传统意识的中年人。他们常常为了面子而强调家丑不可外扬,同时家庭观念又特别强,所以只要子女"不成器",就会整天处于负性情绪体验中,不仅不释放这种负性情绪,还拼命地压抑与忍耐。C型人格是多数癌症患者的一种普遍人格特征。

三、人格的影响因素

哪些因素塑造了一个人的人格呢?总结起来包括六个方面。

(一)生物遗传

现代研究结果表明:遗传是人格不可缺少的影响因素,但遗传因素对人格的作用程度因人格特征的不同而不同。通常在智力、气质这些与生物因素关联较大的特征上,遗传因素较为重要;而在价值观、信念、性格等与社会因素关系紧密的特征上,后天环境因素更重要。人格发展过程是遗传与环境交互作用的结果,遗传因素影响人格的发展方向及形成的难易程度。

(二)社会文化

人一出生便置身于社会文化中,并受社会文化的熏陶与影响,社会文化塑造了社会成员的人格特征,共同的人格特征使得个人能够稳稳地"嵌入"整个文化形态里。社会文化对人格的影响力因文化而异,这要看社会对顺应的要求是否严格:越严格,其影响力就越大。影响力的强弱也视其行为的社会意义的大小而定。不太具有社会意义的行为,社会允许较大的变异;但在社会功能上十分重要的行为就不太允许较大的变异,社会文化的制约作用就越大。

(三)家庭环境

家庭常被视为人类性格的加工厂,它塑造了人们不同的人格特征。家庭虽然只是一个微观的社会单元,但它对人格的培养起到了至关重要的作用。家庭是社会的细胞,不仅具有其自然的遗传因素,还有着社会的"遗传"因素。这种社会遗传因素主要表现为家庭对子女的教育作用,父母们按照自己的意愿和方式教育孩子,使他们逐渐形成了某些人格特征。父母教养态度不同,往往会形成民主型、专制型和放纵型不同的家庭氛围,从而使孩子形成不同的人格特征。民主型教养模式下的孩子谦虚、礼貌、亲切、诚实,有合作精神,有主见;专制型教养模式则会让孩子忧郁、攻击性强、待人粗暴无礼、不喜欢与同伴交往;放纵型教养模式则易让孩子形成自私自利、任性、独立性差、责任心差等不良的人格特点。总之,孩子的人格是在与父母的持续相互作用中逐渐形成的。

(四)儿童早期经验

精神分析学派心理学创始人弗洛伊德强调,成人的人格和思想在很大程度上植根于早期的生活经历,童年经历(6岁以前)对今后的人格发展至关重要。"早期的亲子关系定出了行为模式,塑成一切日后的行为。"这是麦肯依有关早期童年经验对人格影响力的一个总结。我国也有句俗话:"三岁看大,七岁看老。"人生早期发生的事情对人格的影响历来为人格心理学家所重视。人格发展的确受到童年经验的影响,幸福的童年有利于儿童向健康人格发展,不幸的童年也会引发儿童不良人格的形成。但两者间不存在一一对应的关系,溺爱也可使孩子形成不良的人格特点,逆境也可磨炼出孩子坚强的性格。早期经验不能单独对人格起决定作用,它会与其他因素共同来决定人格的形成。

(五)学校教育

教师对学生人格的发展具有指导定向作用。教师的人格特征、行为模式与思维方式会对学生产生巨大影响。每位教师都有自己独特的风格,这种风格为学生设定了一个"气氛区",在教师的不同气氛区中,学生具有不同的行为表现。裴斯泰洛奇在一项教育研究中发现,在性情冷酷、刻板、专横的教师所管辖的班级中,学生的欺骗行为增多;在友好、民主的教师气氛区中,学生欺骗行为减少。同时学校是同龄群体会聚的场所,同伴对学生人格也具有巨大的影响,班集体的特点、要求、舆论和评价对学生人格的发展具有"弃恶扬善"的作用。

（六）自我调控

对于大学生来说，自我调控因素是完善人格的最重要途径，因为外因是通过内因起作用的。调控因素主要是指自我意识，它的主要作用是对人格的各成分进行调控，以保证人格的完整统一与和谐。对于先天遗传因素和后天环境中不可改变的因素而言，我们不应该把它们看作阻挡个人发展的障碍，而应该有效地利用个人资源来发挥个人长处，并不断地改善和完善自我。

第二节 大学生健全人格的塑造

一、大学生人格发展特点

大学阶段是大学生人格不断完善的重要时期。人格发展特点与社会政治、经济、文化密切相连。改革开放伊始，大学生具有强烈的主体意识，表现为寻找自我、渴望成才，这是20世纪80年代大学生人格发展的显著特点。进入90年代以后，随着社会主义市场经济体制的建立，大学生逐步形成自由、平等、开放、竞争等人格特点。在新时代，大学生成长在一个更加开放、进步的国家大环境下，人格特点体现为富有热情、自信满满，自我特点越发明显，拒绝平庸，个性化强，但是在追求卓越的同时内心也会彷徨、孤独。在急剧变革、观念多元的社会文化中也会出现迷茫、矛盾和冲突。

根据国内外心理学家对人格素质结构的研究，结合我国当今社会发展的现状和当代大学生的实际表现，我们认为当代大学生在人格发展中呈现出三个方面的特点。

(1) 具有良好的自我认知和内省能力，但防御意识较为明显。

大学生善于内省和自我认可，对自我有较为客观的中立性评判和思考，有着对自己的积极看法，自信张扬。大学生对他人、社会尚缺乏足够的了解和判断，潜在的自我防御意识还很强，难免存在敏感、脆弱。网络带给他们丰富的信息知识，但内心有时仍较为空虚。

(2) 情绪情感体验丰富，稳定性与波动性、外显性与内隐性并存。

随着知识层次的提高和判断力的提升，大学生群体情绪情感体验丰富多彩，并有明显的外露特征，能在学习生活中体验积极的情绪情感，好奇心强，接受新事物能力强。但是大学生自我调控情绪的能力尚显不够,对他人的情绪觉察和体验尚有欠缺,在学习社交过程中还不够稳定,具有不平衡性特点和相对的波动性。

(3)行为上喜欢创造,勇于创新,甘愿冒险,对社会环境的适应能力较强,但务实、坚守的意志品质仍需加强。

当代大学生对外部世界有着浓厚的兴趣,有着广泛的活动爱好,积极参与各种形式的社会实践,富有事业心,具有一定的创造性、开放意识和竞争意识。但是大学生易受到兴趣驱使,往往在过程中坚守和持之以恒的精神还不够,注意力容易转移,新鲜感具有很强的诱导性,名利意识过于强烈,对团队和集体的考虑不足。

二、大学生常见的人格问题及其矫正

在人格的发展过程中,受诸多因素的影响,人可能会出现一系列的问题,出现不良的人格品质,比较常见的人格问题有悲观、自我中心、急躁、狭隘、虚荣、懒散、怯懦和攻击性等。人格中的不良品质不像变态人格那样严重干扰个人正常的心理机能和行为,但在一定程度上会使其心理健康受到损害。

(一)悲观及其矫正

悲观是指精神颓丧,对事物的发展缺乏信心。有的同学觉得自己就读高职院校没有前途,心灰意冷;有的同学觉得自己理想破灭,垂头丧气。悲观者常常从消极的角度看问题,放大挫折和困难,用静止的眼光看失败,认为它们不可改变,缺乏信心和勇气。

悲观的矫正建议:

(1)调整归因方式,倾向积极归因,积极挖掘不好事情的好的方面。
(2)即使处境不利也要寻找积极因素,不放弃获取胜利和转机的机会。
(3)多与乐观的人交往,你会发现,乐观的火种会慢慢地在你内心点燃。

(二)自我中心及其矫正

自我中心是指考虑问题、处理事情时将自我作为思考问题的出发点与归宿。具体表现为目中无人、自私自利;遇到冲突时,归罪于他人。如果大学生将一些不健康的思想意识(如个人主义、自私自利)和心理特征(如过强的自尊心、唯我独尊)相结合,那么自我中心便会呈现出来。

自我中心的矫正建议:

(1)正确评估自己,既不妄自菲薄也不夜郎自大,既不自我贬损也不自恋。

(2)树立正确的人生观与价值观,将自己与他人、集体、社会利益统筹考虑。

(3)学会尊重自己与尊重他人,懂得设身处地、换位思考、真诚待人。

(三)急躁及其矫正

急躁是指一碰到不称心的事情就马上激动不安的心理状态,或者想马上达到目的,不做好准备就开始行动的行为方式。主要表现为冒失、莽撞、做事急于求成,甚至走马观花、浮光掠影,结果欲速而不达。急躁者大多缺乏耐心、细致、严谨、恒心和毅力。

急躁的矫正建议:

(1)遇事三思而后行。行动前多深思,耐心从多角度考虑,不急着行动。

(2)加强自我修养。性格急躁的人容易发怒,应把制怒格言铭记在心,避免冲突。

(3)及时反躬自问。反省检查,吸取经验教训,稳步前进,否则欲速而不达。

(4)改变行为。吃饭细嚼慢咽,说话控制语速,看书字句细读,工作有条不紊。

(四)狭隘及其矫正

狭隘是指一个人心胸气量狭小、容不得他人的不良性格,斤斤计较、患得患失;别人稍有冒犯便耿耿于怀;好嫉妒,好挑剔。狭隘的人往往固执己见,按照自己固有的框框、模式去批评、抱怨他人的言行,没有广博的胸怀;解决问题的思路狭窄,态度、观点极端,方法单一。

狭隘的矫正建议:

(1)换位思考。从他人的角度去设身处地地看问题、体会他人的态度和言行。

(2)投身大自然的怀抱。感受朝霞的绚丽和夕阳的宽厚,皓月的自谦和星空的深邃,山脉的博大和江河的雄浑;感受世界的无限和个人的渺小,培养宽阔的胸怀。

(3)"己欲立而立人,己欲达而达人。"欣赏他人,对他人的进步和成功表示真诚的祝贺。

(4)博学广闻。个人的视野越开阔,就越不会陷入狭隘之中,即"站得高,看得远"。

（五）虚荣及其矫正

虚荣是指个体为了维护或满足自尊而过分追求外在的荣誉、名望和赞美的心理和行为。一般而言，每一个大学生可能或多或少地都有点虚荣心，这是正常的。但虚荣心过强的大学生往往会不接纳自己，有较强的自卑感，情感脆弱，非常介意他人对自己的看法和评论，防御心理重。他们通常不敢正视自己的不足，但为了满足自尊，常会千方百计地抬高自己的形象，甚至不择手段地追求虚假的名誉。

虚荣的矫正建议：

（1）认清虚荣的危害。虚荣是爱慕虚荣者给自己挖的陷阱，久而久之易丧失真实的自我。

（2）努力认识自己，了解自己，扬长而不讳短，要有勇气改变自己和接纳自己。

（3）要树立自信和健康的荣誉心，正确表现自己，不卑不亢。

（4）不为外界的议论所左右，正确对待个人得失，淡泊名利则宁静致远。

（六）懒散及其矫正

懒散是指一种慵懒、闲散、拖拉、松垮的生存状态。主要表现为：活力不足，没有计划，随波逐流；无法将精力集中在学业和活动中，百无聊赖，心情不爽，情绪不佳，做事磨蹭。在大学生活中常常是踏着铃声进教室，常为自己的懒散寻求合适的解释，虽决心改正，但难以自拔，对任何事都没有信心，没有欲望。

懒散的矫正建议：

（1）从小事做起，自我监控，学习科学运筹和管理时间。

（2）树立发展目标，科学规划自己的大学生涯，体验存在感和价值感。

（3）寻求好友或老师的支持，勇于接受监督和鞭策，不断修正自己的懒散习惯。

（七）怯懦及其矫正

怯懦即胆小怕事。怯懦的学生怕字当头，怕别人不高兴，怕伤和气，怕失去同学间友情，怕别人说自己不会处事而丢面子，等等。以为委屈可以求全，于是忍气吞声、逆来顺受，体验到强烈的挫败感。如果到了忍无可忍的地步，那么怯懦的人可能爆发极端的行为。

怯懦的矫正建议：

（1）转变观念。懂得良好的人际关系是以平等和尊重为前提，而非迁就和退让。

(2) 怯懦的背后是自卑和讨好,所以要增强自信心。

(3) 学会勇敢而恰当地表达自己的看法和情绪,要学会拒绝和表达拒绝。

(八) 攻击性及其矫正

攻击性是指具有对他人有意挑衅、侵犯或对物有意损毁、破坏等心理倾向和行为的人格表现缺陷。破坏性的攻击性是指人内心产生的一种负面能量不能或不会通过合理手段宣泄,因过度堆积而产生的负面情绪和行为。

攻击性的矫正建议:

(1) 增加对攻击性的正确认知。攻击是一种破坏和变相发泄,对人和事物都有较强的伤害,无益于解决问题,是一种心理水平低下的表现。大学生需要利用已学知识对问题进行更科学的理解。

(2) 提升自信心。面对问题,如果内心强大,有足够的力量合理有效地解决,那么便能缓解内心压力。自信缺失的人容易暴怒,往往以过激的行为来解决问题。

(3) 培养合理的宣泄方式。一般可以通过运动、倾诉、唱歌、书写等积极的表达途径向外宣泄,以免采取消极有害的方式。

三、健全人格的塑造

(一) 健全人格的含义

健全人格是指各种良好人格特征在个体身上的集中体现。国内外诸多学者对健全人格做了相应论述。高玉祥认为健全人格的特点包括:① 内部心理和谐发展;② 能够正确处理人际关系,发展友谊;③ 能把自己的智慧和能力有效地运用到能获得成功的工作和事业上。这些都是人格健全者的标志。生活中有很多人达不到这个标准,但这些人为健全人格的培养提供了一种范式。归纳起来,大学生健全人格包括以下几个方面:

(1) 自我悦纳,接纳他人。人格健全的大学生能够积极地开放自我,正确地认识自己,坦率地接受自己的局限并对生活持乐观向上的态度。

(2) 人际关系和谐。人格健全的大学生心胸开阔,善解人意,宽容他人,尊重自己也尊重他人,对不同的人际交往对象表现出合适的态度,既不狂妄自大,也不妄自菲薄,在人际交往中有吸引力,深受大家喜欢。

(3) 独立自尊。人格健全的大学生的人生态度乐观向上,生活态度积极热情,有正确的人生观与价值观,能够用理性分析生活事件,头脑中非理性观念较少。人格独立,自信自尊。

(4) 能够发挥自己的潜能。人格健全的大学生具有自我发展、自我塑造与自我完善的能力,能够充分开发自身的创造力并创造性地生活,能够发现生命的意义并选择有意义的生活。

(二) 大学生健全人格的塑造

大学生的健全人格主要表现为:正确的自我意识,和谐的人际关系,良好的社会适应能力,积极乐观的人生态度,良好的情绪调控能力,人格品质相对稳定等。

培养大学生的健全人格,以实现自我,适应社会,做到自我发展与社会发展的相互促进,是进行大学生人格教育的主要目的。可以引导学生从以下几方面做起:

(1) 对自己有满意感,对自己所做的事情、对经过努力完成的目标有认同感。除了对自己以外,还要对他人采取同样的态度。承认他人的存在价值,由衷地为他人的成功而高兴。同时,还要善于接受社会上现实存在的事物,包括承认一些丑陋的现象,乐于接受科技发展带来的新经验和新观点,对社会产生的新变化能较快顺应,即能以一种非传统、非固定的思维方式去思考问题,愿意改变以往固定的生活方式,去适应并创造一种新的生活。

(2) 学会独立,相信自己有能力改变目前不够理想的生活,相信人们可以通过自己的努力来改变社会,使其更加合理美好。同时,在学习和生活上,要拒绝被动,要相信命运是可以改变的。不随波逐流、见风使舵,要有正义感,说话做事不要违背自己的良知。

(3) 以理智的态度对待生活中的一切,要客观地认识自我和评价自己。自己提出的目标必须是切实可行的;要善于控制自己的情绪,喜、怒、哀、乐都应适可而止,活泼而不轻浮,豪放而不粗鲁,坚定而不固执,勇敢而不鲁莽,干练而不世故,建立自己和谐的人格,不肆意放纵自己。

(4) 培养社会道德感,敢于面对社会上的不良现象。例如,在公共汽车里看到老人、孕妇、抱婴儿者以及病残的人,要起身让座;看到周围有需要帮助的人,给予他们力所能及的帮助,对他人抱有深切的同情心和爱心,善于理解他人;遵守各种法律和地方、学校、单位的规章制度,恪守中华民族的美德。

(5) 热爱生活,树立正确的世界观、人生观和价值观,形成积极向上的人生态度,培养广泛的兴趣。积极参加学校举行的文体活动,乐于与人相处,使自己的身心得到很好的发展。同时,在课余时间扩大自己的知识面,博学广识,全面发展自己。

第六章 心理辅导概述

第一节 心理辅导的概念

一、心理辅导的含义

心理辅导是指辅导教师与求助者之间建立一种具有辅导功能的融洽关系,以帮助求助者正确认识自己,接纳自己,进而欣赏自己,并克服成长中的障碍,改变自己的不良意识和倾向,充分发挥个人潜能,迈向自我实现的过程。

心理辅导是人际互动过程。心理辅导教师通过语言或非语言化的沟通方式,对求助者的心理困扰进行启发、指导,让他们更全面准确地了解自己,纠正求助者的错误观念,提高其对现实问题的分析水平,获得积极情感的体验。

美国的"职业指导之父"帕特森认为:"心理咨询辅导是一种人际关系,在这种关系中,教师提供一定的心理氛围和条件,使咨询辅导对象的心理发生变化,做出选择,解决自己的问题,成为一个有责任感的个体,进而变得更好。"

Baker(1992)综合多种论述认为:"学校辅导工作应从发展的角度提供辅导服务,以增进学生的自我了解与生活调适水平。"Keys等人(1998)认为:"学校辅导工作应将焦点放在如何增进个人有效的生活技能上,应提供多元、系统的服务以帮助学生获得最佳的支持。例如,提供课程与信息、进行心理咨询、心理测验、教师或家长咨询、教师在职进修、学生资料记录、转介及辅导评估与研究等,其中还包括结合学校、家庭与社区等各单位的协同工作。"

与心理治疗不同,心理辅导不是被动地等待需要者来接受协助(如接受咨询或治疗),更重要的工作目的是预防问题发生,或者为所有人提供在面对不同环境变化时的各种解决问题的技能,提升相关能力,改变某些消极或歪曲的态度。更进一步地说,心理辅导是一项促进心理健康、提升生活幸福感的工作。

对于高校而言,此项工作的推行,不可能仅由心理专业相关人员来做,更有赖于学校对心理健康的重视以及所有教育工作者的合力才能完成这项任务。

二、心理辅导与心理咨询和治疗的不同

心理辅导、心理咨询与心理治疗都是心理助人工作,三者有何差异呢？根据吴武典的观点,三者与心理健康教育之间的关系如图 6.1 和图 6.2 所示。

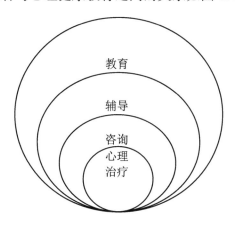

图 6.1 心理辅导、心理咨询、心理治疗和心理健康教育之间的关系

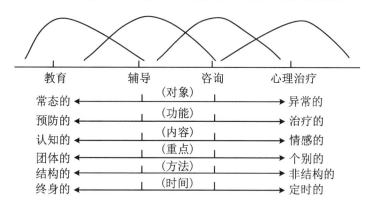

图 6.2 心理辅导、心理咨询、心理治疗和心理健康教育之间的对比

由各圈的大小及包含关系可知,辅导工作的内涵与对象较宽广,而咨询与治疗是其中的一部分,治疗是服务其中特定的一小部分人。

由图 6.2 可知,三者在服务对象等方面都有部分重叠,但也有各自的特殊性。三者在各个向度上的差异,与其说是本质上的差异,还不如说是一种程度上的差异。例如,在工作对象上,辅导较偏向于服务一般常态的人,而心理治疗较偏向于有异常行为的人;辅导的功能较偏向于预防,而治疗则偏重于矫治;在提供的工作内容上,辅导更多地以一般信息的提供为主,而治疗则较倾向于依

个体差异性提供个人情感及认知等方面的讨论;在工作方式上,辅导常以大团体或书面方式提供服务,如运用上课、演讲、阅读等方式,由辅导者(老师、辅导员)针对一般均可适用的心理健康原理和原则提出说明与建议,而咨询及心理治疗则要因人因时因地等个体状况差异,提供不同的服务方式;在时间上,个人因发展需要,故在每一个成长阶段其实都在接受各种辅导、接受新的讯息、学习新的技能,以应对新的挑战,但只有在特定时间或有困难需要专业心理人员协助时,才会接受心理咨询或治疗。有些咨询或治疗为期很短,如只有6~10次晤谈,而有些咨询或治疗则周期较长,会持续几个月或几年。

根据以上论述可知,辅导的目的着重于发展性、预防性及教育性,重视信息的提供,强调认知与环境因素的改变,较重视未来,常以学校、社会教育机构为主要服务场所,受辅导者的个人投入及暴露程度低。

三、心理辅导和思政教育的不同

我国心理辅导起步较晚,过去许多学校由思政教师来进行心理教育和辅导。他们在做辅导的时候很容易将心理辅导变成说教。许多人都认为心理辅导就是对学生加强思想教育,让其不至于做出错误的举动。这些模糊的认识限制了心理学的发展。

心理学家也试图对心理辅导和思政工作进行区分。例如,张伟俊从理论基础、目的、内容、方式等方面分析了心理辅导与思政工作的区别;江光荣认为心理辅导与思政工作最关键的区别在于对价值观的处理,思政德育以既定、统一的世界观去塑造人的心灵,而心理辅导则不以品德塑造为目的,不干预个人的价值观,而是以实现个体的健康成长为目的。乐国安对心理辅导和思想政治工作的区别总结如下:

(1) 理论基础不同。心理辅导依据的是心理学原理,而思政工作依据的是唯物主义和辩证法。

(2) 目的不同。心理辅导是解决心理问题,消除学生心中的困扰,提高适应能力,达到个性的全面发展。思政工作帮助人们塑造共产主义"三观"和远大理想。

(3) 内容不同。心理辅导主要是针对个人的情绪、行为及生活中的问题进行探讨,思政工作的内容主要是讲授共产主义思想和价值观。

(4) 从业要求不同。从事心理辅导的人员需要持专门的心理辅导等级资格证,从事思政工作的人员主要是党团干部。

(5) 方法不同。心理辅导主要是进行咨询辅导会话,建立良好的人际关系互动模式,进而帮助学生解决问题。思政工作主要是以讲课的方式进行,大多在师生之间进行。

（6）评价标准不同。咨询辅导强调个人成长，以人的健康全面的发展作为评价标准。思政工作强调爱党、爱国、爱人民，以投身社会主义事业建设来作为评价标准。

第二节　心理辅导的对象与任务

一、心理辅导的对象

心理辅导的对象为遇到与心理有关的现实问题并请求帮助的学生。我们在现实生活中会面对许多问题，如恋爱问题、人际关系问题、择业求学问题、社会适应问题等。他们面对这些有关自我发展的问题时，需要做出理性的选择，以便顺利地度过人生的各个阶段。对于长期处在困惑、内心冲突之中，或者遭受比较严重的心理创伤而失去心理平衡的学生而言，可以帮助他们缓解现实情绪压力，深层次的探索则需要心理咨询与治疗。

二、心理辅导的任务

心理辅导的目标是通过学生与心理辅导教师间的对话，学生说明情况和提出问题，与老师共同商讨；教师提供信息和引导，帮助学生获得领悟和成长。整体来说，心理辅导的任务是帮助正常人群在生活中化解各类心理问题，克服种种心理障碍，矫治不良行为，纠正不合理的认知模式和非逻辑思维，学会调整人际关系，深化自我认知，构建健康的生活方式等。

（一）认识自己的内、外世界

心理健康的标准是"知""情""意"三者统一。因此，只有在人的认知、情感体验和意志行为相一致时，才会有完整统一的感觉，内心世界才会与外部世界相平衡，从而保持心理健康。如果外部世界与人的内心世界之间失去平衡，甚至冲突，将打破人的心理平衡感，出现一系列心理和生理问题。教师要帮助学生找出内心冲突，引导学生对产生内心冲突的影响因素进行思考，找到产生冲突的根源，从而找到咨询辅导的"关键点"，帮助学生认识到产生心理问题的关键，进而使学生获得领悟、释然。正确认识自己是保持心理健康的前提。

（二）纠正不合理的欲望和错误观念

不合理的欲望和信念是指人们不合理的认知方式。不合理的认知导致人们对事物的错误认识，进而影响人们的情绪、态度和行为。日常生活中人们常表现出绝对化的要求、糟糕化和过分概括化的错误认知方式。

持绝对化要求的人，其认知方式过于极端，只允许可能和不可能两种答案存在，对外界事物缺乏包容性。凡事以自己的意愿为出发点，认为外界"必须""应该"以自己的意志为转移。

过分概括化是指以偏概全、以一概十。过分概括化的另一面是对他人的不合理评价，即别人稍有差错就认为他很坏、一无是处等，这会导致一味地责备他人，以致产生敌意和愤怒等情绪。

糟糕至极是指如果发生了一件不好的事，那么就会认为其非常可怕、非常糟糕，甚至是一场灾难的想法。这将导致个体陷入极端不良的情绪体验，如耻辱、自责自罪、焦虑、悲观、抑郁的恶性循环之中，从而难以自拔。他们认识不到事物的发展都有两面性。

（三）学会面对现实和应对现实

面对现实和应对现实是生活的真谛。弗洛伊德在其著作中提到，当人们在面对无法应对的事件时，经常会采取防御机制。有的人采用升华、宣泄等健康的方式，而有的人则采取压抑、否认、逃避、投射等不良的应对方式。好的防御方式可以让人及时宣泄出内心的不快，能够与现实保持一致。不良的防御机制将使个体逃避现实，否认现实，进而导致个体对现实生活的不适应，产生更多的心理问题。

（四）学会理解他人

社会性是人的基本属性。良好的共情能力，学会理解他人将促使个体保持与他人的良好社会关系。马斯洛提出，尊重和关爱需要是人的基本需要。因此，个体要学会积极地关心和帮助他人。在咨询辅导领域，通常用一个人的社会适应情况来判断一个人的心理健康状况。

（五）增强自知之明

个人的片面经验、扭曲的社会需求以及不合理的生理需求，都可以产生片面的自我认知，使人不自觉地对自己做出错误评估。因人的认知会受到种种局限，其中最大的局限是把"自我的需求"作为"自我认知"的参照系，而不是站在自我之外，使用客观标准衡量自己，即按"自我实现"的标准来衡量自己。心理辅导师的任务在于通过语言沟通来帮助学生认识到自己思考问题角度的不合理，培养学生学习多角度地思考问题的能力，从而增强对自己的全面认识。

（六）协助求助者构建合理的行为模式

受不合理行为模式困扰的求助者，若想改变自己的现状，则必须在心理辅导师的协助下，建立一种新的、合理的行为模式。只有按这种合理的行为模式生活，其行动才可以变成新的有效行为。在咨询辅导过程中，教师应启发、鼓励和支持求助者建构新的有效行为，既可通过公开和直截了当的形式，如明确的建议和具体的指导，也可以通过含蓄的、间接的或暗示性的方式。

第三节 心理辅导关系的确立

一、基本概念

心理辅导首先需要建立有效的辅导关系。美国心理咨询大师罗杰斯提出，关系的确立需要具有共情、真诚一致、无条件关爱三大基本要素。这样学生就会感到被接纳、被理解，其不良情绪才会得到充分宣泄，个人的潜能也会被激发出来。在这当中，教师要走出自己的参照框架并进入学生的参照框架，学会与其情感对焦、思维并轨。

（一）平等对立

心理辅导关系建立的基础是平等对立，这样才能充分调动学生的主动参与意识。心理辅导确立平等对立的关系，也可使学生从一开始就接受"助人自助"的理念。

（二）真诚相待

心理辅导关系建立的关键是真诚相待。真诚不等于什么都说，也不是自我表现；真诚是实事求是，不装腔作势。尊重意味着完全接纳对方，充分信任对方。尊重意味着保护隐私，尊重应以真诚为基础。如教师认真耐心地听学生讲述，不厌其烦，这一行为会令学生感到温暖。

（三）赏识肯定

心理辅导关系建立的动力来自赏识与肯定，只有这样才能充分调动学生的参与意识。心理辅导强调无条件地接纳学生，就是为了使他从一开始就在自己身上寻找力量。

（四）合作行动

心理辅导关系的确立，是为了使学生心甘情愿地与教师合作，探索自我成长与行为改变的方法与途径。在这当中，合作不等于指导，不是居高临下；合作意味着围绕辅导目标共同探索与发现，努力达成共赢的局面。

【知识拓展】

心理辅导的工作联盟

"工作联盟"一词最早由美国心理学家拉夫·格里森提出，他认为治疗关系是一种合作关系，教师与学生要相互配合，共同协商。这就像划船一样，如果只有一个人摇桨，那么船就不能在水中很好地运行。后来，美国心理学家保尔·迪恩扩展了格里森的工作，指出工作联盟具体包括：

目标的协议：确定辅导的不同阶段的目标。

任务的协议：确定具体使用方案。

学生和教师之间的情感联系：处理好界限与移情等问题。

美国心理学家格索和卡特扩展了保尔·迪恩和马林克罗特等人的工作。有研究显示，工作联盟与疗效（如学生的满意度和改变）之间存在稳定的正相关性。也就是说，工作联盟越稳固，心理辅导的效果就越好。还有研究显示，学生的社交能力和社会支持也会影响工作联盟的建立。

二、咨询辅导关系中的保密问题

（一）明确学生权益

咨询辅导关系的伦理问题主要是指尊重学生的个人权益。这当中既有法律赋予的权益，也有行业赋予的权益。它主要包括隐私保密的权益、了解咨询辅导程序的权益、同意或反对咨询辅导的权益、法律监护的权益等。例如，学生在咨询辅导开始填写个人资料时，要签署同意书，包括在特殊情况下（如有自杀、他杀意图）容许教师通知相关人士等条款。对此，教师也要向学生解释心理辅导保密的程度和限制。

（二）遵守保密原则

一般说来，除征得本人同意外，教师不得将学生的身份、个人资料及咨询辅导内容向外泄露。隐私保密是为了向学生提供安全感，令其信任教师，放心地吐露心声。当然，保密原则不是无限制的。如果学生触犯法律，或者年龄低于18岁，那么法院可依法索取当事人的个人与咨询辅导资料，教师须全力配合。在公平原则下，学生既可同意，也可以撤回其同意书。在特殊情况下，如学生有自杀或他杀冲动时，则教师应请教有经验的同行或在督导的指引下，决定是否向相关人士透露信息。

（三）保存辅导记录

心理辅导的记录、保存与销毁是学生的基本权益。一般说来，所有的咨询辅导都应留有记录，这就好比医生看病，需要在病历上做记录，以便复诊时参考。因此，保存心理辅导文本记录是必需的。当然，记录应只记重要资料，这样既省时间，又便于阅读。记录也不限于纸质的卷宗，还包括其他任何形式的资料，如照片、录音、录像、计算机文件。

【知识拓展】

怎样正确处理学生的依赖心理

学生在咨询辅导过程中对教师产生依赖心理，这完全是正常的移情表现。学生的心理依赖一般会有以下几种表现：① 把教师当作父母，完全听从教师的意见，自己不再思考；② 把教师当作精神偶像，有困难就希望教师给自己拿主意，甚至帮助解决；③ 把咨询辅导场所当作避难所，一有烦恼就想到咨询辅导室来宣泄，不善于自己化解。

教师在发现学生出现这种依赖心理时，应消除这样一种观念，即学生一有事就来找自己是对自己的信任，是自己咨询辅导成功的表现。心理辅导的终极目标是"助人自助"，是培养个人的自立自强和自我完善。教师要将学生对自己形成的心理依赖转化为其自我成长的动力，所以应该努力做好以下几点：① 帮助学生学会自助，即不断启发学生独立思考，挖掘自己的潜力，学会自助；② 帮助学生学会自立，即不断推动学生学会行动，不再指望他人来推动自己；③ 内化教师的价值，即将对教师的崇拜转化为价值认同，培养自己具备同样的素质。

总之，教师应该让学生明白：只有自己能够独立解决问题，才是自我的真正成长;只有自己能够化偶像为榜样,才会达到自我实现。

第四节 心理辅导过程

一、深入了解学生的有关材料

在全面掌握学生材料后,找出学生能接受的心理问题,做导入性谈话。学生初次接触教师,大多数人的心里总不是很踏实。特别是在心理问题较严重或内容属于隐私时,教师可以先谈些相关、边缘性的问题,使其有个适应过程,应循序渐进,不要太快进入主题,否则一旦让学生不适应这种情境,或者出现尴尬的局面,就可能导致学生产生回避、否认的情绪,甚至产生阻抗或厌恶的情绪。教师应一步步地引导学生去发现问题,领悟实质,使其心服口服。

系统探讨心理问题的根源。辅导教师应学会透过现象看本质,辨别真假原因,找到核心原因,应避免先入之见,想当然。当学生谈到个人隐私时,教师应保持平淡的表情,不可表现出惊讶好奇或轻视的神情。

二、确立心理辅导目标

辅导目标的确定需要学生与教师共同参与、共同配合,既要考虑学生的问题需要,又要根据心理辅导的实情;既要有具体的小目标,又要立足发展成熟的大目标。

现实中,有些教师只根据学生的要求提供辅导,另有些教师只根据自己的认识来确定目标,这两者都有不足。有些学生并不能提供有效的目标,如学生说"我很痛苦""我很烦",这种目标比较模糊;有些学生搞不清自己有什么目标,或者期待的目标不切合实际,如以为辅导能改变考试的分数,能使失去的恋人回来……

教师应采用开放式询问来促进学生思考自己来访的目标。例如,"你希望通过咨询辅导解决什么问题?""你哪里不舒适?需要我怎么去帮助你?"

三、心理辅导的记录整理

每次辅导结束后,教师都要在时间表上做好辅导记录。根据辅导过程,记录可以分为单次的记录、总结几次辅导的记录。其中,单次的记录可以分为逐字记录、摘要记录和结案记录。

（一）逐字记录

逐字记录是指将辅导过程录音或录像，事后将其完全转换为文字。此种记录方式费时费力，单对于辅导教师的成长来说好处最大。它也是寻求上级督导时的好材料。

（二）摘要记录

摘要记录是指简要记录下辅导过程中出现的要点。例如，谈话内容有哪些，是如何反应的，教师对学生的问题有哪些假设，教师的自我效能感如何，等等。

（三）结案记录

结案记录包含的内容包括：
（1）学生最初提出的问题是什么？
（2）你界定的问题是什么？
（3）学生是否有进步？
（4）如果有进步，那么你觉得最大的进步是什么？
（5）是什么促成这种进步的？
（6）如果没有进步，那么你觉得原因是什么？
（7）辅导的大体过程是什么？
（8）你的个人反思有哪些？对以后的辅导有何启示？

四、心理辅导中的询问分类和方式

心理辅导时需要通过询问收集对方的基本信息，明确求助问题，了解学生的所思所想，并通过询问来引导对方探索、觉察自身的认知和情绪体验。

（一）询问的分类

1．开放式提问

开放式提问是指提出比较概括、广泛、范围较大的问题，且对回答的内容没有严格的限制，给对方充分自由表达的余地。例如，通常运用包含"什么""怎么""为什么"等词语的语句发问，让学生对相关的问题、事件进行较为详细的叙述。

2．封闭式提问

封闭式提问是指对提问的回答不需要展开，答案只需一两个字词或一个简单的姿势,如点头或摇头等,简单明确,从而使提问者确认某些信息。例如,通常使用"是不是""对不对""要不要""有没有"等提问,回答仅是"是""否"等简短答案,或者使用"多少次""哪一次"等提问。

(二)如何恰当地询问

1.尊重对方

在询问时要表达出真诚和尊重。询问时声音不要太大,语气不能太生硬或随意,语速应平稳稍缓,尤其是当求助者情绪激动、语速加快时,辅导教师的语速应更平缓,以平静应对对方的情绪。询问的语调要抑扬顿挫,不要平淡刻板,避免像审讯一般。

2.适当变换句式

在交谈中,应把封闭式提问与开放式提问结合起来。使用开放式提问展开话题、收集信息,有利于营造轻松自由的谈话氛围,以便建立信任关系;使用封闭式提问澄清事实,验证结论与推测,缩小讨论范围,适当中止叙述,等等。

3.运用积极暗示

有意识地引导求助者进入一种积极心态的氛围。

4.适当使用肢体语言

询问时,不仅要关注求助者对问题的回答等言语信息,还要注意自己与对方的肢体语言。具体原则是,在交谈中面对对方,身体端正、放松、略微倾向于对方,可以通过点头来示意等;应注意观察求助者对问题的反应,若对方表现出目光躲闪、犹豫,则不要再继续追问,应适当转移话题,缓和气氛。

5.恰当处理沉默

对于沉默,既不能听之任之,也不能惊慌失措。适当停顿,给予对方足够的时间,耐心地等待回答,或者试探性地询问:"能告诉我你在想什么吗?"当观察到求助者的表情痛苦纠结,不知如何回答而陷入沉默时,应微微点头表达自己的关注、理解和鼓励,等待对方打破沉默。当然,出现沉默的原因也可能是触及了对方的隐私或痛苦经历,或者诱发了求助者的抗拒等。沉默并不可怕,表面上看它会使谈话出现中断、陷入僵局,但沉默背后往往是对方在集中注意力进行深度探索、思考和领悟,这是意义重大的转折契机。

第五节 心理辅导的主要理论和技术流派

心理辅导缘起于心理咨询和治疗,其理论和技术基础也来源于后者。因此,本书介绍的心理辅导的主要理论和技术流派,也是心理咨询与治疗的主要理论和技术流派。

一、精神分析理论

(一)基础理论

1. 潜意识理论

弗洛伊德把心理结构划分为意识、前意识、潜意识(无意识)。潜意识是不被个体意识到、却又存在的东西,并时时影响个体的心理。

潜意识的两大内容包括:① 那些不被社会、个体接受的先天本能,尤以性本能为主;② 那些不被社会、个体接受的与本能有关的欲望和后天的情感,主要以痛苦、耻辱、恐惧等情感为主。

因为它们不被社会或自己接受,若存在于意识中,就会发生心理冲突或干扰心理生活,所以心理防御机制产生作用,把它们压抑到潜意识中去。但它们并没有被消灭,在潜意识中产生影响,形成各种心理症状,但求助者并不清楚真实的原因。

潜意识的表现形式包括:① 意识松懈,如做梦、自由联想;② 意识失误,如笔误、口误;③ 意识丧失,如精神崩溃。

心理辅导就是要寻找被压抑的潜意识,并使求助者领悟。

2. 人格结构理论

人格结构包括本我、自我和超我。本我代表生物本能和原始欲望;超我代表社会道德和规范,是理想自我;自我则起协调作用。本我或超我过于强大时,都会引起心理问题。对于人格健康者而言,三者是协调、完整的。

3. 梦的理论

梦是被压抑欲望的变相满足,通过对梦的分析,可以找到潜意识。

4. 性的理论

(1)弗洛伊德理论中的"性"包括了与生命延续和发展有关的广泛内容。个体在生存与发展过程中,其性生活不仅趋向于身体快感的满足,而且在驱力推动下，个体趋向于有利于其生存的其他快感的满足。

（2）人的这种性欲望与生俱来，只是每个阶段有不同的心理行为表现，其对象也不尽相同。

（3）儿时的性心理的发展障碍是导致其日后心理疾病的根源，对性的压抑是导致心理失常的重要原因。

（二）分析治疗的关键点

精神分析治疗着重寻找症状背后的无意识动机，使之与意识相见。即通过分析治疗使来访者自己意识到其无意识中的症结所在，产生意识层面的领悟，使无意识的心理过程转变为有意识的，使来访者真正了解症状的现实意义，从而使症状消失。

（三）分析治疗的方法

（1）自由联想。

（2）释梦。

（3）阻抗。

（4）移情。

（5）认识领悟疗法。钟友彬的认识领悟疗法借用了心理分析的理论观点，即从改变来访者的认知入手，按照中国的文化背景、中国人的性格特点创造了一套适合中国国情的具体实践办法。

二、行为主义理论和技术

（一）基础理论

1. 经典条件反射

一个刺激和另一个带有奖赏或惩罚的无条件刺激多次联结，可使个体学会在单独呈现该一刺激时，也能引发类似无条件反应的条件反应（S-R 理论）。

2. 操作性条件反射

如果一个操作发生后，接着给予一个强化刺激，那么其强度就会增加（R-S 理论）。

3. 模仿学习理论

学习的产生是通过模仿过程而获得的，即一个人通过观察另一个人的行为反应而学习了某种特殊的反应方式。

（二）行为疗法的关键点

行为疗法是指利用通过各种实验而确立的有关学习的原理和范型，克服不适应行为习惯的过程。行为疗法的基本假设包括：

（1）个体是通过学习而获得了不适应的行为的。

（2）个体可以通过学习来消除那些习得的不良或不适应行为，也可以通过学习来获得所缺少的适应性行为。

（三）行为疗法的主要辅导方法

1．系统脱敏法

（1）原理：通过放松方法来减弱求助者对引起焦虑、恐怖情绪的刺激物的敏感性，鼓励其逐渐接近令其害怕的事物，直至不再恐惧。

（2）组成：① 放松训练；② 建立恐怖或焦虑的等级层次（建立的等级层次一般以 6～10 个为宜，最多不超过 20 个）；③ 按等级层次中列出的项目进行想象或实地脱敏（要求求助者在放松的状态下逐级训练，想象恐怖事物并同时放松，等到恐惧感接近消失时，再升级想象更害怕的内容，如此一步一步训练，直至真实情景的逐级训练）。

（3）要点：① 设计合理的恐怖分级程度；② 循序渐进；③ 恐惧时放松。

2．冲击疗法

冲击疗法是一种与系统脱敏法原理相同而程序相反的行为矫正方法。系统脱敏法是通过由轻到重逐级接触令其恐惧的事物，而冲击疗法是让求助者直接面对令其害怕的东西，并使其不断放松，逐渐减少对恐惧物的敏感。

3．放松疗法

放松疗法又称放松训练，是一种通过训练有意识地控制自身的心理与生理活动、降低唤醒水平、改善机体紊乱功能的心理治疗方法。实践表明，心理与生理的放松均有利于身心健康，可起到治疗的作用。

肌肉放松可分为全部放松和渐进放松两种程序，也可分为放松全身肌肉群和逐个放松身上的肌肉群两种形式。同时，按诱导方式还可分为直接放松和间接放松。

4．模仿学习

模仿学习疗法又称示范性疗法，它是指通过模仿学习获得新的行为反应倾向，来帮助某些具有不良行为的人，以适当的反应取代其不适当的反应，或者帮助某些缺乏某种行为的人学习该种行为。模仿学习疗法以这样一条行为主义的基本原理为基础：人的各种行为，无论是适应性行为还是不良行为，都是通过后天的学习获得的。因此,通过同样的方式也可以改变不良行为,或者重新学习适应性行为。我们在生活中学到的许多东西,从行为到态度,都是通过观察并模仿他人而习得的。童年期的学习尤其具有这种特点。如果一位母亲在孩子面前表现出特别害怕小动物的话,那么她的儿女对小动物也会感到恐惧;如果一名儿童在一个小气吝啬的环境中长大,那么他也会形成一种斤斤计较的性格。模仿学习疗法正是基于此而产生的一种行为治疗方法。班杜拉认为:"一切直接经验的学习,都是由于看到别人的所作所为,看到了这些行为的结果,因共鸣而产生的。"由此推论,如果给那些有行为问题的人提供机会,让他们观看别人的切合时宜的行动,那么他们就能够放弃自己的不适应行为,建立良好的适应行为,从而达到治疗的目的。

三、人本主义理论

(一) 基本理论

1. 对人的基本看法

人有自我实现的倾向,强调人的价值、意义和独立人格在心理健康中的重要性,认为可以通过建立良好的人际关系来促进求助者自信、自强。

2. 有关自我概念的理论

(1) 人有两个自我:现实自我和理想自我,两者的距离关系到人的心理健康,距离太大就会使人有心理失常感。

(2) 人际交往中,人总是愿意让他人对自己的行为做出有利的评价。当一个人的行为产生了积极的自我体验并同时得到他人理解和尊重时,他的自我概念是明确的,人格就能正常发展。但是,如果他一味地去满足别人的期望而忽视自我或不惜改变自己的准则,那么就会使自我概念扭曲,忽视内心的真实感受,从而造成人格发展异常。

(二) 关键点

人本主义心理学十分重视人的潜能。因此,求助者中心疗法特别重视在心理辅导过程中,教师为求助者创造的平等、理解、接纳、鼓励等氛围的意义,强调要以求助者为核心,给求助者以真诚、准确、无条件的积极关注。

(三) 主要辅导方式

非指导的治疗方式着眼于促进学生的成长,具体地帮助学生进行自我探索,促进其自我概念更好的发展。

四、认知疗法

(一)关键点

认知疗法认为,刺激(S)与反应(R)之间不是简单、直接的对应关系,其间有一个认知的作用。即行为和情绪的产生有赖于个体对情境所做的评价,通过改变人的认知过程和从此过程中产生出来的观念,可以纠正其适应不良的行为和情绪。因此,心理障碍主要是由认知的错误所导致的,心理辅导的任务就是帮助求助者调整认知方式。

(二)合理情绪疗法

1. 基本理论

合理情绪疗法由美国临床心理学家艾里斯创立。它是认知疗法中一种被较为广泛传播和应用的技术,广为人知的就是 ABC 理论。其中,A 是指诱发性事件,B 是指不合理信念,C 是指情绪困扰和行为不适的具体表现。该理论认为:外界事件只是引起不良情绪、不适应行为的间接原因,人们对此的信念、看法、解释才是更直接的原因。艾里斯称之为"不合理信念"。

2. 不合理信念的典型特征

(1)绝对化的要求:以自己的意愿为出发点,对某一事物怀有其必定会发生或不会发生的信念,如"我必须成功"。

(2)过分概括化:以偏概全,包括对自己和对他人。

(3)糟糕透顶:认为某一事情发生了,必定会非常可怕、糟糕,不合理信念的存在极易使人陷入不良心境中。

3. 操作步骤

(1)帮助求助者明了自己有哪些不合理的观念及其与不良情绪之间的关系。

(2)帮助求助者明了目前自己的不良情绪来自自己,自己应对自己的情绪和行为负责。

(3)帮助求助者改变不合理观念,调整认知结构。

(4)帮助求助者学习理性的观念,并使之内化为自己的观念。

4. 合理情绪疗法的技术方法

(1)与不合理信念辩论的方法——产婆术:治疗者以科学的方式对学生所持的有关他们自己的、他人的以及他们周围世界的不合理的信念进行挑战和质疑,以动摇他们的这些信念(以疑问式提问为主)。

(2) 合理情绪想象技术。

(3) 认知的家庭作业：合理情绪治疗自助量表；与不合理的信念辩论；合理的自我分析。

五、叙事治疗

叙事治疗是指通过多元文化视野、贴近学生的问题故事，帮助学生用替代故事（较期待的故事）替换被主线故事（压制的问题），从而引导其重新构建故事，构建较期待的自我认同，以唤起其发生改变的内在力量的过程。

（一）叙事治疗中的独特结果

叙事治疗被称为后现代主义的心理治疗方法，因为它强调建构，强调文化的制约，不重视问题的原因，比较看重问题的改变，这和后现代主义思潮有密切的关系。

在帮助学生用较期待的故事替代被压制的问题过程中，独特结果起到了桥梁作用。独特结果是指任何不"符合"主流故事的事情，因为它们的存在使学生的问题难以达成。具体来说，独特结果是指学生在其痛苦挣扎的生命历程中的努力、不容易的地方，是与其被主线故事不一样的事件，它是被学生和教师共同建构出来的。在寻求学生被主线故事之外的较期待的故事中，独特结果起到了至关重要的作用。

独特结果是不被问题影响的地方，是不被问题影响的独特结果，是问题故事中的例外，是闪亮时刻。叙事治疗强调，问题不会拥有100%的影响力，独特结果一定存在，而且很多。独特结果是特指那些在困难中想办法、不断挣扎的时刻或事件，或者是指学生喜欢的事件或品质，它既可能是学生的期待，也可能是现实。独特结果可以是客观发生的事件，也可以是要发生的事件，还可以是在想象中发生的事件；可以是现实存在的行动，也可以是内心的计划、感受、渴望、想法、宣誓或约定；可以是很小的一件事，也可以是很大的一件事；可以来自过去，也可以来自现在和未来。只要能从中发现学生的正向积极的资源，所有的这些就都可看作为独特结果。

（二）叙事治疗的几种对话技术

1. 外化的对话

人在社会化进程中，把政治制度、社会体制、道德习俗等逐渐内化为自己的一部分，也把问题看成自己的一部分。而外化强调的是将人与问题分开，即人不等于问题，问题才是问题。问题形成过程就是学生将问题内化为自己的一部分并产生消极自我认同的过程。而外化就是要逆转问题的形成过程,即问题和自我认同的剥离,让学生感受到自己和问题是分开的,这时学生就会看到自己的技巧、力量、能力与承诺,并开始对问题采取对抗行动,同时与教师合作,重写他们与问题的关系。

从某种程度上说,外化不单是一种技术,还是对话中的一种态度和导向。外化打开了可能性,让人从面对问题的新位置而不是充满问题的位置来描述自己、彼此之间的关系,让人更容易重新看待那些曾经控制他们生活的问题。外化是一种解构的精神,不仅在心理辅导中教师可以对学生使用外化的策略,人们在自己的生活中,也需要用外化的精神来看待自己的生活,过自己的一生。

(1) 命名问题的问话

叙事治疗认为,问题是闯入个体生活的外来入侵者。外化让学生可以站在事情的外面,让学生看到问题对自己的影响,提供与问题对话的可能。为了让这个对话更清晰、更生动,叙事时常常用拟人化的方法来描述这个入侵者,他是一个有想法、有企图、有能量的人。

(2) 探索问题的问话

它是探索对学生具有重要意义的问题、感受、态度、信念的来历和历史,探索主流文化对人和这些问题的影响,让学生了解自己是如何被影响和建构的,以引出学生的支线故事和特殊意义事件。当问题被放在时间的维度中时,对人的影响也总是有大有小的。当发现问题在不同时间有不同的变化时,人就会轻松一些,新故事就可能出现,其固化的自我认同就会松动。当问题影响比较小的时候,可能就是一个闪亮时刻,那就是体现探索人技巧和能力的时候。

2. 改写的对话

叙事治疗更看重人们对事件的意义、目的、想法的探索。改写的对话就是一个探索事情意义的对话方法,通过这样的探讨过程,独特的结果就会出现并被支持。

学生有机会跟着老师去了解自己内心的感受和看法,会看到很不一样的自己,也许会重新整合自己,产生新的自我认同。当教师开始发现某个或某些没有受到问题影响的事件时,他们会好奇并且想要进一步探索。他们会研究这些事件的历史,企图将事件和其他不受影响的事件放在一起。当这些事件的历史被连接起来时,学生会受邀对其意义加以探索,从他们的个人特质、承诺、渴望、信念、技能、知识等角度来看这些事件的意义,由此独特结果被放大、被支持、被丰厚。

3. 意义的对话

事情本无意义,是人们赋予它意义。人们不是重视事情,而是重视事情背后的意义。在叙事对话中,教师可尝试把事情赋予积极意义,鼓励学生思考并体验独特结果、较佳方向和新故事经验的含义。当事情背后的正向意义被改变、被放大、被赋予新的意义时,原本的事件就呈现出特殊意义。

【案例】

给自己不喜欢的品质写一封信(叙事治疗团体中的作业)

亲爱的懒散:

谢谢你一直陪伴在我身边,但我不想你这么频繁地跟随我,在我想学习或者想完成一件工作的时候。你可以偶尔过来找我玩,但不要这么频繁。

当你在我身边的时候,我不能够集中精力做我想做和需要完成的事情。我不想你总是频繁地过来找我,这会让我觉得自己是一个不追求上进的人,有时候还会觉得自己很颓废,这会降低自我的评价与肯定。

但我依然感激你不时地陪伴,今年你像一个长辈一样对我,常常会让我休息,为能够继续下去而积聚力量!

我将记住你我在一起的美好时光,就好像上次在无人的午后,暖暖的阳光里,我们尽情畅游,放松身上的每一块肌肤,让心灵得到安宁。

我也会记住我对你的不满意:发脾气的时候,责怪你为什么总是在我身边,我想那时的你必定也是难过的,你不明白我为什么会对你喜怒无常。我希望我对你的所有伤害你都能忘记,你依然可以找我一起玩耍,一起天马行空。

懒散啊,我的朋友,新年快乐,来年我依然会想念你,也希望我们能彼此拥有合适的距离,让距离产生美。再见,我亲爱的懒散。

六、萨提亚家庭治疗

维吉尼亚·萨提亚创立了被称为"萨提亚治疗模式"的疗法,其定义为成长取向的治疗模式,其最大特点就是注重提高学生的自尊、改善沟通及帮助学生活得更"人性化",使学生达到"身心整合,内外一致"。

(一)萨提亚家庭治疗的内在信念

(1)我们都来源于同一个生命力,是同一生命力的明证。所有人都来源于同一个生命源头,这个源头就是宇宙能量。每个人的内在都充满着生命力,每个人的外在都在不断彰显这个生命力。

(2)大多数人在任何时候都是尽其所能而为之;大多数人在任何时候都是尽其全力在为自己的内在渴望负责。

（3）人们因相同而有所联结，因相异而有所成长。人们在内在渴望的层面上是相同的，都需要被爱、被接纳、被欣赏等。然而，人们在满足自己内在渴望的方式上又是有差异的，这些差异让人与人之间产生诸多矛盾。现实中，人们借着磨合这些矛盾来学会接纳异己，从而使自己变得越来越完整。

（4）父母常常重复他们在成长过程中熟悉的模式，即使那些模式在现在看来已经丧失功能。这源于父母在他们小时候一样经历过求生存的状态，这个状态塑造了他们应对压力的模式。当他们养育下一代的时候，他们会常常重复这些模式，不是因为这些模式适用，而是因为他们对这些模式更熟悉，即便这些模式已经丧失功能。

（5）人性本善，人们需要找寻自己的宝藏并与之联结，以确认自我价值。人性都是向善的，每个人的内在都拥有面对生活中一切问题的资源。

（6）情绪是属于我们的，我们都会有情绪，而且也能够驾驭情绪感受。

（7）健康的人际关系建立在价值平等之上，人与人之间是有角色分工的。

（8）人们成长的目标是通过外在彰显内在的完满、富足。在这个过程中重要的一步是接受自己的父母也是普通人，能够在人性而非角色的层面上与他们相遇。

（9）改变是有可能的，尽管改变外在很困难，但改变内在永远是有可能的。

（10）心理治疗的重点不是关注病理的、负面的部分，而是关注健康的、正向积极的部分。

（11）"希望"是"改变"的重要前提，只有人们的内在状态发生改变，才可以缓解或消除外界事件对自身的冲击。

（12）问题本身不是问题，如何应对问题才是真正的问题。

（13）欣赏并接受"昨天"可以增加我们管理"今天"的能力。

【案例】

我遇到一个学生，不停地讲她和前男友的故事：

喝饮料的时候，前男友总是加热了给她喝，怕她受凉；逛街的时候，前男友总是牵着她的手，怕她被撞；每天晚上，前男友总是给她打个电话，怕她孤独。

我问她为什么不和前男友在一起呢？

她说那都是几年前的事情了，前男友已经有了新的恋情，但她还沉浸在故事里。

她想从故事里要什么呢？

我觉得她想要被爱。

我还遇到一个学生，他也是不停地讲自己的故事：

高中的时候参加竞赛获奖;大一带领团队获奖,但是辅导员没有奖励他;自己当学生干部,做了很多出彩的事,但是其他同学却对他有意见;带家教的学生成绩提高,考上重点中学,家长却连句"感谢"都没有。

我让他停下来,想一下自己在说什么。他停了一下,尴尬地笑了笑。

他想从故事里要什么呢?

我觉得他想要被认可。

(二)萨提亚家庭治疗的四大目标

(1)更好地为自我负责。帮助人们成为对自己行为、感受、观点、期待更加负责任的人,协助人们走出被动的受害者的角色,更有能力满足自己内心的渴望,成为为个人幸福谋福利的人。

(2)更多的选择。萨提亚认为生活中某一个目标的实现,至少有三个选项才是真正的选择。

(3)更高自尊的获得。如果一个人接纳、欣赏自己,那么他一定拥有很高自尊的自我体验。

(4)更加一致性。一致性是萨提亚家庭治疗的核心概念,涵盖了人们与自己的联结、与他人之间的联结、与宇宙之间的联结三个层面。

七、焦点解决短期治疗

(一)焦点解决短期治疗的理念

焦点解决短期治疗(Solution-focused Brief Therapy,SFBT)是指以寻找解决问题的方法为核心的短程心理治疗技术。这一表述包含了三个关键词:焦点、解决、短期。其中,"焦点"是问题的"解决","短期"是最少地侵入学生的生活,尽快结束咨询辅导关系。SFBT建立在后现代主义哲学基础上,影响SFBT产生与发展的主要有社会后现代思潮、建构主义的多元观、家族治疗的系统观、米尔顿·艾瑞克森的咨询辅导理念与技术、心理研究机构的短期咨询辅导等。

SFBT提出了很多的不同以往的治疗模式假设,明确提出"把问题和人分开""人不等于问题"等咨询辅导理念,重视正向思考和未来导向,强调个体之所以产生问题,往往是其问题的解决方式不当,它重视的是问题的解决而非问题的成因,充分体现了"人本主义"的人文关怀,体现出教师对学生的尊重、关爱,使学生在心理辅导过程中建立起成就感、归属感,也符合现代人高效、快节奏的生活方式。

具体来讲,沃尔特和皮勒整理了焦点解决短期心理辅导的12项基本假设:

（1）越把焦点放在正向、已有的成功解决方法并迁移运用到未来的类似情境上，则越能使得改变朝所预期的方向发生。

（2）任何人都不可能每时每刻处在问题的情境中，总有问题不发生的时候，这就是"例外"，这些存在于学生身上原有的例外情形，常常可以用来作为问题解决的指引。

（3）改变随时都在发生，没有一件事是一成不变的。

（4）小的改变会带来大的改变，最后可以导致整个系统的改变。

（5）合作是必然的，没有学生会抗拒。不同的学生会以不同的方式与教师合作，若教师仔细了解学生的思考及行为的意义，则会发现学生努力地向自己展示了他们要发生改变所必需的独特方式。

（6）人们拥有解决自己的问题所需的能力与资源，教师的责任是协助学生发现自己所拥有的资源。

（7）意义并非由外在世界所引起，而是与经验间的交互建构，是个体透过本身的经验对外在世界做出的解释。因此，焦点解决短期心理辅导并不重视探究事件本身，而是重视学生对事件的解释，以及在事件中采取的反应与行动。

（8）个人对某一问题或目标的描述与其行动是相辅相成的，所以可以通过改变个体看问题的观点来实现改变行为；也可以通过改变行为来实现改变看问题的观点。

（9）沟通的意义可从收到的反应中来做出判断，对于教师而言，咨询辅导过程中沟通的意义要视自己所收到的反应而定。

（10）学生是他们自己的问题专家，设定什么样的改变目标，应由学生自己决定。

（11）学生的任何改变都会影响其与所在系统中所有人的互动，从而带来其他成员的改变。

（12）凡是有共同目标的人，都是咨询辅导团体的成员，教师的主要作用是协助团体成员协商出问题的解决方法，并找出个人可以做到的行为。

其实，焦点技术并不仅限于这 12 种，它应该是个开放的系统，所有符合焦点理念的咨询辅导方法都可以纳入其中。

关于技术和方法，有必要说明的是，虽然焦点有一套技术系统，但正如利特尔(1998)所指出的，"如果热情、真诚、共情等辅助条件没有渗透到咨询辅导过程中，那么任何咨询辅导策略与技巧都是无效的。"更确切地说，诸如热情、真诚、共情等并非是辅助条件，而是咨询辅导技术的基础和灵魂。有人质疑焦点过于关注解决之道，似乎不那么重视倾听、共情，其实这是误解。SFBT 同样重视一般咨询辅导所重视的元素、技巧。德琼和茵素(1998)指出："要建构解决之道,推展 SFBT 的晤谈阶段,需要运用一些基本的晤谈技巧,包括倾听、非语言的态度、回应学生的关键用字、开放式问句、摘要、复述、运用沉默、注意学生的非语言信息、自我暴露、注意过程、共情等。"

(二)焦点解决短期治疗的阶段

SFBT 强调学生才是自己生活的专家,只有学生自己知道哪些方法有效、哪些方法无效。治疗过程中强调辅导教师与学生之间的合作关系,而非大部分传统心理治疗中强调的辅导教师是"教育者"的角色。合作、协作型的治疗关系能够让学生更有效地投入到治疗过程中,提升治疗成功的概率。沃尔特和皮勒界定了 SFBT 的四个基本步骤:

(1)探索学生的需要,而不是探索学生不需要什么。

(2)不要将学生病理化,不要给学生贴病理化的标签。相反,辅导教师应该聚焦于学生行为中可取的一面,并鼓励他们继续朝这个方向发展。

(3)如果学生当前的行为没有任何效果,那么应鼓励他们尝试新的行为。

(4)将每次治疗都看作是最后一次治疗,尽力使治疗过程高效而简短。

(三)焦点治疗的核心技术

1. 量尺技术

量尺技术并不是用于评估,而是为了让学生关注自己的资源。量尺并不是为了比较,因为每个人心目中都有一把尺子,其标准都不同。我们不是对问题进行打分,而是对自己的状态或自己能成功改变的信心进行打分。

量尺是由一系列的问题组成的,而且并不是在咨询辅导开头使用的。我们先需要了解他/她的理想与愿景,将其定义为 10 分;再问他/她当前的状态,1~10 分;请学生打分,若他/她觉得是 4 分,可以问 4 分他/她是如何做到的。如果想增加 1 分,那么他/她可以怎么做,需要什么条件……

2. 应对问句

"面对困难,你是怎么熬过来的?""你是怎么做到的,怎么挺过来的?""你是怎么做到保持现在的状态,而不是更糟糕的状态呢?"使学生发现自己的能力和资源。

3. 结果问句

在咨询辅导开始的时候就可以问,而且要反复地使用。"在今天咨询辅导结束后,你希望可以发生什么样的变化,我可以做些什么来给你帮助呢?"了解学生对咨询辅导的期待,共同确定此次咨询辅导的目的和目标。

4. 关系问句

了解他的重要他人。"如果你的问题解决了,那么你觉得谁会最先发现呢?""你的家人会发现吗?""他们发现后会有什么反应,你会用什么反应来回复,他们会有什么感受?"我们需要问得非常详细,使得愿景更加详细清晰,这样他改变的动力就越强。我们对他人的抱怨与冲突,其实是自己内心的需求没有得到满足。因此,通过关系剥离可以使问题更加清晰化。

5. 例外问句

"有的人经常忽略自己的成功经验,轻视已有的小改变,淡化正在付出的努力。倘若他们能够发现以上这些例外的情况,有效利用自身的资源,就能够增加对自身问题的掌控感,提升改变的可能性。"一个学生说自己很痛苦,那么探索在一天中他/她感觉没那么痛苦的时候,那个时候他/她在做什么,要有具体的描述,可放大例外和好的行为。"你跟同学相处融洽是在什么时候,即使时间很短?""刚才你告诉我说你恐高,你想一想你是否有过不怕高的时候,当时你是怎样的状况?"

6. 奇迹问句

奇迹问句是关于没有问题的生活的描述,目的是让学生消除没有希望的感觉,因为奇迹可以做到任何事情,而对期待的未来的描述有五个特点。从学生自身的视角出发,有三个特点:正向的,是他们想要的;实际的,是可以观察的行动;具体的时间、地点、行动、环境。从他人的行为和视角出发,有两个特点:多重视角,通过他人的眼睛可以看到的变化;互动,描述自己的改变对他人的影响,以及这些影响对自己产生的影响。

第七章 心理辅导常用技术(一)

第一节 场面构成技术

一、场面构成的内涵

心理辅导场面包括辅导过程中应该遵守的基本原则、规范、时间、场所、辅导内容的保密等,是心理辅导过程中特别强调的内容。一般应在心理辅导开始或初期进行。有了这样一些限定、规范和要求,就可以给受辅导者一种安全感的保障,使他们忐忑不安的紧张情绪得以缓和,从而建立起双方相互信赖的关系,并确保心理辅导过程能规范地顺利进行。同时,可以防备在辅导过程中出现违背心理辅导关系性质的行为。例如,有的受辅导者不能遵守时间约定,超过时间后仍然喋喋不休地说个没完;有的受辅导者会给心理辅导教师带礼品;有的受辅导者希望在辅导室之外和心理辅导教师见面、约会等。这样的一些试图脱离心理辅导关系性质的表现和行为,或者希望与心理辅导教师保持特别关系的做法,与受辅导者的心理问题有很深的关系,是理解受辅导者心理问题的重要机会。但心理辅导者不能利用受辅导者来满足自己的利益,否则就可能会违反心理工作的伦理。

二、心理辅导场面的构成

心理辅导需要设定一定的条件,构成安全、和谐、稳定的环境,才能保障专业心理辅导工作的进行。

(一)心理辅导的约定

辅导契约是指在心理辅导(治疗)开始时必须决定的各种事项,如心理辅导如何进行、以什么形式进行等。在大体清楚了受辅导者存在的心理问题后,心理辅导教师需要确认是否能够通过继续的心理辅导帮助受辅导者解决这些问题,受辅导者是否希望并同意持续心理辅导。如果这些都满足了,那么就可以开始讨论和设定辅导目标。这时,最为重要的是建立相互信赖的心理辅导关系。辅导人员的善意、尊重与热情诚恳的接待,可以使受辅导者消除顾虑、解除紧张不安的情绪,从而形成和谐的谈话气氛。

辅导目标一旦设定,就可以具体地与受辅导者商量今后的课题:辅导的时间、场所(地点)、次数等具体问题。这些约定是建立心理辅导关系的基础。

(二) 时间和辅导频率

心理辅导的时间设置,是指一次的辅导时间长度、两次辅导的间隔期是多少等与辅导时间有关的问题。普遍的做法是,个体辅导的面谈时间以每次50分钟的设定为宜。辅导次数以一周1~2次比较普遍。但是,有时应根据受辅导者的精神状态、发展水平、年龄等缩短面谈的时间或间隔,根据情况也可增加或减少辅导的次数。例如,为有精神分裂症的受辅导者提供辅导,可能就需要将辅导时间缩短为每次20分钟或30分钟,辅导次数为一周2~3次。对那些行动力较强的人,也可以考虑增加辅导次数。

辅导契约一旦确立并开始辅导时,除了发生特别事故、紧急情况或因公出差等之外,原则上双方必须遵守约定的时间。不允许心理辅导教师任意或随便地变更已经约定的时间。

在已确定的时间框架内,有的受辅导者会将辅导时间拖长,也有的受辅导者会经常迟到,还有的受辅导者每次都会早早前来(甚至早到半个小时)等。心理辅导教师可以通过受辅导者对这一既定时间的态度、在这一时间内的表现等,分析受辅导者的身心状况,以更好地促进心理辅导工作的顺利进行。

当受辅导者违反了事先已确定的时间规定时,心理辅导教师应该如何应对呢?

约定时间后迟到或不来,可以反映受辅导者的各种动机或倾向。例如,总是不按约定的时间来,有时在只剩10分钟的时候来了。一般情况下,在只剩下10分钟的时间里,心理辅导教师可以询问一下迟到或晚来的理由和原因,然后在商定下次的预约时间后结束本次辅导即可。

尽管受辅导者晚来,但是在约好的结束时间到了的时候,有的受辅导者会对心理辅导教师表现出"特意赶来了,怎么能这样不讲情面呢"的反应,这可能是一种为了顶撞、抵触心理辅导教师,或者为了将时间置于自己的支配之下的心理。

当然，心理辅导教师一定要再三确认具体的原因，把握真实的情况。若确实是因为地方很远、交通堵塞，或因身不由己的事情而晚到或没来的话，则心理辅导教师可以在力所能及的范围内为其确保辅导时间。

当然，心理辅导教师晚到、忘记预定时间的情况也有可能发生，其原因也是多种多样的。但心理辅导教师违反约定的行为会严重地伤害受辅导者的心情，故应予以避免。万一发生了，心理辅导教师应该坦诚地向受辅导者说明原因、道歉并请求受辅导者的谅解。

在定期辅导的情况下，如果到约定时间而受辅导者没来的话，一般是等到下次的辅导时间。但是，如果知道是因为事故、家庭发生了不幸等原因而不能前来的话，那么心理辅导教师应该向其适度地表达自己的关切和同情。

辅导周期的长短因受辅导者的心理问题及辅导目标的不同而有所差异，有的辅导几次就可以了，也有的需要几个月时间。对于心理问题较为严重的学生，建议高校思政工作者将其转介给心理咨询师或精神科医生进行心理咨询或治疗，自己做一些力所能及的支持性心理辅导即可。

受辅导者一开始往往会对所需要的辅导时间（时间跨度）特别关心。当受辅导者提出这一问题的时候，心理辅导教师应首先确认受辅导者询问这一问题的意图，然后告诉受辅导者大体上需要的时间。如果感到受辅导者的问题不是几次就可以解决，可能需要花费半年以上的时间的话，那么可以告诉受辅导者将半年作为一个段落，"不管怎样，先来一阶段，到时再看情况好吗"的答复比较适宜。如果说"需要花上很长时间吧"，那么会使受辅导者产生"自己竟这么严重，没救了……"的绝望感。

心理辅导教师方面因故不得不中断辅导的情况也可能发生。例如，心理辅导教师生病、因公出差、参加会议、调动工作等。这是辅导过程中的重大问题，一般需要向受辅导者说清楚原因，求得受辅导者的理解。心理辅导教师在做好与受辅导者"分手"准备的同时，也应处理好受辅导者的善后事宜，如转介或结束辅导。

（三）辅导场所

辅导场所需首先考虑使受辅导者安心、放松、舒适、注意力集中和保守秘密。辅导室内一般应光线柔和、安静舒适、色调优雅。条件允许的话，可分别设置供个体心理辅导用的辅导室和供团体辅导用的较大的辅导室。辅导室内应配备沙发、桌子、茶几、绿植等。如果需要开展精神分析疗法、音乐疗法、催眠疗法等，那么还要准备音乐治疗椅、催眠用的靠背椅等。

（四）辅导场面

辅导场面是指心理辅导面谈的形态，从辅导是一对一还是一对几，到辅导室内椅子的配置、房间内部的装饰、心理辅导需要的设备等。

一般意义上的心理辅导采取的是一对一的面谈形态。但是，如果受辅导者的心理问题牵涉家庭成员或宿舍同学间的情感问题，那么有时就需要他们同时参加辅导。

心理辅导教师和受辅导者的位置关系一般以斜对面成 90°角的坐法为多。正对面坐着容易增加存在心理问题、怀着焦虑不安心情第一次接受心理辅导的学生的心理负担，影响心理辅导关系的建立。

（五）心理辅导教师方面的因素

需要考虑心理辅导教师的特殊爱好、年龄、性别和工作经验等问题，是否与受辅导者匹配，是否适合开展心理辅导。

心理辅导教师与有些受辅导者会产生匹配度较低的现象。原因有很多，需要心理辅导教师认真思考自身的问题。例如，某方面的社会经验不足，如恋爱和性的问题，特别是如果自身存在着尚未解决的心理问题的话，那么应首先解决自身所存在的心理问题。在确实感到与受辅导者不匹配时，能避开的话最好避开，而且越早越好。但是，应该负责将受辅导者介绍给其他心理辅导人员或更加专业的心理咨询师。与此同时，应与受辅导者达成彼此的充分谅解。

（六）受辅导者的求助动机

受辅导者的求助动机是心理辅导关系的重要影响因素之一。在受辅导者并不是自愿前来接受心理辅导的时候，这一影响就会更大。心理辅导教师应首先了解受辅导者前来求询的缘由和动机，因为只有愿意主动来求询的受辅导者才更可能从心理辅导中获益，而迫于别人的压力或催促来求助的受辅导者，不仅难以建立心理辅导契约，还很难将心理辅导顺利进行下去，辅导的效果也不佳。

值得注意的是，心理辅导教师一定要告诉受辅导者，特别是那些不愿主动前来接受辅导的学生，自己并不是与他们的父母、老师结伙来惩罚或对付他们的人。心理辅导教师毕竟是第三者，自己的意向并不受他人左右，只是从侧面为受辅导者提供心理援助。当然，在受学校之托为某个学生进行心理辅导的时候，不能否认心理辅导教师作为学校代理人所具有的某种约束力。然而，心理辅导教师不能因此影响专业心理辅导关系的确立。

（七）与其他心理辅导教师、心理咨询机构的关系

如果受辅导者是其他教师或机构介绍来的，那么在决定接受后，应该将受辅导者来后的大体情况、今后的对策等简单地汇报给介绍者或机构。与此同时，心理辅导教师应该明确介绍者和受辅导者的关系。学校心理辅导中心、心理辅导教师应协调好与班主任、其他老师的关系。若心理辅导教师感到难以为求助者解决心理问题，则应尽快在协商后将求助者介绍给其他辅导教师或咨询机构。

心理辅导本身是一门人际关系的学问。心理辅导教师应处理好与其他辅导教师及相关部门之间的关系，以适应心理辅导作为人际关系学问的高标准要求。

以上介绍了心理辅导前的准备及心理辅导场面设定的具体问题。这些问题作为影响心理辅导工作的重要因素，应该给予足够的重视。作为一名心理辅导工作者，应首先根据自己工作的特殊性，在开始进行心理辅导之前，明确自身所应注意的问题，然后充满自信地投身于心理辅导工作中去。

第二节 晤谈技术

心理辅导是一个人际互动的过程，正因为它是"动"的状态而非静止的模式，所以心理辅导的技术运用并没有一成不变的固定模式，应视心理辅导教师与受辅导者的特质、关系发展以及问题的性质，适当地运用各种技术，以达到解决问题、增进受辅导者成长的目的。根据可能出现在心理辅导过程中的先后情况，本节介绍几种心理辅导过程中的晤谈技术。

一、破冰技术

心理辅导教师在开始谈问题之前，不妨先与受辅导者进行一些打破僵局的对话，以缓和受辅导者的情绪，使受辅导者能自然且顺利地说出自己的困难。打破僵局的题材很多，主要是心理辅导教师先对受辅导者的言行做入微的观察，然后以温和的语言说出自己对受辅导者的感受和理解。

例一

受辅导者：头上冒汗，气喘吁吁地走进心理辅导室。

心理辅导教师："天气好热，你走过来很辛苦啊，要不要休息一下，歇一下

再谈。"

例二

受辅导者:有点紧张,坐立不安,眼睛浏览心理辅导室墙上的图画。

心理辅导教师:"你觉得这张画怎么样?"

例三

受辅导者:低着头,不安地搓着手,沉默。

心理辅导教师:"事情很难说出来,是不是?"

受辅导者:"嗯。"

心理辅导教师:"没关系,想说什么就说什么,先不急,没关系。"

上述三例中,心理辅导教师的叙述都是根据受辅导者的行为而来的。由此可见,甚至在受辅导者尚未提出问题之前,心理辅导教师就已经开始使用专业技术,发挥心理辅导的专业作用了。当然,打破僵局只不过是在心理辅导教师与受辅导者之间建立一个沟通的桥梁,绝不是心理辅导的目的,所以打破僵局应简洁,并使对方感到温暖即可。然后,心理辅导教师应尽可能地将谈话引入正题。如果受辅导者一走进心理辅导室,就立即叙述问题,那么在这种情形下,心理辅导教师就不需要使用打破僵局的技术了。

二、询问

询问是晤谈的一项基本技术,有助于展开和终结话题,了解信息和评估问题,引导受辅导者深入探索自我,发现成长的机会,促进改变。

(一)封闭式提问

封闭式提问是指提出答案有唯一性的范围较小的有限制的问题。对回答的内容有一定限制,提问时,给对方一个框架,让对方在可选的几个答案中进行选择。这样的提问能够让回答者按照指定的思路去回答问题,而不至于跑题。

封闭式提问主要用于以下几种情况:

(1) 收集资料,把问题加以条理化:"你说的问题大概有…是吗?"

(2) 澄清事实:"你说的是……问题吗?"(有时是明知故问。)

(3) 获取重点:"你是为了……问题而来吗?"

(4) 缩小讨论问题的范围:"我们先谈……问题好不好?"

(5) 当来访者偏离正题时,应把话题引回正题:"现在我想听听……问题好吗?"

封闭式提问通常使用"是否""对不对""要不要""有没有"等词,而回答也是"是""否"式的简单回答。这种询问虽然有助于聚焦问题,但是过多地使用会容易引起受辅导者的反感,使其认为自己在被拷问。因此,封闭式提问要与开放式提问结合使用。

(二)开放式提问

开放式提问是指提出比较概括、广泛、范围较大的问题,对回答的内容限制少,给对方以充分自由发挥的余地。这样的提问比较宽松,不唐突。常用于晤谈的开始,可缩短双方的心理距离。然而,因为相对松散和自由,所以不利于问题的聚焦。

开放式提问主要用于以下几种情况:

(1)通过询问开始晤谈可以和受辅导者建立一个舒适的关系,能够推动自由讨论,同时给交谈留下足够的空间。例如,"你今天想谈些什么?""你愿意告诉我你来见我是为了什么吗?""自从我们上次谈话以后事情怎么样了?"

(2)让受辅导者用自己喜欢的方式详细回答问题,促进他们深入地分析自我,引出受辅导者心理世界的具体细节。例如,"你能告诉我关于那件事更多的情况吗?""当那件事发生时你的感觉是怎样的?""根据你说的,你认为这个问题的最佳解决方案是什么?""到现在为止我们遗漏了什么吗?""你能告诉我李明做了什么特别的事情让你如此狂怒吗?""你的脑海中还想起了什么?"

(3)询问也是诊断和评估的核心技术。"6W"提问有助于对一般问题的诊断,用"谁""什么""什么时候""哪里""怎么样""为什么"这类词作为开头。以下询问有助于为诊断和评估采集关键信息:① 受辅导者个人背景是什么,可能涉及其他什么人;② 受辅导者的问题是什么,发生了什么,情况的具体细节是什么;③ 什么时候发生这样的事情,什么时候开始的,问题出现之前发生了什么;④ 问题是在哪里发生的,在什么样的环境和情况中;⑤ 受辅导者对事件的反应是什么,感觉如何;⑥ 问题为什么会发生呢?

(4)在心理辅导的晤谈中,受辅导者呈现的信息通常是消极的,充满了问题和困难。心理辅导教师可以通过一些询问,引导受辅导者关注他们自身的力量和优点。例如,"你能告诉我你的有关成功的一个故事吗?""告诉我过去某人支持你的情形,他做了什么?现在有哪些人关心、帮助你?""你过去引以为傲的东西是什么?现在呢?""你做得比较好的方面有哪些?或者别人说你做得比较好的事情是什么?"

(三)使用询问技术时的注意事项

(1)注意询问方式,礼貌、真诚、语气平和,不能使受辅导者产生被审问或被剖析的感觉。

(2) 询问的目的是为了满足心理辅导的需要,而不是为了满足自己的好奇心或窥视欲。

(3) 对特别敏感的隐私性问题的询问,语调要端庄,语气要平和,和问其他问题一样,不应有轻浮的表现,不应有异常兴趣的表现,也不应咄咄逼人,随意指责。

(4) 心理辅导教师应了解自己询问的问题必须和辅导的目标有关,思路清楚,不允许东一枪,西一棒,天南海北不着边际。有时可以有意说些轻松的话,但不能离开主题,更不能让受辅导者摸不着头脑。

(5) 一次最好提一个问题,以免增加受辅导者的压力,破坏心理辅导的气氛。

(6) 不能固定于某一种方式询问受辅导者,应该多变换询问的方式。

【案例】

女生 A 第三次心理辅导后。

女生 A:老师,对不起,我上次表现不好。

心理辅导教师:为什么?你上次谈话有什么要修改的吗?

女生 A:不是,我不应该那么脆弱,我成绩还不是最差……

心理辅导教师:不,我不认为那是脆弱,我觉得你可以用任何方式表达任何情感,我认为那很合适(无条件开放、鼓励、积极关注)。

女生 A:谢谢老师!

心理辅导教师:我想在你十几年的生活中,应该还有不少不愉快的事情吧?

女生 A:是的,很多,我觉得现在的我很不好,自己不满意,我应该坚强一点,但……我应该很有信心,但……

心理辅导教师:我已理解,你还能说出很多这种"应该……不应该……",是不是?(这名女生的问题就是过于追求完美,过分要求自己而导致紧张。)

女生 A:每次从你这儿回去,学习就很有效。

心理辅导教师:这是否和你的紧张得到缓解有关呢?

女生 A:噢……

三、倾听

倾听是指心理辅导教师主动积极地运用视听器官去收集受辅导者信息的活动。倾听强调收集关于受辅导者的一切情况,是一种信息输入行为。倾听包括三个方面的内容:倾听受辅导者的话语信息、身体语言信息、解读受辅导者。

（一）倾听的作用

（1）辨别：要达到有效的沟通，需要先对周围的人、事、物有明晰的辨别，而此种辨别需要靠完全的专注来达成。

（2）尊重：心理辅导教师倾听的态度能使受辅导者感觉被重视，所以容易赢得受辅导者的好感。

（3）增强：倾听对于受辅导者来说是一种有效的增强物，可以减少受辅导者叙述问题时的焦虑感，并增强受辅导者的某些行为。

（4）激发反应：心理辅导教师倾听所表现的关怀与兴趣，可形成一股"要求受辅导者反应的力量"，从而刺激受辅导者更具体地探讨重要问题。

（二）倾听的方式

倾听技术的表现方式包括行为上的倾听与心理上的倾听，两者缺一不可。

1. 行为上的倾听

心理辅导教师在行为上采取一种"参与"的姿态，包括：

（1）心理辅导教师的语调及面部表情应表现出稳重与亲切，并随所谈问题的性质与内容进行调整，使之保持一致。

（2）面谈时，心理辅导教师坐在受辅导者正对面的左侧或右侧，谈话时心理辅导教师面向受辅导者。

（3）心理辅导教师与受辅导者保持目光的接触，这种"看"是综合了关心与专心的看，而非瞪视。

（4）心理辅导教师保持开放、非防卫姿势，避免双手交叉抱于胸前。

（5）心理辅导教师的身体稍往前，倾向受辅导者。

（6）心理辅导教师在专注的同时仍保持相当的放松，即在参与的情形下保持自然。

上述六种表现"参与"的姿态并非是刻板的方式，心理辅导教师应根据晤谈时的情境，在姿态上做适当的调整。自然而不做作的倾听姿态将有助于达到心理上的倾听。

2. 心理上的倾听

心理辅导教师需要同时倾听受辅导者的非语言信息与语言信息。

（1）非语言信息。非语言信息包括受辅导者的身体动作、姿势、面部表情，声音的高低、抑扬、顿挫，以及说话的速度等。受辅导者可能会利用这些非语言信息来强调、加重、调整或修饰他的语言信息。这些非语言信息可能与受辅导者的语言信息相互矛盾。因此，心理辅导教师在倾听并解释这些非语言信息时,必须考虑整个谈话背景。

有时,同样的非语言信息或行为在不同的沟通背景下,表达的却是不同的意义。例如,垂头、面无表情可能表示沮丧,亦可能表示愤怒。如果心理辅导教师能从受辅导者的非语言行为中觉察到受辅导者的一些感觉,那么他就可以主动与受辅导者交流这些感觉,而无需等受辅导者明白地叙述出来。对于受辅导者带来的太模糊、深奥或过分伪装的感觉,心理辅导教师不应太快、太早提出来,以免破坏心理辅导关系。

心理辅导教师应适当地接收受辅导者所表达的非语言信息,同时也应避免因过分解释而导致忽略了其他的沟通内容。

(2) 语言信息。心理辅导教师不仅要倾听受辅导者说出来的字句内容,还要关注其叙述中隐含的意思。在倾听语言讯息时,心理辅导教师要做到完全倾听而非选择性倾听。要做到完全倾听,首先要做到心无旁骛,以不带防卫性的态度去倾听受辅导者的叙述,听赞赏,也听批评;听表面的话,也听深入的话。这种倾听方式可增加心理辅导教师从受辅导者的参考架构中理解受辅导者的能力,以达到共情。如果受辅导者表现出"选择性的倾听"问题,那么心理辅导教师应当协助其发展出完全性倾听,最好的方法就是心理辅导教师率先示范做到完全性倾听。

四、初层次共情

初层次共情主要是传达心理辅导教师对受辅导者的情绪与经验的理解,即心理辅导教师以自己的语言和方式使受辅导者知道,自己"明白地表示"出来的情绪与经验被辅导教师理解。在这一阶段,心理辅导教师并不去挖掘受辅导者话中隐喻的东西。初层次共情通常用在心理辅导晤谈的最初阶段。

例一

受辅导者:今天老师说我的成绩比他想得还要好,我一直认为只要我真的用功,一定会得到好成绩,这学期我就想肯定自己的这个想法,终于有了收获。

心理辅导教师:你下了一番功夫,终于达到自己的期望,使你自己感到很高兴,很满意。

例二

受辅导者:同学们不喜欢我,现在我也不喜欢她们,为什么她们都这么恶劣,笑话我穿的衣服。我家买不起像那些讨厌的家伙穿的那种衣服,她们不喜欢我,可是我希望她们不要嘲笑我。

心理辅导教师:你觉得很生气,认为同学们不应该取笑你穿的衣服。

例三

受辅导者：我曾经找过一些老师谈，但都没什么结果，我甚至不知道为什么我又再找你谈，可是事情太糟了，我应该想些办法，所以我来找你了。

心理辅导教师：你觉得有点忧虑不安，因为你不确定这次是否能得到帮助，可是你觉得必须试试看。

由以上三个案例可以看出掌握初层次共情技术的几项原则：

（1）心理辅导教师应保持专注与倾听，先了解受辅导者的经验，然后才能正确地揣摩出在此经验下产生的感受。心理辅导教师做出反应的关键是能够正确地叙述受辅导者的感受与经验。

（2）初层次共情并非复述，所以心理辅导教师应精通表达感觉与情绪的词汇，以便随时运用，这可通过训练和学习来提高。一般说来，感觉与情绪可透过四种不同的方式来表达。① 透过单字或词：你觉得很"气"；你很不高兴。② 透过成语：你觉得"一无是处"；你觉得"腾云驾雾"。③ 透过经验叙述（即发生在受辅导者身上）：你觉得压力很大（表示忧虑、紧张等情绪）。④ 透过行为叙述（即受辅导者想采取的行动）：你真想找个地洞钻下去（表示惭愧、没面子等情绪）；你真想大声欢呼（表示快乐、兴奋等情绪）。

另外，需要注意的是，在表达受辅导者的感受与情绪时，所用的词汇要适合受辅导者的特征。

受辅导者（10岁）：我的老师认为我坏透了，从上学的第一天起他就这么想。其实，我并不比班上的其他同学调皮，可是每次我稍微一调皮，他就抓到我，我想他这么爱骂我是因为他讨厌我，不然为什么在王小明吵闹时不处罚他。

心理辅导教师：你很迷惑不解，你惊愕于他为什么单单惩罚你。

这样的反应，在内容意义上并没有错，但在用词上并不适合一个10岁的孩子。试用另一种较为恰当的表达方式。

心理辅导教师：你很不高兴老师常常骂你，你觉得他好像很不喜欢你。

（3）初层次共情技术一般用在晤谈之初，所以心理辅导教师传达的是受辅导者比较清晰表达出来的信息（包括非语言信息），而非深层次的含义。下面是一个错误的反应。

受辅导者：现在最使我困扰的是联考，我不知道是不是能考好。

心理辅导教师：难道你没有看出来，你担心考不好只是问题的一个部分而已，实际上，你想逃避联考。

这是一个错误的反应，此时受辅导者很明显地有忧虑、紧张情绪，心理辅导教师不但没有正确传达出受辅导者的感觉，而且还做出了过度的猜测。

（4）共情的表达，除了在对话内容上表现出共情的感受以外，在语调与态度表达上也应与内容一致。如果以一种淡漠的声调说话,那么其效果将大打折扣。

(5) 初层次共情反应可以多做,但应简洁,同时要有弹性或试探性,以便受辅导者有时间去肯定、否定、解释、澄清或转变重点。有时候,受辅导者在最初叙述问题时,会做长篇的叙述,这时心理辅导教师不应为了做出共情反应而打断受辅导者,并且在受辅导者叙述完后,心理辅导教师也不可能对整段叙述做出反应,所以此时心理辅导教师应对最突出的问题做出反应,并进行进一步的探讨。例如,心理辅导教师可以说:"整个事情真的使你很烦恼,让我们看看可不可以一步步地来处理。"

心理辅导教师的反应是否已达到初层次共情的层次,可参考卡克夫与伯润生制作的《共情量表》中的"层次三"(见表 7.1)。若已达到这一层次,则可以发挥初层次共情的两项基本作用。

表 7.1 共 情 量 表

层次	表　　现
层次一	没有专注于受辅导者所表达的感觉,所以反映出来的受辅导者的感觉要比受辅导者表达出来的少
层次二	对受辅导者表达的感觉做出反应,但是反应中明显地忽略了受辅导者表达的情感成分
层次三	表达出与受辅导者所表达的完全相同的情感与意义,这个层次是使心理辅导关系产生效果的最起码的层次
层次四	反应能表达出受辅导者没有表达出来的属于自己的深层的感觉,是一种增加性的反应
层次五	表达出更多受辅导者没有表达出来的更深层次的感觉

其一,与受辅导者建立良好关系:当一个人感觉自己被理解时,会对理解他的人产生更加亲密和信任的感觉。

其二,增加受辅导者的自我探讨,并逐渐提高自我探讨的层次。

受辅导者:我认为我当不好一个好班长,其他人都比我聪明,我做了两个星期的班长越来越觉得自己能力不够,我不知道能为同学们提供什么服务,也许我自己都需要别人照顾。

心理辅导教师:你觉得自己很不行,这种感觉使你很难过……甚至不想当班长了。

受辅导者(沉吟了一下):我不知道是不是应该放弃,我不是最能干的,可是也不是很笨,而且我多多少少已经学了些当班长的方法。我觉得我有时求好心切,所有的事都想一下子做好。

以上的例子便显示出这些作用,从受辅导者的反应可以看出,他的自我探讨的层次又提高了一层。

五、具体化技术

具体化就是用具体的词汇帮助受辅导者,讨论他表达的感觉、经验或行为,并有针对性地朝特定的方向探索,而不是漫无目标的谈话。心理辅导教师可能引导受辅导者说出与问题有关联的特定的感觉、经验和行为。

下面举例说明模糊的叙述与具体的叙述之间的不同。

(1) 模糊的叙述(感觉):我感到不太对劲。

(2) 具体的叙述(感觉):我害怕,手心出汗,心跳得很快。

(3) 模糊的叙述(经验):我的老板对我不好。

(4) 具体的叙述(经验):我的老板总是分派给我最难的工作,有时工作还比别人多。

(5) 模糊的叙述(行为):我的工作好像永远做不完。

(6) 具体的叙述(行为):我的报告又迟交了,我每天都有太多的事要做,又要买菜,又要照顾小孩,无法定下心来写报告,我知道我必须把报告写出来,不然就会被炒鱿鱼。

心理辅导教师如何帮助受辅导者更加具体地表述自己的问题和困惑呢?

首先,心理辅导教师在反应时应尽量以具体的方式来表达。有些受辅导者会有紧张害怕的情绪,所以在口语表达上可能有些不清楚的地方。心理辅导教师可以以身示范,向受辅导者提供很好的学习榜样。

其次,不容许受辅导者无限制地漫谈,要引导他到特定的问题或方向上。如果用更简单的方式,那么可以直接询问受辅导者一些比较特定的信息或具体的问题,问话可以用"什么""何地""何时""谁""如何""怎样""你的感觉如何"等,应尽量少用"为什么",因为受辅导者有时也不知道原因。

受辅导者:我的老板对我不好。

心理辅导教师:为什么呢?

受辅导者:我也不知道,有时候你无法了解别人会怎样做,我是说,他们对事情会有怎样的反应。

心理辅导教师:人有时是很难预测的。

受辅导者:人心隔肚皮,谁也不晓得别人在想什么。

在这个例子中,心理辅导教师虽然想多了解受辅导者的问题,但因为他使用"为什么"来引导,所以无法帮助受辅导者具体说明问题的情境,同时受辅导者也用障眼法来防卫自己,他用"你"代替"我",用"别人"代替老板,使陈述变得模糊。

有时,心理辅导教师用具体的反应进行引导时会令受辅导者感到不安,而心理辅导教师不够具体的反应却会增强受辅导者的模糊陈述,并且把焦点放到很难预测的"人"身上,难免会造成两个人的对话一直在原地打转,无法进入主要问题。在上例中,若心理辅导教师的反应改为:"你能不能说一说老板怎样对你不好?"则可引导受辅导者说出具体的事实并将其作为双方探讨的材料。

"具体"在心理辅导中非常重要。如果心理辅导的对话不够具体,那么心理辅导就失去了严谨性,徒然耗费精力与时间,却无法产生建设性的结果。因此,若心理辅导过程进行得很沉闷、枯燥,则心理辅导教师与受辅导者就应探讨一下他们互动内容的具体程度。如果发现双方的谈话漫无目的,那么心理辅导教师在引导受辅导者陈述问题时,可以多使用开放式问题,如"你愿意告诉我都发生了什么事吗?""还有哪些让你自卑的?"之类的引导语句,这样的话会让受辅导者的问题内容更具体明确,心理辅导的过程也就更容易朝具体的方向前进。

六、澄清技术

有的受辅导者处在强烈的情绪困扰中,他的言谈与思考常常不够清楚明确,此时心理辅导教师需要采用澄清技术,将受辅导者所说的或想说的零碎资料连贯起来,或者把受辅导者模糊的、隐含的且未能明白表达的想法与感觉说出来。澄清的目的可能是为受辅导者,也可能是为心理辅导教师自己,总之是为了让两个人之间的沟通更顺利、深入。有时因为接触不够深入,心理辅导教师可能无法了解让受辅导者困惑不解的原因,所以心理辅导教师在澄清时应使用有弹性的言语,让受辅导者有肯定或否定的余地。下面两个例子中的心理辅导教师所述即为澄清的技术。

例一

受辅导者:我唯一清楚的是我现在一片混乱,我想试,可是又不能;我想坚强一点,可是又表现得很软弱;想要自己下决心,可是结果又让别人牵着走,真是一塌糊涂。

心理辅导教师:你似乎很清楚自己的矛盾,你知道自己做的都不是自己想做的。

例二

受辅导者:我和王老师、杨小兵处不来,所以我不想上学。

心理辅导教师：杨小兵是谁？

受辅导者：就是坐在我前面那个……你知道，就是王老师最喜欢的那个学生。

澄清与解释不同。心理辅导教师在澄清时仍以受辅导者的参考架构为依据，并没有添加心理辅导教师自己的想法或立场。在心理辅导初期，受辅导者对心理辅导教师的信任度不够，往往不会立即说出"真正的问题"，所谈的是次要的问题或表面的问题，以此考验心理辅导教师是否值得信任。这时心理辅导教师应运用澄清技术，慢慢引导受辅导者说出真正的问题。下面以同一个受辅导者的问题来说明心理辅导教师的处理方式不同，导出的结果也不同。

例一

受辅导者：我有家庭方面的困扰，我未婚妻的爸妈不同意她和我结婚，因为她的父母突然知道我叔叔是谁，他们和我叔叔之间有着十几年的积怨，关系非常不好，而我叔叔和我家关系非常好，所以她的父母就不准她来我家。

心理辅导教师：的确很麻烦，你一定觉得对不起你叔叔。

受辅导者：是呀，问题是我爸爸坚持要叔叔参加我的婚礼，可是我未婚妻却说绝对不行。

心理辅导教师：你实在是无法可想了，不知道该怎样办。

受辅导者：我在想，也许我们只能取消婚礼了。我不知道怎样才能让大家都高兴。

心理辅导教师：让我们想想其他的办法。

例二

受辅导者：（同例一）。

心理辅导教师：你似乎有点生气你未婚妻的父母这么控制她。

受辅导者：嗯，他们真是这么控制她的。

心理辅导教师：你夹在中间很为难，而她又不和你站在一边，使你很不舒服。

受辅导者：我认为她应该和我站在一边才是，到底我以后和她是一家人。

心理辅导教师：听起来，你好像有些怀疑她在婚后会怎么应对她父母给的压力。

受辅导者：一点都不错，我是这么怀疑的。

很明显，例二中的心理辅导教师比例一中的心理辅导教师更能澄清受辅导者的真正问题。例二中的心理辅导教师很用心地去体会受辅导者的感觉，并且能把这些隐含的感觉说出来，而例一中的心理辅导教师关注婚礼如何举行的问题，但并没有解决受辅导者的真正困扰，这样的心理辅导仅是帮助受辅导者处理表面的问题,并不能帮助他达到个人完全的成长。

七、引导自我探索

心理辅导需要解决受辅导者的问题。问题既然与受辅导者有关,自然只有受辅导者本人最清楚问题的详细内容。因此,心理辅导教师应引导受辅导者做深入而具体的自我探索。自我探索的目标不是毫无目的地增加信息量,而是探索与造成问题有关的信息,以及与解决问题有关的资料。

受辅导者:我常常不能据理直言,尤其是在团体中的时候。如果我不同意别人的说法,那么我就会闭上自己的嘴。可是有时当我真地说出来自己的意见时,好像天也并没有掉下来。事实上,有时候别人还会同意我的说法。

心理辅导教师A:不敢在别人面前说出自己的看法,的确令人泄气。

心理辅导教师B:当你说出自己意见的时候,实际上别人会听,所以你对自己常常没有勇气说出来感到很气恼。

心理辅导教师A仅仅是"反应"受辅导者的感受,并没有就问题有关的方面做引导。心理辅导教师B则复述了受辅导者所说"当你说出自己意见的时候,实际上别人会听"。此项资料很明显是与解决问题有关的一项指标。心理辅导教师的强调可引导受辅导者朝建设性的行为方面做自我探索。

自我探索是一个再学习的过程。受辅导者的自我探索可使整个心理辅导过程朝着具体的目标进行。卡克夫曾提出一个包含五个层次的《人际沟通的自我探索量表》(见表7.2),心理辅导教师可根据此表评估受辅导者自我探索的深度。在心理辅导过程的第一阶段,心理辅导教师可以提高受辅导者自我探索的层次。

(1) 心理辅导教师应表现出共情、尊重、温暖、真诚的态度,使受辅导者感觉被理解,从而愿意更坦诚地开放自己,更深入地探索自己。

(2) 心理辅导教师先从受辅导者所呈现的自我探索层次去理解受辅导者。若彼此能够在理解层次上沟通,则可减少潜伏在心里的偏见。

(3) 心理辅导教师应将探讨的问题重点放在:① 受辅导者表现最无效的行为,即导致失败的行为;② 受辅导者具有的与解决问题有关的潜能。

(4) 心理辅导教师探讨的题材一般包括:① 受辅导者的人际关系。有问题的受辅导者多半在人际关系上有不顺利的情形。② 受辅导者的假设。不正确的假设常常形成不正确的行为,心理辅导教师应了解受辅导者对自己的工作、他人或这个世界有什么基本假设。③ 受辅导者的目标。受辅导者常常有不切实际的目标,心理辅导教师应了解受辅导者的生活方向,看看是否需要修正。④ 受辅导者的价值观。不正确的价值观导致偏差的行为,冲突的价值观也会造成个人的困惑,所以心理辅导教师要协助受辅导者将其价值观说出来并进行讨论,澄清不实的价值观,或者给多项价值观排出适当的顺序。

(5)受辅导者在自我探索的同时,需要开放自我。有些受辅导者因为害怕自我开放后难以面对新发现的真正的自我,恐惧自我的解体,所以不敢做深入的自我探索。此时心理辅导教师的支持与肯定十分重要,尤其是心理辅导教师协助受辅导者探索的不应只是其中"失败的我",同时也应探索其中具有成长潜力的部分。

心理辅导教师在心理辅导过程中,只有充分引导受辅导者进行自我探索之后,受辅导者对自我有效与无效的行为才能有正确的了解,进而有建设性的行动才可能发生。

表7.2 人际沟通的自我探索量表

层次	定义	例子
层次一	受辅导者不愿意讨论跟自己有关的事情,可能是他没有机会,或者有机会但有意回避	受辅导者避免描述自己,探索自己,坦陈自己的感觉,不愿意在心理辅导教师面前显露自己是怎样一个人,简而言之,受辅导者有某种理由不去自我探索
层次二	受辅导者对心理辅导教师所提有关个人的事情只做机械的反应,缺乏坦诚的感情	受辅导者只是讨论事情,而不涉及其他感觉,不努力揭露自己对事情的感觉
层次三	受辅导者自动讨论有关个人的事情,但还是以机械式的态度讨论,缺乏真挚的情感	不断地重复讨论,但讨论时很少有感情色彩,也很不自然,简而言之,受辅导者在谈起自己的事情时,方式缺乏自然或情绪上的亲近,同时对新发掘的感觉与经验也缺乏深入的探索
层次四	受辅导者主动、自然地讨论与个人有关的事情	受辅导者自然亲近地谈起与个人有关的事情,但对新发掘的感觉与经验的探索尚不够深入
层次五	受辅导者主动、自然地对新发掘的感觉与经验进行深入的内在探索	受辅导者愿意发掘与自我和环境有关的新信息,虽然还有些害怕和深入险境的感觉,但是愿意去做,简而言之,受辅导者能够自然主动地针对自我,探索自己和世界

八、深层次共情

心理辅导发展到一定阶段,不仅需要对受辅导者明白表示出来的部分进行反应,同时,对其话中隐喻的和未明白叙述出来的部分也需要做出反应。在《共情量表》中,深层次共情即属于此量表中的层次四、层次五。

一名学生与心理辅导教师探讨了一些他的感觉和行为,可是在谈话中曾经提到却又回避他问题中的某些关键点;在晤谈时,他又出现疲倦和受挫的表情。心理辅导教师将这些情况联系起来,做出如下反应。

心理辅导教师:李同学,你好像触及了到某些最使你困扰的问题,可是你没有详细说出来。面对这些问题,对你来说可能是很难受的事,可是逃避这些问题可能会使问题更复杂、更困扰。

这个反应不是初层次共情,因为受辅导者并没有明白地叙述他回避的问题,以及面对问题会使他痛苦这些信息。

与初层次共情相同,深层次共情做得是否得当,可由受辅导者的反应来做出判断。

受辅导者:我知道迟早要说出来的,我不知道我在怕什么,事实上,我不说出来对我没有什么好处。

由此可见,晤谈有了进展,受辅导者愿意说出他的问题。下面再举一例。

受辅导者:我写了很多像诗一样的东西。我不知道是否该称它们为诗。我的朋友们告诉我,他们很喜欢,觉得不错,可是却没有别的批评和意见。我一直不断地写,并且寄给报社、杂志社,可都被拒稿了。已经整整两年了,我几乎可以用退稿的纸贴满我的卧室墙壁。

比较一下,下面两位心理辅导教师的反应有什么不同。

心理辅导教师 A:下这么大的功夫却没有能成功,很令你泄气。

心理辅导教师 B:下这么大的功夫却没有能成功,很令你泄气,好像还使你怀疑自己是否有写诗的才能。

心理辅导教师 A 的反应在晤谈之初使用是恰当的,但如果受辅导者已与心理辅导教师建立了良好关系,心理辅导教师也从受辅导者前面的自我探索中,多方面了解了受辅导者以及他的问题,那么这种反应就不够了。

心理辅导教师 B 的反应却可以协助受辅导者做更深入的自我检视。同样,我们可以由受辅导者的反应得知心理辅导教师 B 的叙述是否达到目的。

受辅导者:对,如果我真的没有写诗的才能,我想我就不应该像现在这样把整个人投入进去。写诗是我喜欢的,不过也会使我困扰、紧张。也许我应该继续写,但是当作一种爱好就好,而不是当作一项职业。

晤谈由此进入行动计划的层次,接下来,心理辅导教师就可以与受辅导者讨论如何将写诗当作爱好。

深层次共情有许多不同的表达方式:

(1) 协助受辅导者扩大眼界。例如,"问题似乎不在你同学身上,你的抱怨似乎已经扩展到他的朋友"。

(2) 协助受辅导者觉察他间接暗示却没有直接表达的部分。例如,"我觉得你好像不只是希望而已,好像还有怨恨的成分在里面"。

(3) 协助受辅导者觉察他话里面根据逻辑引出的结论。例如,"你说对学校已没有兴趣了,所以想退学,至少离开学校一段时间"。

(4) 协助受辅导者打开他曾暗示而未进行探讨的部分。例如,"你有几次稍微提到性方面的问题,我想对你来说那一定相当棘手,但也很重要"。

(5) 协助受辅导者发现有可能忽略的地方。例如,"有没有可能是有人把你的机智看得太敏感,你认为那是讽刺而不是幽默"。

(6) 协助受辅导者辨识问题的重点。例如,"你曾经好几次用不同的话提到陌生人使你感到不舒服,甚至吓着你了"。

(7) 协助受辅导者完全掌握原先他只能部分掌握的行为与感觉。例如,"我不知道你是否的确想向她求婚"。

心理辅导教师在表达深层次共情时,要使用富有弹性的假设语(似乎……听起来……有没有可能……),以允许受辅导者修正、否定或接受心理辅导教师的理解。另外,心理辅导教师在陈述深层次共情之前,不妨加上初层次共情,这样可以使受辅导者较容易地接受深层次共情的内容。

使用深层次共情,除了对受辅导者的感受要正确理解之外,最重要的是要"适时",因为这一技术是针对受辅导者较为隐秘而未直接表达出来的部分做反应。一般来说,这一技术不适合在晤谈之初使用,因为此时受辅导者尚未与心理辅导教师建立关系,在信任感与亲密感不够的情况下,心理辅导教师若太早使用这种技术,即使受辅导者知道心理辅导教师的描述是对的,他也可能否认心理辅导教师的观点。因此,只有在心理辅导关系发展到一定水平,受辅导者能较为自在地探索自己时,深层次共情的技术才能发挥作用,促使受辅导者由自我探讨进展到自我理解,也就是使受辅导者觉察到:我现在开始理解我什么地方做得不妥当,什么地方没有做到,并且我要补救它。

九、自我开放

自我开放技术是指心理辅导教师在必要的条件下,适当地将自己的感觉、经验和行为与受辅导者分享,以增进受辅导者对自己经验和行为后果的理解。心理辅导教师"适当"的自我开放可以产生下列作用:

(1) 通过心理辅导教师呈现出来与受辅导者经历和情感体验的相似性,可以增强心理辅导教师对受辅导者的吸引力。

(2）心理辅导教师愿意自我开放，表现出他对受辅导者的信任，由此可增强受辅导者对心理辅导教师的信任感。

(3）心理辅导教师表露自己曾经经历过受辅导者的情境，可以加强心理辅导教师表达共情的真实性。

(4）心理辅导教师的自我开放可缩短他与受辅导者因角色不同而造成的距离。

(5）一般而言，有困扰的受辅导者多半倾向于封闭自己，所以心理辅导教师的自我开放具有示范作用，能让受辅导者在安全的心理辅导过程中，学习有效地开放自己。

心理辅导教师的自我开放能否产生预期效果，要根据他表达的"适当性"而定。但是，自我开放适当与否又需根据整个心理辅导背景与过程来判定。以下原则可为心理辅导教师做自我开放时提供参考：

(1）心理辅导教师必须在认定自己的经验对受辅导者有所帮助的情况下才做自我开放，同时，心理辅导教师本人在生活中应有机会与他人互相开放自我，并相信自我开放的价值。

(2）自我开放并非心理辅导的最终目的，所以心理辅导教师的自我开放应与心理辅导的某些目的有所关联。例如，对于前面介绍的心理辅导模式中的第一阶段而言，自我开放应能增进受辅导者的自我探讨；对于第二阶段而言，自我开放应能促进受辅导者的自我理解，并朝着解决问题的方向思考。

(3）心理辅导的自我开放不应使原本已感沉重的受辅导者再加负担，心理辅导教师的自我开放对受辅导者是否有帮助，需视内容和时间而定。

(4）心理辅导教师的自我开放不应分散受辅导者对自身问题的注意力。

例一

受辅导者：我每天最焦虑的时间就是早晨醒来的时候，我实在不想面对这一天，想到要过一整天就使我害怕。

心理辅导教师 A：我也曾经有过这种早晨焦虑感，那是我要读研究生的时候，我不知道自己能力够不够，我也不知道自己想从生活中寻求什么，不过这种情形现在都已经过去了。

受辅导者：你认为你的焦虑感是因为对学校生活没有目标造成的吗？

例二

受辅导者：（同例一）。

心理辅导教师 B：在这种情形下，你是不是觉得从床上起来是一种很痛苦的挣扎？我在读大学的时候也曾有过这种经验，感觉整个生活都了无生趣，我不知道你的感觉是不是这样？

受辅导者：就是这种痛苦的挣扎……

从以上两个例子中受辅导者的反应可以判断出心理辅导教师的自我开放是否适当。心理辅导教师 A 所做的自我开放很明显地分散了受辅导者对自身问题的注意力，所以是不适当的自我开放。心理辅导教师 B 则在提到自身经验的同时，描述受辅导者的感觉，并在最后将问题转回到受辅导者身上，这种开放才是有效的自我开放。

（5）心理辅导教师自我开放的次数与内容要"适量"，不宜太多。自我开放过多的结果会使受辅导者怀疑心理辅导教师的真诚性，也容易使心理辅导偏离方向。

（6）心理辅导教师的自我开放要"适时"，除非是相当有经验的心理辅导教师，否则心理辅导教师在心理辅导的第一阶段尚不能确定他与受辅导者互动的影响力有多大时，一般很少做自我开放；至第二阶段对受辅导者有较多的了解之后，心理辅导教师再适当地开放自己。

总之，自我开放技术的运用，要靠心理辅导教师精确的判断，千万别让自我开放对受辅导者造成威胁、负担或分散受辅导者的注意力。

十、面质

面质技术是指心理辅导教师负责任地指出受辅导者行为中的矛盾、歪曲及逃避的部分，协助受辅导者了解其自我破坏性的行为和未曾有效利用的资源。

（一）面质的目标

面质的目标包括：

(1) 协助受辅导者探讨其目前不太情愿探讨的感受、经验和行为。

心理辅导教师：刚才我们讨论的几乎都是参加社团活动的坏处，在你看来，似乎参加社团活动没有一点好处，也许现在我们可以换个角度，想想社团活动对你的帮助可能有哪些。

(2) 协助受辅导者了解其破坏性的行为和未利用的资源。

心理辅导教师：听起来你很不喜欢你的数学老师，你也说过你很清楚自己无法改变他的作风，这么看来，在他上课时捣乱，只能暂时发泄你的不满，却并不能真正地改变他，并对你自己仍然不利。现在这门功课只剩下一个月了，你觉得怎样才能够既直面自己的感觉，又不会伤害自己？

(3) 协助受辅导者学习如何面质自己。例如，对一个总是抱怨老师不好的学生，心理辅导教师可协助他探索自己行为中干扰老师的地方有哪些。

（二）面质的内容

前面提过，心理辅导教师面质的是受辅导者行为中矛盾、歪曲及逃避的部分，以下就面质的内容做进一步地举例说明。

1. 矛盾

心理辅导教师面质时是协助受辅导者看清其生活中或行为上存在的矛盾，使受辅导者对自己理解得更加深入。

心理辅导教师：你提到你认为自己应该在读书习惯方面多加约束，我在想，你是不是认为在生活方面也需要约束？譬如说，你觉不觉得把自己的外表弄得整洁一点很有必要？

受辅导者：我知道自己在许多方面都需要自我约束，不过我从来没想过在外表整洁方面的约束。我的外表是很脏，也许从这一点就可以看出我的生活方式很懒散。

2. 歪曲

当受辅导者不能面对事情真相时他往往会歪曲事实。心理辅导教师在面质这些歪曲事实的想法或行为时，可建议受辅导者从选择性参考架构看自己、他人或生活本身。例如，"有时候不只是痛苦，也是一种挑战""你沉湎于自怜中，而不是自制""你是害怕去做，而不是不能做"等皆是协助受辅导者有弹性地从另外一些角度来看待事情。

心理辅导教师：你刚刚提到多和别人接触对你是个大负担，不但减少你读书的时间，而且别人常常令你失望，对你提出不合理的要求。我不知道你是否曾经从与别人亲密的人际关系中体验到一些好处。

3. 诡计

受辅导者有时会以诡计获得心理辅导教师的同情，从而逃避责任或逃避改变。在心理辅导初期，因为心理辅导教师尚未要求受辅导者做什么，所以受辅导者一般不会玩弄欺骗心理辅导教师的戏法。但是，当心理辅导进入第二阶段以后，需要受辅导者对自己负责时，受辅导者往往会使用"你说得对，可是……"的手段，此时心理辅导教师应以一种关怀及负责的方式"挑战"受辅导者。

受辅导者：我真的很喜欢你，我也喜欢我们的谈话方式，你很能干，跟你这么能干的人在一起真好。

心理辅导教师：就某方面而言，我很高兴你喜欢我，不过另一方面，你这种喜欢却使我困扰，我比较希望的是你尊重我而不是喜欢我。我对你提了一些要求，这对你可能是个痛苦的过程，我不能确定你对那些要求是否都很喜欢。不过，如果我们在这里谈的能对你有帮助的话，那么喜不喜欢那些要求好像没那么重要,你认为呢?

上例中的受辅导者企图以美言来拖延心理辅导教师对他的要求,转移心理辅导教师对重要问题的探讨。此时心理辅导教师采用面质的技术使受辅导者对自己的责任无可逃遁。另外,如果受辅导者对心理辅导教师以外的人使用同样的欺骗手法,那么心理辅导教师也可以与他面质。

心理辅导教师:你过去为了逃避朋友找你帮助,就一直想使你的朋友相信你没有能力、也没有时间帮他们的忙,现在似乎看到了反效果——你的朋友不再来找你帮忙了,而你也交不到朋友了,整个社会生活变成了一片空白。

4. 借口

受辅导者为了推卸责任,往往习惯于指责别人的不是而声称自己是对的。

心理辅导教师:你刚才提了很多关于王老师做得不对的地方,你认为你什么地方惹恼了她呢?

受辅导者:我什么错也没有,我只管我自己的事。

心理辅导教师:这么说好了,如果她向别人抱怨你的话,那么她会说些什么?

受辅导者:嗯,她会说我很懒,我上课不专心,我的作业一塌糊涂。

上例中的心理辅导教师不偏袒任何一方,他要了解的是整个事情的真相。通过面质的技术,心理辅导教师可以获得更多深入探讨的资料。有些受辅导者会告诉心理辅导教师,他没有能力完成某项行动计划。

受辅导者:我已经好多次试过戒烟,可就是戒不了。

心理辅导教师:你能不能告诉我,你试过哪些方法?

此时心理辅导教师要受辅导者具体说明一下自己得出(某个)结论的过程,这也是一种面质技术。

5. 价值观

有些受辅导者的困扰是不懂得如何有效地实践他的价值观,心理辅导教师处理这种情形时要特别注意避免直接攻击受辅导者的价值观,以免引起受辅导者的防卫。试比较以下心理辅导教师 A、B 的叙述。

心理辅导教师 A:你过分把自己投入到工作中,事实上工作并不能增加你的生活乐趣,反而使你成为工作的奴隶。

受辅导者:工作就是我想要的东西,我何必一定要像别人?

心理辅导教师 B:你喜欢你的工作,工作本身令你非常满意。不过似乎工作也妨碍了你的家庭生活,你曾说过你和妻子、儿女之间缺乏沟通,工作和家庭无法兼顾得很好,也许现在我们可以好好想想这个问题。

受辅导者:我是真的喜欢自己的工作,根本不想改换工作,不过你说得对,我对家庭生活不太用心,我在工作上花太多时间了。

心理辅导教师 A 直接攻击受辅导者的价值观,所以招致受辅导者防御性的反应。心理辅导教师 B 则协助受辅导者面对自己的冲突,试着在几项价值观中排出一个先后顺序。

（三）面质的原则

使用面质技术的目的是为了增加受辅导者的自我理解,促成建设性的行动。要使面质产生效果,心理辅导教师应注意表达面质时的态度,把握好以下几项原则：

(1) 实现共情。
(2) 使用缓和而有弹性的语气。
(3) 表现关心和参与的态度。
(4) 使用面质的动机要正确,避免为了自己的挫折或打击受辅导者而进行面质。
(5) 使用面质技术时需"适时",在心理辅导教师与受辅导者之间建立良好关系后方宜使用。
(6) 是否使用面质需斟酌受辅导者当时的情况,若受辅导者处于不统整或非常困惑的状态,则不宜使用面质。
(7) 采用"渐进式"面质,避免一下子对受辅导者提过多、过高的要求。

十一、即时化技术

学生向心理辅导教师求助时,往往会带来各种各样的抱怨,可能是焦虑、沮丧,也可能是失败的经验等。但若仔细分析,则可以发现,几乎每位受辅导者的困扰均与"人际关系"有关。探讨这种人际关系问题最好的办法就是与受辅导者之间进行"直接且双向的沟通",即心理辅导教师与受辅导者就目前发生在心理辅导中的关系,进行直接且开放的讨论,这就是"即时化"技术。试比较下面心理辅导教师 A、B 对同一问题的处理方式有何不同。

例一

受辅导者：我还是不相信心理辅导的作用,我们只是坐在这里谈一大堆自己的事,可是事情并不见得因此而好转,而且一直谈自己也不容易。

心理辅导教师 A：心理辅导好像不见进展,所以很令人泄气,而且很难继续下去。

受辅导者：就是这样。

心理辅导教师 A 的反应是初层次共情。从受辅导者的反应中可以看出,心理辅导教师 A 的叙述对心理辅导的进展仍然没有多大帮助。

例二

受辅导者：(同例一)。

心理辅导教师 B：从你谈的几件事看来，我觉得你好像不确定该不该信任我，你不是很确信我真的想帮助你。

受辅导者：嗯，我不能确定你是不是喜欢我。我知道你很忙，而且我不知道你为什么要抽出时间给我，我只是个有心理问题的学生而已。

此处，心理辅导教师 B 找出了可能造成心理辅导没有进展的原因，针对两人的关系，与受咨询者做直接且开放的沟通，使心理辅导再度找到一个进行的方向。这种即时化的心理辅导技术，既可以使受辅导者更加清楚自己在此时此地的行为，又可以通过心理辅导教师的示范，使受辅导者学习以后如何与其他人进行有效的沟通。

可以认为，即时化技术融合了自我开放与面质两种技术。心理辅导教师针对自己在心理辅导中觉察到的信息予以反应，使用的语言需要缓和且富有弹性，同时避免引发防卫性的反应。试比较下面三位心理辅导教师的即时化反应。

受辅导者：有时候你把我逼得太紧，就像现在一样，你这样逼我，我很害怕，我知道你是在帮助我，可是不要逼得这么紧。

心理辅导教师 A：逼是帮助的一部分，你必须接受。

心理辅导教师 B：我并不是在逼你，你之所以会有这种感觉，是因为你在开始改变了，而改变的过程令你难受。

心理辅导教师 C：你觉得如果我缓和一些，你会做得更好，听起来是有道理的，你一直在很努力地改变。

心理辅导教师 A、B 的反应都欠理想，前者是对受辅导者进行反击，后者是心理辅导教师自我防卫，这两种表现即时化的方式均无助于心理辅导关系。心理辅导教师 C 一方面表达了共情，另一方面则强调了受辅导者已表现出来的好的方面，是一种非防卫性的沟通方式。

在心理辅导过程中，下列情况下可以采用即时化技术：

(1) 心理辅导教师与受辅导者的风格不同时。

心理辅导教师：从我们的谈话里，我发现你我有不同的生活态度，你似乎比较喜欢自由、不受拘束；而我比较喜欢有目标、有秩序。在谈话中，有几次我们俩的方向不一样，你似乎喜欢漫无目的地谈，而我比较希望谈话的方向明确，朝向某个行动来谈，不知道你对我所说的有什么看法？

(2) 心理辅导教师与受辅导者之间的信任出现问题时(见前述例子)。

(3) 受辅导者过度依赖心理辅导教师时。

心理辅导教师：回想我们的谈话时，我发现几乎都是由我选择话题，而且有时候我觉得你把我的想法看得比自己的想法重要得多，不知道你是否有这样的感觉。

(4) 受辅导者表现出对心理辅导教师的反对时。

心理辅导教师：我想把我观察到的一个现象说出来，不知道你是否和我有同样的感觉：我觉得你不太愿意承认你可以在这里得到帮助，好像你在和我对抗，也许是不想接受我的帮助，这样就使得我们的谈话一直在兜圈子。

(5) 受辅导者对心理辅导教师的好感对心理辅导造成妨碍时。

心理辅导教师：我想我们一开始就彼此具有好感，从某一方面说，这种好感使我们愉快自然，可是从另一方面说，这种好感会成为一种阻碍，使我们避免深入地谈一些特别令你困扰或痛苦的事，你认为呢？

以上是心理辅导中可以使用即时化技术的一些情况。当然，还有其他的情况也可以运用这项技术。总之，心理辅导教师应注意：必须在与受辅导者之间建立良好的心理辅导关系后才适宜使用即时化技术，而且在语气上一定要缓和、有弹性，如此才不会使这种直接的沟通成为一种"指责"。

十二、摘要

摘要技术是心理辅导教师把受辅导者说过的内容、表达出来的情感以及想法等进行整理，把类似的信息合并，再以简明、确实的方式说出来。一方面可以增进受辅导者的自我理解，更深入地进行自我探索；另一方面可以使晤谈的方向更明确。通常，摘要技术用在下面几种情况：

(1) 在受辅导者表达一些凌乱、含糊不清的信息后，心理辅导教师通过使用摘要技术，一方面可以核实自己听到的信息是否正确，另一方面可以促进受辅导者做更具体的探索。

心理辅导教师：你认为自己有什么特别的技术？

受辅导者：特别的技术？没有啊！我年纪很小就在外面跑，开过车子，也懂得一些简单的修车技术，除此以外，没有什么特长。我想去学一些技术，可是实在是没有时间，也没有钱。想自己做生意吧，本钱又不够。唉！我找过好多个工作，人家一看我年纪较大，就不愿意用我，其实我的身体还可以，而且不管什么工作我都愿意做。

心理辅导教师：你的年纪比较大，而且没有特别的技术，这两点使你在找工作时比较不容易，但是你不计较工作性质和待遇，任何工作你都愿意试试，你的意思是不是这样？

受辅导者：是，是。

这个例子里，心理辅导教师把受辅导者的情形简单地做了一个摘要，就使谈话往前推进了一步。

（2）当心理辅导教师觉得受辅导者叙述的信息中，某个部分很重要，值得进一步探讨的时候。

受辅导者已经和心理辅导教师谈了一段时间，他告诉心理辅导教师他是一家公司的职员，做一些事务方面的工作，每天坐在办公室觉得很枯燥。

受辅导者：其实我很早以前就一直想换工作，就是因为妻子反对，担心我万一放弃现在的工作，一下子又找不到新的工作，家里的开销怎么办。不过这次我是下定决心，我告诉公司，做到下个月我就不做了，我要找业务员之类的工作，这种工作比较适合我的个性，而且我这方面的能力也不错。

心理辅导教师：刚才我们已经谈过你以前的工作经历，你从过去的经验中发现自己是个不喜欢坐办公室的人，你喜欢做业务员之类的工作，你这次下了很大的决心要换工作，可是你太太似乎不喜欢你当业务员，你认为要怎样才能使你太太同意你做业务员这类工作？

上例中，心理辅导教师的反应摘要了受辅导者谈话中重要的部分——他太太的意见，引导受辅导者朝此方向做建设性的思考。

（3）利用摘要结束某一主题的讨论，同时为另一个新的主题铺路。

心理辅导教师：好，你说你希望的是薪酬5000元左右的工作，什么性质的工作都可以，只要是本地的。还有没有什么条件或其他事情是你想告诉我的？

受辅导者：嗯，有没有那种可以半工半读的？我想白天工作，晚上去上夜校。

此时在心理辅导教师的引导之下，受辅导者将问题转到另一方向，再就"半工半读"一事做进一步探讨，如此可使受辅导者对问题有更明确的概念。

（4）让受辅导者尝试自己做摘要。有时候，心理辅导教师可试着让受辅导者自己做摘要。例如，心理辅导教师可以向受辅导者提出："你是否可以归纳一下，到目前为止我们谈了哪几个改进的方法。"这么做，一方面可以考验受辅导者对晤谈过程的了解，另一方面也可以增进他的责任感。不过，在要求受辅导者做摘要前，心理辅导教师应先做几次摘要，使受辅导者有范例可以模仿。如果受辅导者做的摘要叙述中有遗漏的地方，那么心理辅导教师可以加以补充。

摘要多半是在晤谈已经进行了一段时间之后才会使用。心理辅导教师使用这个技术时，首先需要仔细听清楚受辅导者所说的话，并且准确体会受辅导者的感觉和想法，然后把相似的材料和观点归纳起来，再有条理地简单扼要地说出来。需要注意的是，摘要涵盖的内容完全是受辅导者曾经表达过的，心理辅导教师并不需要添加新的想法或建议。

十三、解释

有时候受辅导者之所以会有困扰，是因为他对事情的看法缺乏弹性和建设性，甚至不合乎逻辑。这时候，心理辅导教师可以使用解释的技术，以某些理论为依据，试着去分析、描述受辅导者的思想感觉和行为，帮助受辅导者从新的角度了解事情的意义，发掘问题的症结。

某学生对他班上的一名男同学有很强烈的感情，所以就一直以为自己是同性恋者，感到很困惑。心理辅导教师对此问题提出了一些解释供受辅导者参考。

心理辅导教师：我了解你一直有这些感觉和经验，但是我不确定你这种情形就一定是同性恋，你自己本身很需要爱和感情，而家里又不能给你充分的爱，所以如果你在别的地方有机会得到爱的时候，那么可能就会很快接受。另外，你也告诉我，你是比较害羞的，尤其是对女孩子，你很难上前和她们打招呼或谈话，这更促使你只想与男同学在一起了。

心理辅导教师在反应中给予受辅导者选择性的参考架构，使受辅导者从多种角度来解释自己的行为，而不再局限于一种糟糕的信念。

一位受辅导者抱怨老师过分严肃，不易亲近：

心理辅导教师：根据你的描述，似乎你的老师不是不愿意亲近你们，而是不知道怎样去亲近你们。也许是你们的样子使他不敢亲近你们。

受辅导者：你是说他不是讨厌我们，他只是有点害怕，我从来不知道我们不容易让他亲近。

此处心理辅导教师提供的选择性参考框架，使受辅导者不再只是抱怨老师，而是能重视自己的行为，从其他角度来发掘问题的症结。

心理辅导教师在使用解释技术时，应尽量以受辅导者能体验到的参考框架为主。虽然有时候心理辅导教师有比较丰富的经验和知识，能提供更好的参考架构，但是如果并不适合受辅导者的背景和经验，那么其产生的效果也是有限的。因此，心理辅导教师在不断充实自己经历的同时，还应提升觉察受辅导者需要和感觉的能力。

（1）恰当地使用解释技术，首先必须注意时机要适当。

解释往往是在晤谈一段时间之后才会使用，因为只有心理辅导教师对受辅导者的问题和看法有了充分了解之后，才可能对受辅导者的问题做出合理而深入的分析。另外，受辅导者只有在良好的心理辅导关系基础上，才会乐于接受心理辅导教师的解释。

受辅导者:我想找一个离家远一点的工作。我从小到大都没有离开过家,现在好不容易大学毕业,我希望离开家过独立的生活。而且,我待在家里觉得什么都看不顺眼,常常和父母顶嘴。

心理辅导教师:像你这种年龄很容易有这种心理,渴望独立,又喜欢反抗权威,不过过了这段时间就好了。

上面这位心理辅导教师在没有具体了解受辅导者的问题之前,就草率地用不够成熟的心理学理论解释受辅导者的心理和行为,这么做的结果不但难以协助受辅导者解决问题,而且可能让受辅导者理直气壮地认为自己的想法和做法是对的。

下面看一个在恰当时机使用解释技术的例子。

受辅导者是一名高职毕业生,在他把一些基本资料,以及希望的工作条件告诉心理辅导教师以后,他们开始了以下的对话。

受辅导者:(吞吞吐吐地)你可不可以帮我找不需要面试的工作?笔试可以,就是不要面试。以前我去找过一些工作,面试的结果都很不好。

心理辅导教师:你可不可以说得仔细点?

受辅导者:是这样的,我也不知道为什么,平常我跟人讲话都是好好的,可是每次找工作面试的时候,我就口吃,什么话也讲不出来,给人家的印象很不好,当然人家也就不录用我了。你说我会不会心理有问题?

心理辅导教师:你一定很气自己面试的时候为什么会结结巴巴的。除了找工作之外,你有没有别的口吃经验?

受辅导者:(沉思一会)嗯,有过几次这种经验,其中一次是我在大一的时候,英语老师在期中考试时,没有进行笔试,他要每个同学去他面前,用英文回答他的问题。我那时候紧张得什么也听不懂,本来会说的句子,也结结巴巴地说不出来,那次考得好惨。

心理辅导教师:你可不可以比较一下,找工作面试和过去使你口吃的那些情况有什么相同点?

受辅导者:我觉得跟我谈话的人都是比较权威的人,他们好像握有我的生杀大权一般。

心理辅导教师:从你说的几个经历看,一方面在你碰到地位比你高,而且对你的行为具有评判权力的人时,你会觉得自己没有能力;另一方面,你求好心切,希望表现出最好的一面给人看,在这种矛盾的心情下,你不知道要如何表现才好,结果脑子空了,话也说不出来了。你觉得是不是我说的这样?

在上面的谈话中,心理辅导教师先了解并探讨了受辅导者的一些经验和想法,再针对受辅导者的口吃现象给出一番解释。从外在的环境因素和个人的心理因素出发,说明造成口吃的原因,在时机上可谓非常恰当。

(2)解释的内容要适当,能够促使受辅导者对自己的问题产生新的领悟。

解释可由浅入深,先对明显的或表面的心理和行为现象做解释,等到心理辅导教师与受辅导者之间建立起比较信任的关系之后,再对较为深入、隐私的问题进行解释。通常,心理辅导教师可以用说明的方法或比喻的方式来表达解释的内容;所使用的词句必须配合受辅导者的经验和背景,使受辅导者能够领会;不要用艰涩难懂的话来猜测或下判断。此外,心理辅导教师做解释的时候,最好能使用弹性的语气,容许受辅导者对心理辅导教师所做的解释表示接受或反对。

受辅导者:为什么别人换工作是越换越好,我是越换越差,每次都以为这次换的工作比以前那个好,结果都不是那么回事。

心理辅导教师:你似乎对换的工作越来越失望,也有些后悔换工作。

受辅导者:是啊,也许我这个人就是不容易知足。

心理辅导教师:我听你说换工作的经验,觉得你好像是走进一个花园,最初看到一朵花,你想后面一定有更大更美的花。然后你看到第二朵花,你又想后面一定还有更好的。等你走完花园,才发觉原来最前面的花才是最大最美的,可你已经不能回头了。你觉得这个比喻对不对?

在上述例子中,心理辅导教师用比喻的方式描述受辅导者的心理,使受辅导者对自己以及问题有更深的了解,同时心理辅导教师做解释时所用的语气是缓和而有弹性的。如果受辅导者不同意心理辅导教师所做的解释,那么受辅导者可以提出自己的看法。因此,这种解释还可以产生激发受辅导者深入思考的作用。

高校教师的心理辅导多属于主动的助人行为。解释是提供一个新的参考架构,促使受辅导者以新的角度去思考问题,但也要注意维持受辅导者的内在参考架构。因此,心理辅导教师在使用这一技术时,必须慎重,必须以对受辅导者的问题有深入的了解为基础。在使用的时候,要先找出受辅导者的基本信息,以弹性的语句表达出来,再加入心理辅导教师的解释,尽量避免过度的分析或贴不当的标签。

十四、角色扮演

心理辅导过程中,受辅导者常常容易处于"当局者迷"的状态。有时候仅以讨论的方式并不能帮助受辅导者澄清他的迷惑或内心冲突。角色扮演的心理辅导技术就可以弥补讨论的不足,帮助受辅导者通过"身临其境"的方式,对自己、他人以及问题的症结有更好的了解。而且,角色扮演可使受辅导者在无压力的情况下尽情地表达自己的感受，所以角色扮演除了是一项达到心理辅导目的的技术以外，本身还具有宣泄的功能。

在个体心理辅导时，角色扮演技术可以使用在下面几种情况中：

（1）协助受辅导者澄清自己的感受。受辅导者对自己在某个情境表现的行为感到迷惑不解时，心理辅导教师可扮演该情境中曾与受辅导者有主动关系的角色，与受辅导者一同模拟当时情境中互动的情形，使受辅导者再次经验该冲突或困难的情境，进而对自己的情绪、行为和感觉有新的觉察和领悟。

（2）协助受辅导者澄清他人的感受。受辅导者往往不知自己的行为对他人有何影响，若能由受辅导者扮演对方的角色，由心理辅导教师扮演受辅导者的角色，两人重新演绎发生过的情景，则有助于受辅导者深切理解自己行为的影响力，以及他人对其行为可能有的反应和感受。例如，一名与父亲因头发长短引发冲突的受辅导者，心理辅导教师可试扮演受辅导者，模仿受辅导者的言行，而由受辅导者扮演自己的父亲，在模拟情境中，受辅导者可体会自己的言行是如何激怒父亲的，进而领悟解决父子间冲突的方法。

（3）协助受辅导者预演行动计划。上面两种角色扮演的作用主要在于探讨及澄清问题。若受辅导者已了解自己该如何应对或解决问题，则在实际运用行动策略之前，可先行与心理辅导教师进行预演，以增强自己的信心，也可以检验策略是否有效。例如，受辅导者在接受职业辅导之后，已了解如何应对求职中的面试，在实际面试之前，可由心理辅导教师扮演招聘者角色，由受辅导者预演面试时的应对。又如，一个寻求改善与父亲关系的受辅导者，在了解有效沟通的方法之后，可由心理辅导教师扮演其父亲的角色，受辅导者尝试以一种新的方式与父亲进行沟通。

心理辅导教师在使用角色扮演技术时应注意，在扮演前，自己与受辅导者都要对即将扮演的角色有充分的了解，并允许受辅导者在扮演过程中的任何时候想停止就停止。总之，使受辅导者在扮演时无心理压力方能产生此项技术的效果。

十五、空椅子技术

空椅子技术是指心理辅导教师为了处理受辅导者个人内部或与他人之间的冲突时，使用不同的椅子（或垫子）代表受辅导者个人内部或个人间不同的冲突力量，并且使之对话。通过对话，让不同的力量由冲突达到协调，从而促使受辅导者学习去接纳这种对立的存在，并使之并存，而不是去消除一个人的某些特质。

空椅子技术的使用，并不仅限于单椅或双椅，根据情境的需要，有时候还可以使用多椅。除了椅子数量之外,增减椅子的高度、调整椅子之间的距离、椅子的不同款式、椅子的不同颜色等也可以加以利用。

(一) 空椅子技术的形式

心理辅导中将空椅子技术分为三种形式。

1. 倾诉宣泄式

这种形式一般只需要一把椅子,把这把椅子放在受辅导者的面前,假定某人坐在这把椅子上。受辅导者把想要对自己内心说却没有说的话,表达出来,从而使内心趋于平和。这种形式主要应用于三种情况:

(1) 恋人、亲人或朋友由于某种原因离开自己或去世,受辅导者因他们的离去而感到特别悲伤、痛苦,甚至悲痛欲绝,却无法找到合适的途径进行排遣。

(2) 空椅子所代表的人曾经伤害、误解或责怪过受辅导者,而受辅导者却由于各方面的原因,不能直接将负面情绪发泄出来,郁结于心的情感此时可以通过对空椅子的指责,甚至谩骂来尽情宣泄,从而使受辅导者获得内心的平衡。

(3) 椅子所代表的人是受辅导者非常亲密或信赖的人,受辅导者由于种种原因,无法或不便直接向其倾诉。

2. 自我对话式

自我对话是指自我存在冲突的两个或多个部分之间展开对话。假如受辅导者内心有很大的冲突,又不知道如何解决时,则可放空椅子在受辅导者面前,受辅导者坐在一把椅子上,就扮演自己的某一部分,坐在另外一把椅子上,就扮演自己的其他部分,依次进行对话,从而达到内心的整合。这种形式主要应用于两种情况:

(1) 由于种种原因,受辅导者认为自己本应该做的事情却没有做,在引起了不好或严重的后果后,产生了强烈的内疚感、负罪感和自责心理。此时,利用空椅子技术,让受辅导者与自己展开对话,从而减轻内疚感。

(2) 面对各种各样的选择很难下定决心,或者处于人生的十字路口不知道何去何从时,受辅导者因此想逃避现实,甚至通过饮酒或其他方式来麻痹自己。此时,运用空椅子技术,让受辅导者自己与自己展开对话,澄清自己的价值观,分析各种选择的利弊,从而找到解决问题的途径。

3. 与他人对话式

此形式用于自己与他人之间的对话。操作时可放椅子在受辅导者面前,受辅导者坐到一把椅子上时,就扮演自己;坐在另一把椅子上时,就扮演他人,然后展开对话,从而可以站在他人的角度考虑问题,去理解他人。这种形式主要应用于两种情况:

(1) 受辅导者以自我为中心，无法体谅、理解或宽容别人，由此出现人际交往方面的困难，而自己却找不到原因。此时运用空椅子技术让自己和他人展开对话，尝试设身处地地站在他人的角度思考问题，从而找到人际交往困难的原因。

(2) 受辅导者存在社交恐惧，不敢或害怕与别人交往。此时运用空椅子技术模拟人际交往的场景，让受辅导者在这种类似真实的情境中减轻恐惧和焦虑，从而学会与人交往的技巧。

（二）使用空椅子技术的要领

(1) 运用空椅子技术前，需要通过深入晤谈来了解受辅导者的问题，确定是否适合以及应用哪种形式。

(2) 运用空椅子技术前，要营造出一种"对话"氛围。空椅子不会说话、不会移动、无情无感，所以让受辅导者和它讲话，受辅导者可能会觉得很滑稽，甚至很无聊。此时，如果没有营造出一种氛围，直接让受辅导者对空椅子讲话，那么受辅导者肯定无法投入，甚至会不知所措。因此，在运用空椅子技术之前，一定要充分掌握空椅子所代表个体的详细情况。然后，告诉受辅导者，那个人就坐在这把椅子上，并且详细地描述他的表情、动作、声音等。总之，要让受辅导者感到对话的那个人是真真实实地坐在面前，这样受辅导者才会有话可说。

(3) 心理辅导教师要引导受辅导者全身心投入到对话情境中。心理辅导教师要引导受辅导者投入对话情境，提醒他设身处地地站在另一个角度或他人的角度去思考问题。而受辅导者在扮演"他人"的角色时，往往会用第三人称的口吻讲话，此时心理辅导教师应要求他用第一人称说话，并且要尽量模仿"他人"的声音和动作。只有这样，受辅导者的体验才能够深入，获得的领悟也会比较深刻。

(4) 在运用空椅子技术的对话过程中，心理辅导教师要关注受辅导者的情绪变化及非语言反应，在关键时刻或出现关键反应时可以暂停并展开讨论，也可以通过强化的方式进行体验、觉察。

(5) 椅子可以代表的不光是人，也可以扩展到人体的某个部位或重要他物，如"死神"、过往的痛苦、肠胃等身体器官……

(6) 心理辅导教师在引导受辅导者表达时应指向认知、感受、行为三个层面展开，对话之后受辅导者的真实感受很重要，而不是停留在表面的反驳和打嘴仗上。

(7) 在受辅导者明显倾向某一边时，要注意提醒受辅导者思考：如何"弥补"缺少另一边的"作用"而带来的不良影响，或者如何"避免"自己这一方可能存在的弱势。

上述心理辅导技术在方法与效果上各有特色,心理辅导教师需要熟悉各种技术的原理与运用方法,在心理辅导过程中结合受辅导者的特性、问题的性质以及心理辅导的情境等展开灵活运用。

十六、家庭作业

心理辅导的效果往往不是在晤谈当时产生,而是受辅导者在自己的生活情境中表现出一些行为功能。因此,在心理辅导时,有必要给受辅导者布置一些家庭作业,以巩固晤谈效果,强化一些认知,促进行为的改变。同时,还可以增强受辅导者对心理辅导以外的行为的责任感,学会掌控自己的行为。

心理辅导教师在使用家庭作业的方法时,应把握两项原则:

(1) 家庭作业必须基于受辅导者的需要,由心理辅导教师与受辅导者共同商定。家庭作业在心理辅导教师与受辅导者之间形成类似协议的关系。

(2) 家庭作业的内容必须明确、具体,而且可行。其中应包含具体的行为描述、实施的时间和实施的方法。试比较下面两种家庭作业:① 上数学课时主动积极地参与(模糊型);② 这个星期有五节数学课,每节课都要举手回答或提问一个与教学内容有关的问题(具体型)。

家庭作业的内容越具体,受辅导者越知道如何实施,也就越能避免发生因未实施而找借口的情形。因为约定的家庭作业中含有实施的期限,所以在期限到来时,心理辅导教师应与受辅导者再次约谈,以了解实施的情况、未能实施的原因或修正家庭作业的方法,如此才会使心理辅导的方向更为明确有效。

第八章　心理辅导常用技术(二)

第一节　解决问题技术

受辅导者深入地自我探讨,并增加自我了解之后,往往感觉需要一套实际的行动计划来具体地改变行为。解决问题技术是协助受辅导者建立并实行行动计划的方法之一。这种技术其实就是将一个人的思想和资源系统地加以组织,从而找出有效的行动步骤。组织的过程应视受辅导者的需要进行调整,总之,问题的处理越系统,就越有效。下面我们从力量分析的观点(见图 8.1)来说明解决问题的原理。

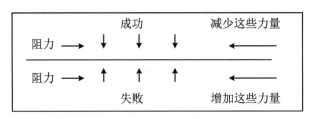

图 8.1　力量分析

假设王同学有困扰,解决此项困扰或问题就是他的"目标",了解目标是什么之后,再分析有哪些力量会阻碍他,使他不能达到目标(这种力量称为阻力),又有哪些力量可以帮助他达到目标(这种力量称为助力)。然后,分析哪些行动方法可在帮助他减少阻力的同时增加助力。他从各种行动方法中选择最实际且符合他的价值观的方法,最后执行所选择的行动计划,并评量进展情况。如果他执行了这些行动,可是问题仍没有解决,那么他再重复上述过程并选择其他方法,直到问题解决为止。解决问题技术强调系统化解决问题。

一、找出并澄清受辅导者生活中的问题

这一步骤可以通过前面介绍的心理辅导过程中第一与第二阶段中的技术达成。在第三阶段中,心理辅导教师还可以通过下列方式达到澄清受辅导者问题的目的。

(一)以一种可解决的方式来叙述问题

受辅导者常喜欢把问题叙述得像是无法解决的样子,以获得心理辅导教师的同情。例如,用模糊的方式叙述问题,把问题固着在过去,或者将问题视作超出自己的能力范围之外。试比较下面两种叙述问题的方式:

(1)不可理解的问题叙述:"总之,我目前过得这么悲惨都是因为我的过去,我父母对我漠不关心,甚至有时候仇视我。如果他们能给我多一点爱,那么我就不会像今天这样糟了,我是不快乐环境下不快乐的产物。"

(2)可理解的问题叙述:"过去我一直怪父母使我过得这么不愉快,我一直只是坐在那里可怜自己,什么也没有做,我不交朋友,不参加社交活动,不采取任何对我有好处的行动。"

第一种问题叙述中,受辅导者把问题固着在过去,强调自己无法改变;第二种叙述则显示"现在"的问题在受辅导者身上,受辅导者虽然无法改变父母过去对他的影响,但是他可以改变目前自己的生活方式,心理辅导教师在协助受辅导者澄清问题时应协助受辅导者通过这种可理解的方式来叙述问题。

(二)协助受辅导者确认自己的问题

试比较下面两位受辅导者的叙述:

受辅导者甲:"我数学不好都是因为老师的关系,我们老师教得不好,我听都听不懂,他也不问我们懂不懂。"

受辅导者乙:"我本来数学底子就没打好,现在这个老师又教得快,我上课听不懂,也没有专心听,下课也没有去问他或去请教同学,习题不会做就不做了,结果越来越不会。"

受辅导者甲将数学成绩不好的原因都归罪于别人,认为问题不在自己。在这种假定下,他很容易为自己的行为找借口,并不会用心去改变目前的局面。受辅导者乙的叙述则表现出自己需对问题负部分责任。心理辅导教师应协助受辅导者学习承认问题在自己本身,即使别人对他不公平或不负责,他也必须负起改变局面的责任,尤其是从改变自己的行为开始。

(三)促使受辅导者"具体"地叙述问题

最好从受辅导者自己的行为来描述问题,包括他做了什么具有破坏性的行为,以及他没做到什么具有建设性的行为。试比较下面两种表述:

(1)模糊地叙述:"我在班上人缘不好。"

(2)具体地叙述:"我的脾气不太好,一有什么看不顺眼的事就会说出来,我知道这样常常会伤别人的自尊心,可是我就是忍不住,其实我喜欢接近同学,可是同学因为我的脾气都不喜欢和我接近,有时候她们正在说些什么,可是只要一看到我走近就马上不说了。"

受辅导者叙述得越具体,问题解决起来将越系统、越容易。

(四)把问题分析成可以处理的单元

受辅导者的问题若太广或包含太多的内容,则不易处理。心理辅导教师可协助受辅导者将问题分析成一个个单元,一步步地进行处理。若多个单元问题之间有共同的主题,则可同时处理。举例如下:

主要问题:我不喜欢上学。

问题分析:我的英语、数学成绩一直不好;同学们都不喜欢和我亲近,我在班上很孤独;学校老师逼得紧,一天到晚考试让我吃不消;父母对我的成绩要求很高,我的心理压力很大;学校里的各项活动或比赛都轮不到我。

心理辅导教师也应注意,分析出来的单元问题不能太小,以免失去意义。

二、决定解决问题的先后顺序

在澄清问题之后,心理辅导教师应协助受辅导者决定哪个问题较急切,需要立即解决,哪个问题可以放在后面解决。不要让受辅导者同时处理太多的问题,以免增加挫折感,在排列处理问题的先后顺序之前,必须让受辅导者仔细分析其问题(阻力)和资源(助力),既要将问题分析成一个个单元,也要将资源对应分析成一个个单元(见表 8.1)。

表 8.1 部分问题分析与资源分析

主要问题(阻力)	主要资源(助力)
成绩差	聪明
父母不和	有上进心
与同学关系不好	兄姐成绩均佳

续表

主要问题（阻力）	主要资源（助力）
沉默孤僻	家离图书馆近
	与邻居小孩相处很好

协助受辅导者分析问题与资源之后，再决定处理问题的先后顺序。排出解决问题先后顺序的原则有四项。

（一）先选择在自己掌控之中的问题

受辅导者的问题可能会涉及他人，但是无论如何，受辅导者本身肯定也具有一些破坏性的行为，从而使自己陷入困扰之中，所以在处理时应先从受辅导者能自己掌控改变的部分做起。例如，一名受辅导者称："我爸妈经常吵架、打架，搞得我情绪很不好，在家没有心情好好做功课，成绩也一直不好。"他的问题显然有两个，一是父母不和，二是自己的成绩不佳，虽然后者与前者有关，但此时心理辅导教师应先协助受辅导者学会在父母不和的环境里如何稳定情绪，并设法补救落后的功课，然后再考虑如何使父母和好（这往往超出了子女的能力范围）。

（二）先选择压力最大的问题或最紧急的问题

例如，对于一名即将毕业的大四学生而言，先处理的应该是准备毕业论文，然后再考虑就业问题。若毕业论文无法通过，则很可能无法顺利毕业。又如，对于一名因考研失败而想自杀的学生，心理辅导教师应先处理自杀的问题，将此危机解除之后，再与受辅导者讨论如何准备未来的考试，或者安排其他的计划。

（三）先选择比较容易处理的问题或比较小的问题

这种考虑是基于如果受辅导者能先获得一些解决问题的经验，并从成功中增强信心，相信自己具有一些解决问题的潜能，那么就有利于进一步发挥这种潜能。例如，对于一名因无法应付生活中太多挫败而吸食禁药的受辅导者，心理辅导教师可先协助受辅导者戒掉禁药，然后再处理如何应付生活中的挫折。

（四）先选择一旦处理完毕就能引起全面改观的问题

有经验的心理辅导教师会先找出问题的根本原因并予以处理。例如，一名受辅导者因身体过胖，故非常敏感别人对她身体的关注，经常因此与别人起冲突,导致朋友很少,在郁郁寡欢的情绪下,饮食愈发失去节制,体重逐渐增加。此时,心理辅导教师可督促受辅导者先控制饮食,再配合适量的运动以减轻体重。在体重减轻后,受辅导者对别人的眼光也就不再那么敏感了,人际关系也会随之好转。

心理辅导教师在选择解决问题的顺序时,一定要和受辅导者充分商讨后确定问题的性质,而不能仅仅根据自己的判断就做出决定。同时,也并非要完全遵循上述所有原则,而应充分考量受辅导者问题的性质,排出问题的处理顺序,最重要的是掌握系统的处理原则。

三、设定受辅导者同意且具体可行的目标

心理辅导的"问题"是指受辅导者目前的困扰,"目标"是指受辅导者所希望的情况。设定目标的方式与前述第一点澄清问题的方式一样,可通过下列方式实现:

（1）设定的目标必须具体可行,而且应与受辅导者的资源及能力相适合。

不可行目标:我从来没有学过德文,这个暑假我要学会说流利的德语。

可行的目标:这个暑假我要努力学习德文,至少能进行简单的会话。

（2）设定的目标必须是受辅导者能操控的。如果受辅导者的目标是要改变他人的行为,这个目标就不能作为心理辅导的目标。

非受辅导者能操控的目标:我们应该换一个数学老师。

受辅导者能操控的目标:我要把我学数学的困难告诉老师,他讲得太快,我听不懂的地方,下课的时候再去问他或同学。

（3）受辅导者能具体地叙述目标。目标越能具体地叙述出来,就越容易找出达到目标的方法。

模糊的目标:我要把数学学好。

具体的目标:首先我要把老师讲的弄懂,然后再做习题,并且在下个月考试时我要考及格。

（4）把目标分析成可行的小单元。受辅导者设立的目标必须是可以评量的目标,包括质与量两个方面。如果一个受辅导者的目标是做好学生,那么这个目标就太宽泛,应先分析成具体可行的小单元,如在学科方面,各科达到什么目标;在品行方面,要达到何种标准;在社团活动方面又有如何表现等。每个小单元目标都可做质与量的评量。心理辅导教师用上述方法帮助受辅导者在这种渐进的方式下,逐步达到大的目标。

四、仔细审视达成目标的方法

心理辅导教师在这个过程中帮助受辅导者完成以下几项任务：

（1）帮助受辅导者列出阻碍他达到目标的所有阻力。例如，小王的困扰是感到非常孤独，人际关系欠佳，其目标是要有一种更积极的人际关系。他列出的阻力可能有：我害怕见生人；我觉得害羞，并且自卑；我觉得我的外表不吸引人；我常常想到我的人际关系的失败；每次和别人谈话时，我都想不到什么有趣的话题；我不知道怎样表达自己，并且常常因过度害羞而过分注意自己，结果就不能听清楚别人说了些什么，因此也就不会有反应，看起来很笨；有时候我一感到焦虑，就会说得太多，让别人以为我以自我为中心……

（2）帮助受辅导者列出能帮助他达到目标的所有助力。小王列出的助力可能有：我关心别人而且愿意帮助别人；我还算聪明，懂得社交场合的礼仪；班上有几位同学，还有邻居几名小孩都对我表示好感；我太孤独了，所以我非常想改变目前的人际关系；我哥哥、姐姐的朋友很多，他们常来我家玩……

（3）帮助受辅导者把列出的阻力与助力中目前较重要的项目勾选出来。小王勾出来的可能是：我不知道怎么表达自己；我哥哥、姐姐的朋友很多，他们常来我家玩。

（4）帮助受辅导者列出可以减少或消除阻力的所有行动方法。这里可以采取"脑力激荡"的方式，帮助受辅导者尽可能地列出多种行动方法。在这一步，暂不评价列出的行动方法。如小王列出的行动可能有：参加学校的口才训练班，看一些人际关系沟通方面的书，参加演讲活动；强迫自己每天花些时间与同学讲话；继续与心理辅导教师探讨我的害羞问题……

（5）协助受辅导者列出可以增强助力的所有行动方案。采用上述相同的方法，小王可能列出的行动有：每次哥哥、姐姐的同学来玩时，我都出去和他们一起玩；和哥哥、姐姐谈他们交朋友的经验；我自己也邀同学到家里来，请哥哥、姐姐帮忙招待……

五、选择达成目标最有效的方法

前面已经列出所有增加助力和减少阻力的方法，接着是选择其中最有效的方法，即对上一步骤中的方法进行讨论和评价，这一步可细分为三个方面。

（1）协助受辅导者选择符合自己价值观念的方法。如果受辅导者本人并无强烈的价值系统，或者其价值观具有破坏性，那么在行动之前应先给予价值教育，以建立适当的价值系统。

（2）协助受辅导者选择成功率较大的方法。尽量选择不会遇到太多外界阻力的方法。

（3）协助受辅导者确定行动计划的顺序。帮助他按照计划逐渐且有系统地达到目的。

六、建立评价行动计划效度的标准

为了使受辅导者在实行行动之后能得到反馈，心理辅导教师与受辅导者必须在行动之前先建立具体可行的标准，以判断受辅导者是否已采取实际行动、实行到何种程度、实行的结果如何等。在建立评价标准之前，需要先评价行为起点，即收集起点行为的资料。根据这些资料，我们才能判断受辅导者在执行计划之后是否发生了改变。

行动计划的评价标准应尽量予以量化。例如，一个十分害羞内向的受辅导者，本来在班上从不敢表达意见，经过两个星期的心理辅导后能够在班上发言两次；再经过两个星期，能发言八次。这样的话，受辅导者可以具体评价行动计划的效果，看到自己的进步。

七、执行计划

在行动过程中，受辅导者会同时经历成功与失败，感受到成长与痛苦。在此期间，心理辅导教师的责任包括：

（1）陪伴、帮助受辅导者，以循序渐进的方式切实执行行动计划，切勿操之过急。

（2）受辅导者因改变而经历痛苦时，心理辅导教师可以运用倾听与共情等技术给予支持。

（3）受辅导者遭遇困难时，心理辅导教师可运用深层次共情技术和自我开放、对质、即时化等技术协助受辅导者分析困难和克服困难的方法，以免受辅导者有任何放弃行动的借口。

（4）受辅导者有积极的行动时，心理辅导教师应即时予以强化，激励受辅导者继续朝目标努力。

第二节　协助决策技术

受辅导者的问题有时会有许多可能的解决方法，但他却不知道如何判断，该选择哪一种。协助决策技术的作用是帮助受辅导者考虑和评估各项内外条件与资料,在多种可能的方法或途径中,权衡利弊得失,选择最适合或最有利的并形成决定。在这个过程中,最主要的工作在于各项资料的收集和分析,以及个人预期目标及其价值观的探讨两方面。前者是针对各种选择途径的后果与可能性的分析与预测,后者则是个人主观价值的倾向与偏好。因此,心理辅导的过程是心理辅导教师以此两项主题为核心,与受辅导者共同抉择的过程。

一、确定问题

具体而明确的问题有助于决策者的思考。因此,心理辅导教师必须先协助受辅导者澄清问题的真相。有效的决策者通常会把要做的决定以明确具体的方式陈述出来,同时也把几个可能的选择列出来,以便具体的思考。例如,"我现在必须为我的前途做个决定"就不如"我必须在复读、打工或就读职业院校之间做个决定"来得明确具体。又如,"我必须决定下学期住在哪儿"就不如"我要在住学校宿舍、外面租房或回家住三者之间选择一个"更有助于对问题进行思考。如果受辅导者仍没有想出有哪些可选择的途径,那么心理辅导教师可以与受辅导者共同进行"头脑风暴",找出更多可能的办法,把问题陈述得更清楚明确。

二、收集资料,预测结果

根据上述各种可能的途径,可以进一步收集有关资料,预测各种途径的可能性及其结果。例如,受辅导者想决定怎样利用暑假,他想到的几个方案包括:① 在家里帮家人做家务;② 参加志愿活动;③ 跟朋友一起去打工;④ 复习准备研究生入学考试。针对这几个方案,需要进一步收集的资料包括需要花费多少成本(包括金钱,时间)、可能的机会、必须具备的条件等,以及各种方案可能得到的收获(如金钱的回报、经验的积累、知识的增加、体格的锻炼等)。

收集资料的工作可在心理辅导过程中,通过心理辅导教师与受辅导者的晤谈来进行,也可能需要受辅导者利用其他时间收集。如果受辅导者不知如何进行,那么心理辅导教师可以和他一同探讨收集资料的方法和步骤,培养他收集资料的能力。结果的预测也是资料收集中的一环,这往往不需要经过非常严密的分析与思考,心理辅导教师协助受辅导者进行分析和预测即可。

三、预期目标(价值观分析)

抉择的过程与个人的价值观或预期目标有密切的关系。因此,心理辅导教师必须协助受辅导者澄清价值观念,分析要按期达成的目标。就上例而言,该受辅导者可能希望在暑假结束后得到的收获是:① 赚 5000 元以上的零用钱;

② 训练自己更独立;③ 增加知识;④ 过个有意义的暑假。但后三个目标不够明确。在晤谈之后,可对其希望进行改写,根据重要性排出顺序如下:第一,独立决定自己该做的事;第二,赚 5000 元以上的零用钱;第三,读完一本英文名著;第四,自由支配时间。

四、综合分析,做出决定

根据上述步骤所得到的主观与客观资料,可以采用检核表做进一步分析。对上例中各种方法的利弊得失做简单分析(见表 8.2)。

表 8.2 检核表

选择		方案			
		在家做家务	参加志愿活动	和朋友一起打工	复习功课
期望	自己决定该做的事		√	√	
	赚五千元以上			√	
	看完一部世界名著	√			√
	晚上不做事,自己支配时间	√		√	
	合计	2	1	3	1

表 8.2 中,"√"表示该方案可以达成该项期望,根据这项分析结果,"和朋友一起去打工"是这几项选择中最能达成受辅导者期望的方法。

在最终做决定之前,心理辅导教师与受辅导者仍可随时探讨前面的各个步骤,并做出必要的修正,尤其在探讨若干比较敏感且受辅导者可能未触及的价值观时,更需要做深入的探讨,以确定最后的决定对于受辅导者而言是不是最适合的,并且是不是最能满足需要的方法。

五、拟定计划,切实执行

做出最终决定后,即着手制订详细并切实可行的计划。具体方法可参考本章第一节"解决问题技术"。

第三节 行为改变技术

在深入讨论后,受辅导者能逐渐了解问题的症结,但往往仍需要具体的方法引导其改变原有的不适当行为,或者强化已有的积极行为。行为改变技术就是为此设计的。这项技术的基本假设是:各种行为,无论好坏,都是习得的,所以也可以通过学习予以改变。

一、基本理论依据

行为改变技术的理论依据包括以下几项。

(一) 强化

个体在做出一种行为反应后,呈现给他一定的强化物(即刺激物)或撤销一定的强化物,都会导致个体的行为反应概率发生变化,一般是增强或提高的变化,这种现象叫作强化。

强化包括正强化和负强化。

(1) 正强化是指个体做出某种行为,然后得到了强化物,导致这种行为之后的发生概率增加。例如,老师对表现好的同学给予表扬,父母对孩子的奖励,老板对下属的加薪升职等。

(2) 负强化是指个体在做出一种行为后,逃避或避免了某种不愉快的刺激,此后这种行为的发生概率就会增多。例如,好好学习就可以不用做家务,看到垃圾堆就捂着鼻子绕道走,听见汽车鸣喇叭就赶紧靠边让行,感觉宿舍很吵闹就去图书馆等。

(二) 惩罚

当个体做出一种行为反应后,如果呈现出厌恶刺激或不愉快的刺激,那么个体今后就会减少这种反应的出现,甚至是不再出现(因为不希望受到厌恶刺激),这个过程就是惩罚。惩罚的目的是帮助个体减少或消除一些不良行为。

惩罚也分为正惩罚和负惩罚。

(1) 正惩罚,强调的是给予个体一种厌恶刺激,促使个体的某种行为反应减少或降低。如打、骂、做家务、关禁闭等。

(2) 负惩罚,强调消除或撤销个体喜欢的一种愉快刺激,促使个体某种行为反应减少或降低。如不准吃肯德基、不准看电视、不准玩游戏等。

（三）消退

个体做出以前被强化过的反应，如果在这一反应之后不再有强化物相伴，那么此类反应发生的概率便会降低，这种现象称为消退。消退是一种无强化的过程，其作用在于降低某种行为在将来发生的概率，以达到某种行为的目的。因此，消退是减少不良行为、消除坏习惯的有效方法。例如，小明看到东西就想买，妈妈对小明的这种行为不予理睬或不予理会，之后小明就不再吵着买东西；学生为引起老师注意而做出喧闹行为，如果未获得老师的注意，那么这种喧闹行为将逐渐消退。

二、训练方法和步骤

根据上述几个主要的学习理论，心理辅导教师可通过下列方法和步骤来协助受辅导者建立良好的行为反应模式。

（一）分析起点行为

心理辅导教师先要具体了解受辅导者的行为现状，客观地评价受辅导者具有哪种破坏性行为，这种破坏性行为出现的频率如何，他的能力局限是什么。这种评价应在实施行为改变方案之前进行。心理辅导教师可通过询问、查阅个案资料、实施诊断性测验或进行一段时间的实地观察等方式，进行起点行为的评价。

（二）确定目标行为

拟定须改变或养成的行为属于哪种形态，同时建立评价目标行为的方法。目标行为制订得越具体，训练的重点就越明显，训练计划也越容易实施。同时，对训练结果的衡量也将有更具体的可依据的标准。例如，受辅导者抽烟的数量由每天一包降为每天五支，使受辅导者的自修时间由每天一小时增加为每天两小时等，都是具体切实的目标行为。

（三）选择适当的强化物

强化是行为塑造技术的关键所在。心理辅导教师在开始此项训练计划之前，需要找出适合受辅导者的有效强化物。选择强化物时需要考虑：

（1）强化物是根据人的需要因人而异的，所以对于不同的受辅导者而言，适合的强化物会有所不同。

(2) 受辅导者需要的强化物会因时间、空间的改变而发生变化。因此,心理辅导教师需要经过一段时间的观察来找出适合受辅导者的强化物,同时还要根据受辅导者对强化物喜好的变化做适当调整。实施强化时,应掌握"及时"与"正确"两个原则,所强化的务必是受辅导者期望的行为,并且在该期望行为出现时立即给予强化。

（四）采用渐进的方式养成行为习惯

心理辅导教师把受辅导者的起点行为与设定的目标行为之间的过程分成几个阶段,每当受辅导者达到一个阶段目标时,就立即给予强化。当这部分行为巩固之后,再以下一阶段的行为目标作为强化对象。如此一步一步、循序渐进,直至达到最终的目标行为。换言之,训练之初对每一步骤的正确行为反应都予以强化,但到最后,只有在整个行为反应都表现正确时才给予强化。这种渐进方式可使强化的密度增加,避免受辅导者在训练之初因目标行为太遥远而选择放弃。

（五）评估及分析行为改变的状况

经过上述四个步骤并实施训练方案之后,心理辅导教师需要对受辅导者行为改变的状况进行评估。一方面,确定已发生的行为改变是否得到巩固;另一方面,了解行为仍未达到目标的原因。前者可通过撤除强化物的方式来确定新的行为反应模式是否巩固,或者消除的行为是否还会出现;后者则可从以下四个方面分析未能产生目标行为的原因。

(1) 强化方式:如强化次数的分配、强化物的数量、给予强化的时间长短等。
(2) 强化物的性质。
(3) 训练的材料。
(4) 训练的活动方法。

第四节 认知调节技术

心理咨询中的认知疗法是通过认知和行为技术来改变患者不良认知的一类方法的总称。认知疗法的基本观点是:认知过程及其导致的错误观念是行为和情感的中介,适应不良行为和情感与适应不良认知有关。认知疗法常采用认知重建、心理应付问题解决等技术进行心理辅导和治疗,其中认知重建最为关键。在面向高校学生的心理辅导中,认知调节技术受到很多心理辅导教师的青睐。

一、基本原理

由于文化、知识水平及周围环境背景的差异,人们对问题往往有不同的理解和认知。认知一般是指认识活动或认识过程,包括信念和信念体系、思维和想象。具体来说,就是指一个人对一件事或某对象的认知和看法,对自己的看法、对人的想法、对环境的认知和对事的见解等。

心理学家贝克提出:"适应不良的行为与情绪都源于适应不良的认知。"艾利斯也认为:"经历某一事件的个体对此事件的解释与评价、认知与信念,是其产生情绪和行为的根源,不合理的认知和信念引起不良的情绪和行为反应,只有通过疏导谈论来改变和重建不合理的认知与信念,才能达到心理辅导的目的。"例如,某个人一直"认为"自己表现得不够好,连父母也不喜欢自己,所以做什么事都没有信心,很自卑,心情也不好。认知理论认为,人的情绪来自人对所遭遇事情的信念、评价、解释或哲学观点,而非来自事情本身。情绪和行为受制于认知,认知是人心理活动的决定因素。通过改变人的认知过程和由这一过程所产生的观念,就可以纠正他的适应不良的情绪或行为。认知调节技术的策略就在于帮助他重新构建认知结构,重新评价自己,重建对自己的信心,更改认为自己"不好"的认知。

贝克还指出:"心理困难和障碍的根源来自异常或歪曲的思维方式,通过发现、挖掘这些思维方式,加以分析、批判,再代之以合理的、现实的思维方式,就可以解除受辅导者的痛苦,使之更好地适应环境。"

二、常见的不合理信念/认知及其主要特征

(一)常见的不合理信念/认知

艾利斯总结出人类常见的 11 种不合理信念/认知如下:
(1)个人绝对要获得其周围环境尤其是生活中每一位重要人物的喜爱和赞许。
(2)个人是否有价值,完全在于他是否是个全能的人,即能在人生中的每个环节和方面都能有所成就。
(3)世界上有些人很邪恶、很可憎,所以应该对他们进行严厉的谴责和惩罚。

（4）如果事情非己所愿，那么将是一件可怕的事情。

（5）不愉快的事总是由外在的环境因素所致，不是自己所能控制和支配的，所以人对自身的痛苦和困扰就无法控制和改变。

（6）面对现实中的困难和自我所承担的责任是件不容易的事情，倒不如逃避它们。

（7）人对危险和可怕的事要随时随地加以警惕，应该非常关心并不断注意其发生的可能性。

（8）人必须依赖别人，特别是某些与自己相比强而有力的人，只有这样，才能生活得好些。

（9）一个人以往的经历和事件常常决定了他目前的行为，而且这种影响永远难以改变。

（10）一个人应该关心他人的问题，并为他人的问题而悲伤、难过。

（11）人生中的每个问题都应有一个唯一正确的答案。如果人找不到这个答案，那么就会痛苦一生。

（二）常见不合理信念/认知的主要特征

分析可知，上述不合理信念/认知主要具有三项特征：绝对化的要求、过分概括的评价和糟糕至极的结果。

（1）绝对化通常是与"必须""应该"这类词联系在一起的，如"我必须获得成功""别人必须友好地对待我"等。这种绝对化的要求是不可能实现的。人不可能在每一件事上都获得成功，他周围的人和事物的表现和发展也不会依他的意愿来改变。因此，当某些事物的发生与其对事物的绝对化要求相悖时，他就会感到难以接受和适应，从而极易陷入情绪困扰之中。

（2）过分概括化是一种以偏概全的不合理的思维方式，其典型特征是以某一件或某几件事来评价自身或他人的整体价值。例如，一些人在面对失败的结果时常常认为自己"一无是处"或"毫无价值"。这种片面的自我否定往往会导致自责自罪、自卑自弃的心理以及焦虑和抑郁等情绪。一旦将这种评价转向于他人，就会一味地责备别人，并产生愤怒和敌意的情绪。

（3）糟糕至极是一种认为事物的可能后果非常可怕、非常糟糕，甚至是一种灾难性预期的非理性观念。对于任意一件事情来说，都会有比之更坏的情况，所以没有一件事情可以被定义为百分之百的糟糕透顶。人如果坚持这样的观念，那么当他认为遇到了糟糕透顶的事情时，就会陷入极度的负性情绪体验中。

三、认知调节的辅导过程

（一）建立求助动机

这一阶段主要是帮助受辅导者认识不良的认知对情感和行为的影响。受辅导者和心理辅导教师对其问题达成认知解释上的意见统一，对不良表现给予解释并且估计辅导所能达到的预期结果。例如，可让受辅导者自我监测思维、情感和行为，心理辅导教师给予指导、说明和认知示范等。

（二）适应认知矫正

在适应认知矫正过程中，要使受辅导者发展形成新的认知和行为来替代适应不良的认知和行为。如指导受辅导者广泛应用新的认知和行为。

（三）处理日常问题

培养两种观念的竞争，用新的认知对抗原有的不良认知。在此过程中，要让受辅导者练习把新的认知模式用到生活实践之中，取代原有的认知模式。例如，可使受辅导者先用想象方式来练习处理问题，或者模拟一定的情境，或者在一定条件下让受辅导者以实际行动来进行训练。

（四）改变自我认知

在改变自我认知过程中，作为认知调节和训练的结果，要求受辅导者重新评价自我效能以及自我在处理认识和情境中的作用。例如，在练习过程中，让受辅导者自我监察行为和认知。

四、认知调节的基本技术

（一）识别自动化思维

因为引发心理问题的思维方式往往是自动出现的，已构成了受辅导者思维习惯的一部分，多数受辅导者并不能意识到在不良情绪反应以前会存在着这些思想，所以在辅导过程中，心理辅导教师首先要帮助受辅导者学会发现和识别这些自动化的思维过程。心理辅导教师可以采用提问、自我演示或模仿等方法，听取并记录受辅导者的自动性思维，然后帮助受辅导者归纳出它们的一般规律，找出导致不良情绪反应的思维方式。

（二）真实性检验

真实性检验就是将受辅导者的自动思维和错误观念作为一种假设，鼓励受辅导者在严格设计的行为模式或情境中对假设进行检验，使之认识到原有观念中不符合实际的地方，并自觉纠正，这是认知调节技术的关键。

认识并矫正认识歪曲、错误思想的一个方法是检验支持和不支持某种错误假设的证据。例如，某一受辅导者在受到挫折后，认为自己"一事无成""别人都看不起我"，非常抑郁。实际上，他成功地做过很多事，大学毕业后还曾担任过企业经理。检验假设这一过程不仅能帮助受辅导者认清事实，还能发现自己对事物认识的歪曲和消极片面的态度。

（三）去中心化

去中心化就是让受辅导者意识到自己并非被人注意的中心。很多受辅导者感到自己是别人注意的中心，自己的一言一行都会受到他人的评价。因此，他常常感到自己是无力的、脆弱的。如果受辅导者认为自己的行为举止稍有改变就会引起周围人的注意和非难，那么心理辅导教师可以让他不像以前那样去和人交往，即在行为举止上稍做改变，然后要求他记录别人不良反应的次数，结果他会发现很少有人注意他言行的变化，从而自然地认识到自己以往观念中不合理的成分。

（四）抑郁或焦虑水平的监控

多数受辅导者认为他们的抑郁或焦虑情绪会一直不变地持续下去。实际上，这些情绪常常有一个开始、高峰和消退的过程，并不会永远持续。让受辅导者体验这种情绪起伏变化，并相信可以通过自我监控来掌握不良情绪的波动，从而增强改变的信心。

（五）积极的自我对话

这一技术实施方法有两种，一种是要受辅导者坚持每天回顾和发现自己的优点或长处并记录，另一种方法是要受辅导者针对自己的消极思想，提出积极的想法。例如，① 消极想法：我很愚蠢；我从不知道如何讲话；我没希望了；我太软弱了。② 积极想法：我会聪明些的；我能够思考一些问题并表述清楚；只要努力，我会改变的；我会坚强起来的。又如，① 某一极端的信念：我应该并且一定要得到我想要的东西，这是我的权力。相应的现实的自我陈述是：虽然我非常想得到某件东西，但我只是有权利去争取而已，并不意味着我一定会得到或别人一定要给我。② 另一极端的信念：如果我为某事努力工作，那么就应该获得成功。相应的现实的信念可以是：一个人无法保证事事都能成功，努力并不等于成功，而只是成功的一个条件。

（六）三栏笔记法

这种方法一般作为家庭作业，让受辅导者在笔记本上画两条竖线分出三栏，左边一栏记录自动思维，中间一栏记录对自动思维的分析（认识歪曲），右边一栏记录理智的思维或对情况进行重新分析回答。如表8.3所示。

表8.3 三栏笔记

自动思维	分析（认识歪曲）	理智的思维
我从未做过一件像样的事	过分概括	事实上我许多事都做得不错
我身体不好	一叶障目	身体不好是暂时的，经过治疗和锻炼是会好转的

第五节　情绪调节技术

一、安全岛技术

（一）概述

"安全岛"是指一个人可以在自己的内心深处，找到一个使自己感到绝对舒适和惬意的地方。它可以在地球上的某个地方，也可以在一个陌生的星球上，或者其他任何可能的地方。如果可能的话，它最好只存在于想象中，并非现实世界中真实存在的某个地方。关键的是，这个地方只有自己一个人可以进入。当然，如果在进入那个地方时产生了强烈的孤独感，那么也可以找一些有积极意义的物件带着。

这个地方应该是受到良好的保护且有很牢固边界的地方，它应该被设置为一个受辅导者绝对有能力阻止未受邀请的外来人和物闯入的地方。真实的人，即使是好朋友，也不应被邀请到这个地方来，因为与其他人的关系也会包含可能造成压力的成分。在内在的安全岛上不应该有任何压力存在，只有好的、保护性的、充满爱意的东西存在。

在做这个练习时,受辅导者往往要花上一点时间才能找到自己的安全岛。不过没关系,要有耐心,直到这样的安全岛慢慢在他的内心清晰、明确起来。

(二) 引导语

以下是心理辅导教师帮助受辅导者寻找安全岛的引导语。受辅导者也可以将这样的引导语录制下来,然后放给自己听,直到完成内在安全岛的构建。

现在,请你在内心世界里找一找,有没有一个安全的地方,在这里,你能够感受到绝对的安全和舒适。它应该在你想象的世界里——也许它就在你的附近,也可能它离你很远,无论它在这个世界或这个宇宙的什么地方。

这个地方只有你一个人能够造访,你也可以随时离开。如果你想要的话,那么也可以带上一些你需要的东西陪伴你,比如可爱的、可以为你提供帮助的东西。

你可以给这个地方设置一个你所选择的界限,让你能够单独决定哪些有用的东西允许被带进来。但注意那是一些东西,而不是某些人。真实的人不能被带到这里来。

别着急,慢慢考虑,找一找这么一个神奇、安全、惬意的地方……

或许你看见某个画面,或许你感觉到了什么,或许你首先只是在想着这么一个地方。

让它出现,无论出现的是什么,就是它了。

如果在你寻找安全岛的过程中,出现了不舒服的画面或感受,那么别太在意这些,而是告诉自己,现在你只是想发现好的、内在的画面。处理不舒服的感受可以等到下次。现在,你只是想找一个美好的、使你感到舒服的、有利于你康复的地方。

你可以肯定,肯定有一个这样的地方,你只需要花一点时间,有一点耐心。

有时候,要找一个这样的安全岛有些困难,因为还缺少一些有用的东西。但你要知道,为找到和装备你内心的安全岛,你可以动用一切你能想到的工具,比如交通工具、日用工具、各种材料,当然还可以使用魔法,总之一切有用的东西你都可以动用,你也有能力动用。

当你达到了自己内心的安全岛时,请你环顾左右,看看是否真的感到非常舒服、感到非常安全,这是不是一个可以让自己真正完全放松的地方。请你用自己的心智检查一下……有一点非常重要,那就是你应该感到完全放松、绝对安全和非常惬意。请把你的安全岛规划成那个样子……

请你仔细环顾你的安全岛,仔细看看岛上的一切,所有的细节。你的眼睛看到了什么?你所见到的东西让你感到舒服吗?如果是,那么就留在那里;如果不是,那么就变换一下或让它消失,直到你真的觉得很舒服为止……

你能听见什么吗?你感到舒服吗?如果是,那么就留在那里;如果不是,那么就变换一下,直到你的耳朵真的觉得很舒服为止……

那里的气温是不是很适宜?如果是,那么就这样;如果不是,那么就调整一下气温,直到你真的觉得很舒服为止……

你能不能闻到什么气味?舒服吗?如果是,那么就保留原样;如果不是,那么就变换一下,直到你真的觉得很舒服为止……

如果你在这个属于你的地方还是不能感到非常安全和十分惬意的话,那么这个地方还应该做哪些调整?请仔细观察,在这里还需要些什么,能使你感到更加安全和舒适……

把你的小岛装备好了以后,请你仔细体会,你的身体在这样一个安全的地方,都有哪些感受?

你看见了什么?

你听见了什么?

你闻到了什么?

你的皮肤感觉到了什么?

你的肌肉有什么感觉?

呼吸怎么样?

腹部感觉怎么样?

请你仔细体会现在的感受,这样你就能知道,在这个地方的感受是什么样的……

如果你在你的小岛上感觉到绝对的安全,那么就请你为自己的身体设计一个特殊的姿势或动作,用这个姿势或动作,你可以随时回到这个安全岛上。以后,只要你一摆出这个姿势或者一做这个动作,它就能帮你在你的想象中迅速地回到你的这个地方来,并且感觉到舒适。比如你可以握拳或者把手摊开,以后当你一做这个姿势或动作时,你就能快速达到你的内在安全岛。

请你带着这个姿势或动作,全身心地体会一下,在这个安全岛的感受有多么美好……

撤掉你的这个姿势或动作,平静一下,慢慢地睁开眼睛,回到自己所在的房间,回到现实世界中。

心理辅导教师可以鼓励受辅导者,如果他有愿意搭档的朋友或伙伴,可以相互帮助,帮助对方构建自己的安全岛。如果受辅导者已经很认真、明确地完成了自己内在安全岛的构建,那么就可以在他情绪状况不好的时候加以使用了。

二、蝴蝶拍技术

（一）概述

蝴蝶拍是眼动脱敏和加工(Eye Movement Desensitization and Reproces-sing, EMDR)心理疗法中的一种稳定化技术,有助于增加安全感和积极感受。其原理是利用双侧刺激的方法促进左右大脑对信息进行再加工,通过再加工促使一些固着的负面认知发生变化,由此带来负面情感的改善。同时,也可以把已有的正面积极体验增强并稳定下来,增加积极资源,增强信心,以更加积极乐观的态度面对困难和挑战。

蝴蝶拍的基本技术是通过双手慢慢轻拍自己的上臂(见图 8.2),如同母亲安慰受惊孩子时的力度和节奏。其理论假设是每个人心中都有一个"内在的父母",通过这个"内在的父母"来安慰受惊的"内在的儿童"。

图 8.2 蝴蝶拍姿势

蝴蝶拍技术适用于焦虑、紧张、恐惧、急性应激反应、创伤后应激障碍等。使用该技术时需要注意以下几点：

（1）选择舒适、安静的环境,有利于让受辅导者放松。

（2）蝴蝶拍动作每 4~6 轮为一组。双手轻拍时注意速度要缓慢,大脑中尽量想象一些正性的画面。

（3）如果练习过程中出现负性体验,不用担心,可以告诉自己"现在只需关注积极的方面,负性的内容以后再处理",之后继续练习。如果这样做了,负面的体验仍然存在,或者感到越来越糟糕,那么就暂时停止练习。

（4）每做完一组后,用心感受自己的身体,若好的感受增加了,则可以继续下一组。

（二）引导语

以下是心理辅导教师帮助受辅导者练习蝴蝶拍的引导语。

请你坐下来，安静地坐好。你可以调整一下你的姿势，把双脚脚掌平放在地上，挺直你的背部，让脖子伸直，下巴内收，双手安放在大腿上，这样可以帮助你以一个放松的姿态开始今天的练习。

首先，我们先来学习一下蝴蝶拍的方法，请把你的双臂在胸前交叉，右手放在左上臂，左手放在右上臂，就像是在拥抱自己一样。很好，现在请你以左右交替的方式轻拍上臂，一左一右，先从左手开始拍，接着是右手拍，然后是左手拍，再是右手拍，轮流交替。下面请跟着我报的数字一起来拍：1，左手拍；2，右手拍；3，左手拍；4，右手拍；继续交替……16，右手拍。好，停下来，16次为一轮。

我们再来一轮，用一个比较慢、轻柔且均匀的速度来拍，就像妈妈拍着宝宝、哄宝宝入睡一样。1，左手拍；2，右手拍；……16，右手拍。这一次你做得更好了。接下来的练习里就这样交替拍，16次为一轮。

好，现在请你闭上眼睛。如果你做过前面的内在安全岛练习，那么你可以从你的安全岛练习开始，到达你的安全岛，体验在安全岛的感觉，同时想象与这个景象相联系的积极词语，如"舒适""温暖""宁静""轻松""喜悦"等，让自己慢慢进入安全或平静的状态。你也可以从你过往的经历中选择一件让你觉得愉快、有成就感、感到被关爱或其他有正性体验的事件，回想这个事件，找到一个最能代表这种积极体验的画面，找到一个与这个积极体验相关的词语，如"喜悦""温暖""感动""自信"等，并且体验它带给你的身体感受。

无论你是在安全岛，还是在回顾过往经历的正性事件，都请你现在想着那个积极词语，体验身体的积极感受，然后开始用蝴蝶拍进行左右交替轻拍。在这个过程中对头脑和身体的变化要顺其自然。如果在轻拍的过程中出现负性的体验，可以告诉自己"现在只需要留意到积极的方面，负性的内容可以以后再进行处理"。好，现在让我们开始轻拍。1，左手拍；2，右手拍；……16，右手拍。我们可以这样继续拍4~6轮，每轮中间间隔一下……

现在停下来，深吸一口气，看看感觉怎么样，然后睁开眼睛。如果你现在的体验是积极的，那么我们就再次闭上眼睛，让自己尽情感受刚才的感觉，同时想着那个积极的词语。若你感到那个积极的感受不断上升，则请再次交替轻拍4~6轮。

第6轮结束了，请睁开眼睛，做一个深呼吸。若你可以的话，则再闭上眼睛做4~6轮蝴蝶拍，这样一直到积极的体验不再变化为止，或者直到你感觉非常好为止。

好，在我们结束今天的练习之前，对你现在的感受给出一个词语，如果是"满足""平静""自信"等，那么再做一轮蝴蝶拍。

在进行蝴蝶拍的时候速度要慢，就好像母亲安慰孩子一样，轻而缓慢。通过这个动作，受辅导者可以安慰自己，使心理和躯体恢复并进入一种"稳定"状态。

三、保险箱技术

（一）概述

保险箱技术是一种负面情绪处理技术，是靠想象来完成的。它早先被设计为严重心理创伤的修复技术，用来有意识地对心理创伤进行"包扎"，从而使受辅导者在比较短的时间内，从非常糟糕的情绪中解放出来。它通过对心理上的创伤性材料进行"打包封存"，来实现个体正常心理功能的恢复效果。但事实上，这一技术不仅可以用于处理严重的心理创伤，还能有效地处理日常一般的压力和情绪困扰。

在保险箱练习中，在心理辅导教师引导下，受辅导者可以将给自己带来负面情绪的东西"锁进"一个保险箱，而钥匙由自己掌管，并且可以自行决定：是否愿意或何时打开保险箱的门，重新触及那些带来负面情绪的压力和探讨相关的事件。

（二）引导语

以下是心理辅导教师帮受辅导者在保险箱练习中的引导语。

深呼吸，让自己放松和安静下来。

请想象在你面前有一个保险箱，或者某个类似的东西。

现在请你仔细地看着这个保险箱：

它有多大（多高、多宽、多厚）？

它是用什么材料做的？

它是什么颜色的（包括外面和里面）？

它的壁有多厚？

这个保险箱里面分了格还是没分格？有没有抽屉？内部结构是怎样的？

仔细观察这个保险箱的细节：箱门是否容易打开？开关箱门的时候有没有声音？

保险箱门怎样关闭？是否需要用钥匙？钥匙是怎样的？如果不用钥匙的话，那么锁是怎样的，是密码的、按键的或转盘的？还是遥控的或电脑操控的？

你看着这个保险箱,并试着关一关,你觉得它是否绝对牢固?……如果不是,那么请你试着把它改装并加固到你觉得百分之百的牢固。你可以再检查一遍,看看你选择的材料是否合适?是否够结实?锁是否足够牢靠?……

现在请你打开你的保险箱,把所有给你带来压力和痛苦的东西,统统装进去……

把压力和痛苦装进保险箱有时一点也不费事,有时则会感觉比较困难。你可能会不知道如何把负面的感觉、可怕的画面等这样一些东西装进保险箱。因此,这时我们就需要用到心理负担"物质化"的技术,让自己能把那些东西不费力气地放进保险箱。举例如下:

(1) 感觉(如对死亡的恐惧)以及身体不适(如疼痛):给这种感觉或身体不适设定一个外形(如章鱼、巨人、乌云、火球等),尽量使其可以压缩,然后你可以将它们压缩到足够小,以便放进一个小盒子或其他类似的容器里,再锁进保险箱。

(2) 念头:可以考虑在想象中,将某种念头写在一张纸条上,为了保密安全,甚至你可以用一种别人看不见的神奇墨水,必须要用你特制的显影药水才能让它显影,然后将纸条放进一个信封封好,再放进保险箱。

(3) 图片:将那幅图片在想象中浮现出来,必要时可以将其缩小、去除颜色、使其泛黄等,然后装进信封之类的东西,再放进保险箱。

(4) 内在影像:将相关内容设想为一部电影录像带,必要时将其缩小、去除颜色、倒回开始的地方,再把磁带放进保险箱。

(5) 声音:想象把相关的声音录制在磁带上,将音量调低,然后倒回到开始的地方,再放进保险箱。

(6) 气味:想象将气味装进一个瓶子,用软木塞塞好,再放入保险箱。

(7) 味觉:将让自己感到不适的味觉转化为某种颜色或形状,尽可能将其缩小,然后放进一个可以密封的罐子中,再放进保险箱。

锁好保险箱的门,想想看,你想把钥匙藏在哪里。根据锁的不同类型,有些可以不用钥匙,如遥控锁等。找个安全的地方把它收藏好,不要把它随便扔掉或弄丢。

请把保险箱放到你认为合适的地方,这个地方不要太近,要尽量放得远一些,但应该在你力所能及的范围内,同时,在你想去的时候,就可以去。原则上,所有的地方都是可以的。例如,你可以把保险箱发射到某个星球,或让它沉入海底,等等。但有一点很重要,你要考虑清楚,就是如何能再次找到这个保险箱,如使用特殊的工具或某种魔力等。当然保险箱不适合放在治疗室中,也不要放在别人能找到的地方。

如果这些都完成了,那么就请你集中自己的注意力,回到这间房子中来。

第六节 团体心理辅导技术

团体心理辅导是在团体情境下进行的心理辅导形式,通过团体内人际交互作用,成员在共同的活动中进行交往、相互作用,使成员能通过一系列心理互动的过程,探讨自我,尝试改变行为,学习新的行为方式,改善人际关系,解决生活中的问题。但是,如果操作不规范,误用、滥用团体心理辅导,那么不仅会使团体成员蒙受伤害,学习错误的行为,还可能加深其自卑感和挫败感。

一、团体心理辅导的功能与目标

团体心理辅导的功能与目标有三个层次:矫治、预防和发展,预防和发展重于矫治。也就是说,不是学生出现了心理问题才需要进行团体心理辅导,而是通过辅导,一方面帮助学生掌握有关知识和社会技能,学会用有效的、合理的方式满足自己的需要,提高人际交往水平,学习自主地应付由挫折、冲突、压力等带来的种种心理困扰,减轻痛苦、不适的体验,防止心理疾患的产生,保持正常的生活和学习;另一方面,协助学生树立有价值的生活目标,认清自身的潜能和可以利用的社会资源,承担生活的责任,发挥个人的潜能,过健康快乐的生活。

在团体心理辅导中,教师和学生的地位是平等的。教师要允许和鼓励学生发表不同的观点、看法,重视学生的意见,移情理解学生,尊重学生,不能居高临下地训斥学生,不能讽刺、嘲弄学生,不揭学生"短",要无条件地关怀和接纳学生,让学生感受到教师对他们的理解、尊重和接纳,从而抛开心理上的防卫,愿意敞开自己,对自己的内心世界做更自由、深入的探索。

心理团体按功能可以分为两种类型。

(1)"成长性"的心理团体。这类团体注重成员的身心发展,协助成员自我认识、自我探索,进而自我接纳、自我肯定;注重成员生活知识和能力的充实以及正向行为的建立。学校开展的团体心理辅导大多是这一类型。

(2)"治疗性"的心理团体。这类团体注重成员经验的深层解析、人格的重塑与行为的重建。这类团体活动通常在医疗或社会服务机构开展。

高校思政工作者因工作职责,故主要为学生开展成长性的团体心理辅导。

二、团体心理辅导的优点

个体心理辅导是一种有效的心理辅导途径,但不足之处是耗时多、受众面窄等。团体心理辅导能有效克服上述缺点。它通过设立特定的场景活动、利用团体成员间的互动来达到集思广益、互帮互助、提高心理健康水平的目的,非常适合学校的心理健康教育工作。其优点主要包括:

(1) 适用面广。既可以针对具有共同心理问题的十人左右的团体,也可以针对几十人的发展性群体。

(2) 形式多样,生动有趣,有利于吸引学生积极参与。

(3) 耗时短,效率高,收效好。每个成员既是"求助者"又是"助人者",在有引导的相互影响中可以多视角地学习,有理论、有实践、有体验、有分享,能获得多重反馈,从而产生心理与行为的改变。在团体中,不但可以更有效地影响或改变个人的某些自我概念或想法,还可以解决原本在个体之间难以解决的问题。

三、团体心理辅导的准备

(一) 培训领导者和培训助手

团体领导者是团体辅导活动得以顺利开展的前提和基础。因此,在团体辅导开始之前,首先要对领导者进行培训。一名优秀的领导者不仅要能接纳自己,还要能与他人和睦相处;不仅要具备团体领导技能,还要有针对特定主题的知识。比较大的团体辅导活动还需要培训助手,以帮助领导者布置场地、配合领导者开展活动。

(二) 确定辅导目标

团体心理辅导开展之前,最重要的就是选定一个合适的辅导目标。目标必须具体、明确、有可操作性。

【案例】

"激发心理潜能、创造成功人生"团体心理辅导活动目标

1. 认识自身潜能,增强自信心,改进自身形象。
2. 克服心理惰性,磨炼战胜困难的毅力。
3. 调适身心状态,不浮躁、不颓废,更乐观地面对学习与生活的挑战。

4．认识群体的作用,增进对集体的参与意识和责任心。

5．启发想象力与创造力,提高解决问题的能力。

6．改善人际关系,学会关心,更为融洽地与群体合作。

上述活动目标比较具体、可行,所以实现目标的可能性较大,也为后面整个活动的设计奠定了良好的基础。

当活动目标确定后,还要为活动取一个好的名字,要切合活动的主旨,具有独特性、可理解性,富有吸引力,还要考虑到未来成员的心理承受力,比如叫"挑战自我""人际交往团体"等名字,不必都带上"团体心理辅导与治疗"。

(三)设计辅导计划

合理、有效的团体辅导计划是团体辅导活动开展的依据,也是取得预期效果的重要前提。计划内容主要包括三个方面。

1．团体规模

团体心理辅导是以团体(集体)形式开展的,活动计划首先就要考虑团体的规模。团体人数过少,成员会感到有压力、乏味;人数过多,成员间不易沟通、参与交往的机会受到限制。因此,必须确定一个较理想的团体规模,一般情况下7～15人较为合适。

2．活动时间、次数及频率

团体活动可分为集中式和持续式两类。集中式团体活动是将成员集中住宿,在几天时间内进行团体心理辅导活动,一般以3～5天为宜,最长不超过1周。持续式团体活动是定期的,一般8～15次为宜,每周1～2次,每次1.5～2小时,持续4～10周,活动时间要考虑到成员是否方便。

3．活动场所

安静,有足够的空间。

(四)辅导前的准备工作

根据活动目标需要准备卡片、笔记本、收录机、磁带、摄像机、电视机、照相机、音响等。此外,要在计划中考虑经费预算。

(五)团体成员的选择

1．招募团体成员的途径

成员招募应坚持自愿参加的原则。主要招募途径有三种:一是通过宣传手段,成员报名参加;二是辅导教师根据平时心理辅导的情况,建议某些人参加;三是由有关人员介绍。

2. 筛选

为使团体辅导活动更具针对性，应对报名者进行筛选，以确保成员的相对一致性和稳定性。另外，还要让成员填写知情同意书，以保证他们遵守团体活动的规则，顺利完成各项活动。下面是申请书的基本内容，供参考。

【案例】

申 请 书

1. 我自愿参加人际交往技巧训练。

2. 我相信，参加人际交往技巧训练后，我的人际交往能力将会有很大的提高，我会以自觉的态度对待交往，以真诚之心投入交往，责己严、待人宽。

3. 我保证按时参加每一次活动，有事提前请假。

4. 我愿意在团体活动中坦诚地谈论自己的一切。

5. 我保证保守团体活动的秘密。

6. 在团体活动中，我会与其他成员保持团结友爱的关系，不攻击、贬损他人。

7. 积极服从、配合主持老师和同学的安排。

8. 我保证认真完成老师布置的每一项作业。若有两次不完成作业的现象发生，则愿意接受退出团体的决定。

9. 希望参加训练后，得到_____。

申请人：

四、团体心理辅导的基本过程

团体活动从开始到结束可以分为几个不同的阶段。怎样划分这些阶段，不同的研究者持有不同的意见，有的分为三个阶段，即导入、实施、终结三个阶段；有的分为四个阶段；还有的分为十几个阶段。其实，无论怎样划分，其基本过程都是类似的。下面以三个阶段为例来说明团体活动的基本过程。

（一）导入阶段

导入阶段一般指团体的第一、二次聚会，目的是让成员相互熟悉、相互了解、消除紧张，初步建立一种安全、信任的气氛，为以后的活动奠定一个良好的基础。

团体活动开始时，成员大都互不相识。一方面他们很想知道其他成员的背景、问题等，另一方面又有点儿恐惧、焦虑，怕不被人接纳，又怕在他人面前出丑,所以这一阶段的活动一般是一些比较简单、容易互相认识的游戏活动。因此,这一阶段的活动被称为热身运动、破冰运动。

导入阶段的活动可以分为静态讨论、动态活动两类。前者适合于一些解决问题的团体,后者适合多种类别的团体,尤其适合青少年。

活动开始时,领导者可以先大致介绍一下团体心理辅导及团体的情况,然后所有成员集体宣誓,承诺遵守团体规则。之后可以采取一些活动,如轻柔体操,使成员紧张的情绪得以放松。接下来可以用做游戏的方式让成员进行自我介绍、介绍他人,如最佳拍档游戏、猜猜我是谁、征集签名等。然后可以让成员谈谈在组中的感受。最后聚会结束时可以让成员回去写一下在组中的感受和对以后活动的期望、建议,等再次聚会时大家分享作业。以后每次聚会结束都有这种作业,当成员已比较熟悉,能开放自己时,导入阶段便告结束,开始进入第二阶段。

【案例】

轻 柔 体 操

目的:放松、减轻焦虑、活跃气氛。体操与运动也是心理生活的一部分。体操可以协助成员对自己身体更加敏感,对自己的存在更有实质的把握。

时间:酌情而定。15~30分钟。团体初期。

准备:全体成员围成圆圈,面对圆心,指导者也在队伍里,要求有足够的空间。

进行:指导者先带头做一个动作,要求成员不评价、不思考,模仿做三遍,然后每个人依次做一个自己想出来的动作,大家一起模仿,无论什么动作都可以引起放松,减轻紧张气氛。有时,一些极富创造性的动作还会引得大家发出阵阵欢笑。

(二) 实施阶段

实施阶段是团体心理辅导的关键阶段,活动的目标主要是在这一阶段达到的。这一阶段是在前一阶段成员之间形成相互信任、真诚关系的基础上,运用成员间的相互影响,采用成员彼此谈论自己或别人的心理问题和成长经验,获得别人的理解、支持、指导,或者利用团体内人际互动,发现自己的缺点和弱点,努力纠正等形式,把团体当成一个安全的实验场所,练习改善自己的心理与行为,以期能扩展到现实生活中。

实施阶段采取的团体活动形式和技能因辅导目的、类型、对象的不同而不同。有的团体采用讲座、讨论、写作业、写日记等形式,有的团体采用自由讨论,有的团体主要采用行为训练、角色扮演等。常用的活动形式包括:

(1) 自我探索的活动:我是谁、生命线、自画像、生命计划等。
(2) 价值观探索的活动:临终遗言、火光熊熊、生存选择、姑娘与水手等。
(3) 相互支持的活动:热座、金鱼钵、戴高帽等。
(4) 示范作用的活动:心情故事、现代启示录、特别的爱给特别的你等。

(三) 终结阶段

终结阶段是指团体的最后几次聚会,而不是仅指最后一次聚会。这一阶段的目的是巩固团体辅导的成果,做好分别的心理准备。辅导者应该充分把握时机,给团体活动划上一个完满的句号。终结阶段做得好,可以使成员深入掌握在团体中取得的经验,对团体留下美好的回忆,能把团体中的学习成果应用到正常生活中,达到真正成长的目标。

结束活动的方式可以分成三类:

(1) 回顾与反省。大家一起回想一起做了些什么,有哪些心得体会,有哪些意见。
(2) 祝福与道别。可以自制一些小礼物互相赠送,也可以说一些鼓励与祝福的话,维持并增进已建立的友谊。
(3) 计划与展望。讨论今后的打算,应该订什么计划,对未来有什么展望等。

在这一阶段,常采用的活动有总结会、联谊会、反省会、大团圆等形式。通过前两个阶段的活动,原来互不相识的人已成为朋友,集体气氛和谐亲密、心情舒畅、相互信任,在这种气氛下离别多少都会有些伤感,所以需要安排好结束工作。活动结束后,也可在必要时重新聚会,进一步交流,了解团体活动的保持效果等情况。

五、团体心理辅导的常用技能

团体心理辅导的技能有很多种,但运用最多的是头脑风暴、角色扮演和行为训练三种。

(一) 头脑风暴

头脑风暴是运用最普遍的团体活动技能,主要目的是沟通意见、集思广益、解决问题。头脑风暴是指团体成员不受实际限制、集思广益的一种技能。其理论基础是人们常因假想的禁忌对他们的创造性施加不必要的限制,这些禁忌可能根本不存在或者可以做出改变。一旦思想可以敞开,成员就可以做出创造性的改变,而这种改变会消除束缚。头脑风暴的基本原则是没有任何想法因被认为太狂野或太疯狂而不可以提出。在头脑风暴过程中,各种想法不被批评和指责,这一事实可以降低成员的防御心理。头脑风暴可以在整个团体内进行,或者以三至四人为团体进行。

（二）角色扮演

角色扮演是指用表演的方式来启发团体成员对人际关系及自我情况有所认识的技能,角色扮演通常由团体成员扮演日常生活情境中的角色,使成员把平时压抑的情绪通过表演加以释放、解脱,也可以学习人际交往的技巧,获得处理问题的灵感。角色扮演有助于成员找到情绪压抑的症结所在,从而找到解决问题的办法。角色扮演活动开展前,教师可以从成员的生活中选取素材,稍加准备后,对全体成员讲明场景,让成员自愿选择角色,进行表演。扮演过程中可以互换角色并注意在最后发起成员讨论,以互相启发,互相支持。

（三）行为训练

行为训练是指以行为学习理论为指导,通过特定程序,学习并强化适当的行为,纠正并消除不适当行为的一种心理辅导与治疗技能。团体中的行为训练是通过指导者的示范、指导和团体成员间的人际互动实现的。行为训练包括放松训练、自信训练、情绪表达训练、打招呼训练等。

行为训练一般应由易到难,首先提供示范,然后对行为训练做得好的成员进行及时强化,具体步骤可分为:

（1）选择情景,如公众发言。
（2）确定训练目标。
（3）集体讨论。
（4）示范。
（5）正式训练。
（6）集体讨论。

行为训练应和澄清认知结合起来,这样往往可以事半功倍。

第九章 大学生心理危机预防与干预

心理危机对大学生的身心会产生严重伤害,极端的危机事件还可能夺走宝贵的生命,重创家庭,影响社会的安全稳定。构建科学合理、行之有效的学校心理危机干预机制,有效预防、及时处置、合理善后心理危机事件,是高校思政工作的一项重要内容。本章介绍心理危机干预的基本理论、常见心理危机预防与干预技术、心理危机干预的步骤和注意事项,供高校思政工作者在工作中参考。

第一节 心理危机干预理论与危机排查

一、心理危机干预的定义

心理危机是指当人们遭遇突发事件或面临重大的挫折和困难,当事人自己既不能回避又无法用自己的资源和常规处理问题的方式来解决时,出现的暂时心理失衡状态或心理应激反应。从这个定义可以看出:① 危机事件是突发的,往往无法预料;② 危机事件的破坏性较大,会给当事人造成重大压力;③ 不具备解决危机能力的当事人会体验极大的痛苦,进而产生紧张、恐惧、悲伤、绝望等情绪,甚至做出自杀等极端行为。

心理危机干预的概念最初源于林德曼和凯普兰的研究,他们认为危机干预是化解危机并告知被干预者如何应用较好的方法处理未来应激事件的过程。帕德瑞认为:"危机干预就是指在混乱不安的时期,一种积极主动地影响心理社会运作的历程,以缓解具有破坏性的压力事件所带来的直接冲击,并协助受到危机直接影响的人们,激活其明显与潜伏的心理能力及社会资源,以便能适当地应对压力事件所造成的结果。"

《心理学大辞典》中这样描述心理危机干预:"危机干预是心理治疗措施的一种,对处于心理危机状态的个体、家庭及群体采取明确有效的措施。在危机状态下,个体无法用惯有的方式解决难题,体验极大的痛苦,产生紧张、恐惧、悲伤等情绪以及躯体不适,甚至因无法适应而做出自杀等极端行为,在危机发生的最初阶段,可提供个体情感支持,以缓解其紧张情绪,然后指导个体根据自己的实际情况,寻求可能的帮助,进而帮助个体分析危机情境与其人格的关系,与之讨论危机事件为何会使人心理失衡以及怎样使人心理失去平衡,指导个体学习新的认识方法和应付方法,有效地处理危机事件,达到完善人格、提高适应能力的目标,使个体最终战胜困难,重新建立人际关系,更好地适应社会生活。"

二、大学生心理危机的影响因素

通过分析大学生心理危机,将其产生的原因概括为以下几种:

(1) 精神疾病。这些疾病是伴随其成长过程而产生的,大多在中学甚至更早之前就有萌芽。

(2) 原生家庭。学生的童年经历、父母的婚姻、亲子关系、父母的教养方式等都是导致学生心理危机的原因。

(3) 个性特质。如敏感、内向、自我评价低的抑郁型人格,过分追求完美、事事要强的自恋型人格,依赖、任性的冲动性人格。

(4) 学业困难。大学阶段的学习需要激发大学生的自主意识,懈怠的行为和对自我的要求间形成冲突。

(5) 突发性事件。如家庭变故、意外伤害、突发公共卫生事件、感情受挫等。

三、大学生心理危机的分类

(1) 发展性危机。发展性危机是指大学生在大学阶段中发生的和生理、心理发展变化相关的心理危机,如在大学期间考试挂科,面临毕业、就业、考研等方面的事情时产生的异常反应。

(2) 境遇性危机。境遇性危机是指大学生面临的突如其来的、无法预料的以及难以控制的心理危机,如意外交通事故、被绑架、自然灾害、公共卫生事件、亲人离世等。

(3) 存在性危机。存在性危机是指伴随着重要的人生问题的内部冲突和焦虑所带来的心理危机,可以是基于现实的,也可以是基于后悔的,还可以是一种压倒性的持续的空虚感、生活无意义感。

四、心理危机干预的步骤

(1) 确定问题。明确导致学生产生危机的具体问题,需要全面且具体。

(2) 保证危机者安全。需要危机者周围同学与任课老师给予帮助,以确保学生的安全,安全问题是第一大问题,只有安全得到保障,后续工作才有机会展开。

(3) 给予支持。给予学生心理上的支持,让他对自我进行肯定。

(4) 提出并验证可变通的应对方法。危机干预最终目的是帮学生度过危机,解决当下问题,可以提出具有可行性且可变通的方案。

(5) 制订计划。计划的制订需要危机者自身的参与,不能由干预者一人制订。

(6) 得到承诺。在得到危机者真诚的承诺后,才能暂时放心学生的安全。

五、心理危机排查的对象

出现以下13种情况的学生往往容易出现心理危机,应列为重点排查对象。

(1) 遭遇突发事件的学生,如遭遇失恋、受到意外伤害、父母离异、亲人去世、发生重大灾害等。

(2) 过往曾有过伤害自身安全行为的学生,此类学生具有高度风险。

(3) 患有心理或精神障碍,如患有抑郁症、躁狂症、焦虑症、恐惧症、强迫症、精神分裂症等疾病的学生。

(4) 身体患有严重疾病、个人很痛苦、治疗周期长的学生。

(5) 严重环境适应不良导致心理或行为异常的学生。

(6) 出现学业问题,如学业压力过大、学习困难,尤其是大一第一次考试不及格的学生,大二、大三多门功课不及格的学生,专升本失利的学生,考研失利的学生。

(7) 家庭经济贫困、负担重、深感自卑的学生。

(8) 性格内向、孤僻,社会支持系统不良或在人际交往中出现较大问题的学生。

(9) 毕业生中面临就业困难或无法正常毕业的学生。

(10) 过度迷恋网络(含网络成瘾)的学生。

(11) 个人财务状况出现异常,如陷入不良网贷、遭遇诈骗等情况的学生。

(12) 受到身边同学心理危机状况严重影响的学生,如自杀学生的室友、同学、目击者等。

(13) 其他有情绪困扰、行为异常的学生。

六、心理危机排查的时机

心理危机的排查应在新生心理健康普查以及心理咨询中发现的出现心理危机的学生基础上,将定期排查与特殊时间节点排查相结合,跟踪关注已有对象,及时发现新出现危机的学生。

(1) 入学时开展新生心理健康普查并初步建立学生心理健康档案。

(2) 毕业前在就业、升学状况调查过程中注意心理危机排查。

(3) 每学期开学初进行心理危机筛查,重点关注原有危机学生的变化以及在假期中出现危机情况的学生。

(4) 期末考试前后对学习压力大和成绩不及格的学生进行排查。

(5) 在季节交替时,尤其是春季心理疾病高发季节进行排查,五一、十一假期之后进行排查。

(6) 学校发生危机事件后对可能受到影响的学生进行危机排查。

(7) 在社会出现可能引发心理危机的重大影响性事件(如地震、疫情等)时,对学生进行排查。

(8) 每月一次进行常规心理危机排查,把握原有危机学生的状态变化,将新发现危机学生列为重点对象,持续跟踪关注。

七、心理危机排查时的特别注意对象

近期发出过下列警示讯号的学生,应作为心理危机干预的重点对象及时进行危机评估与干预:

(1) 谈论过自杀并考虑过自杀方式,包括在朋友圈、公众号、信件、日记、图画或乱涂乱画等只言片语中流露出死亡念头者。

(2) 不明原因突然向同学、朋友或家人送财物、请客、赔礼道歉、告知银行卡密码、无端致以祝福、述说告别的话等行为明显异常者。

(3) 情绪突然明显异常者,如特别烦躁,或高度焦虑、恐惧,或易感情冲动,或情绪异常低落,或情绪突然从低落变为平静,或饮食、睡眠受到严重影响等。

八、心理危机排查的工作程序

(1) 院(系)构建快速、高效的危机识别反馈及朋辈互助系统。学生会干部、班级心理委员、宿舍心理信息员在日常生活中深入关心身边同学,了解同学的心理行为状况,及时发现异常现象,及时上报,以便尽早干预。

(2) 心理健康教育中心对院(系)上报在心理普测与心理咨询中发现心理危机的学生,并进行进一步分析和评估。根据危机的程度,与院(系)(必要时需要家长参与)共同确定干预方案,并尽快采取干预措施。干预措施包括重点关注、辅导员谈话、心理咨询和辅导、通知家长、转介精神卫生机构、办理休退学等。

(3) 院(系)在心理健康教育中心支持下,根据心理危机的不同情况制订帮扶方案,实施分级干预。建立院(系)和心理健康教育中心针对心理危机学生情

况的定期沟通机制。

第二节　高校心理危机事件的应对

一、大学生心理危机的分级

学生心理健康的危机程度,根据事件的性质、程度和可能的后果,分为四个等级。

(1)蓝色预警:当事人表现出适应困难,不适应大学生活、与他人相处有一定困难、生活自理能力稍差。

(2)黄色预警:当事人有严重的心理适应问题,伴随一些精神病性症状,但尚有自知力,一定程度上愿意寻求帮助,没有自杀风险。

(3)橙色预警:当事人表现出明显的精神病性症状,或者言语中流露出自伤或攻击他人的倾向,且有一定的诱发事件和动机,但尚未有伤害行为的具体实施计划且未出现伤害行为。

(4)红色预警:当事人出现严重的精神病性症状(严重妄想、幻觉、躁狂等情绪失控行为,严重缺乏自知能力,严重抑郁等),危及他人或自身的生命安全;或出现伤害行为,且伤害行为尚未结束;或出现群体性严重恐慌,以致威胁公共安全等。

二、根据危机等级积极应对

(一)针对蓝色预警学生的应对措施

以辅导员和班级学生的帮扶干预为主。辅导员应经常与该类学生交流,了解他们学习及生活上的困难,给予适当帮助。引导学生干部、室友主动关心关注该类学生,营造接纳、包容、和谐的人际关系。鼓励该类学生积极地看待问题,以更加全面的视角去看待生活中的挫折。侧重给予他们成功的体验,肯定其克服困难与挫折的能力和行为,激发和挖掘其积极的力量,引导他们看到自身的价值和潜能。同时重点关注该类学生,发现异常后及时上报。

(二)针对黄色预警学生的应对措施

以院(系)为主,由心理健康教育中心配合实施干预。

1．发现并及时报告

（1）一旦发现该类学生，应及时报告院（系），也可直接报告心理健康教育中心、保卫处等部门。

（2）相关院（系）应当尽快与该学生进行直接面谈，并从相关人员处进一步了解情况。

（3）院（系）将该类学生送心理健康教育中心进行初步评估；情况紧急时在征得家长同意后可直接送专科精神病医院进行诊断治疗。

（4）通知家长尽快到校。

2．初步评估

非精神科医生无权进行精神疾病诊断，但学校的专业心理咨询师可以对学生进行精神疾病倾向和疑似精神疾病的初步评估。

高校心理健康教育中心的教师缺少精神疾病诊断资质和经验，难以对复杂的精神疾病做出准确评估。条件允许的情况下，学校可以邀请2～3位中级或以上职称的精神病医生进行会诊，根据诊断结果再进行下一步工作。

【知识拓展】

常见精神疾病的症状

下面介绍三种常见精神疾病的症状，仅供参考。

1．抑郁发作的可疑症状

若一个人在两周或更长时间内，同时存在三项下述症状，尤其是第一项、第二项和第十三项所述症状，则需怀疑其罹患抑郁症的可能：

（1）几乎每天心情都非常恶劣。

（2）对以前感兴趣的所有东西或活动失去兴趣。

（3）感到麻木、空虚、无聊。

（4）躯体疼痛（胃痛、头痛）。

（5）睡眠困难（难以入睡、早醒或睡得过多）。

（6）体重改变或饮食习惯改变。

（7）过分的挫败感和过分自责。

（8）集中注意力、思考问题困难。

（9）和平常比，更易怒、紧张或激惹。

（10）感到无价值、内疚或满心羞愧。

（11）彻底的无助感、无望感。

（12）没有精力或动力，内心有压力感。

(13) 反复出现死亡或精神疾患的想法,觉得活着还不如死了好。

2. 躁狂发作的可疑症状

躁狂发作以情绪高涨、兴趣增加、精力和活动增多为主要表现,且持续时间达一周以上。可疑症状如下:

(1) 言语比平时显著增多。

(2) 联想加快,思维奔逸,自感言语跟不上思维活动的速度。

(3) 注意力不集中,或者随境转移。

(4) 自我评价过高,甚至显得荒谬离奇,如一个普通学生认为自己是万物之神。

(5) 自我感觉良好,如感觉头脑特别灵活,或身体特别健康,或精力特别充沛。

(6) 睡眠的需求减少,且不感疲乏。

(7) 活动增多或精神运动性兴奋。

(8) 行为轻率或追求享乐,不顾后果,具有冒险性、挥霍性。

(9) 性欲望和社交欲望明显亢进。

3. 精神分裂症的可疑症状

若一个人在一个月以内有下述两种以上的症状,则需高度怀疑其罹患精神分裂症的可能:

(1) 幻觉(看到或听到他人对自己思想及行为的批评,或者听到两人以上彼此交谈,但实际上这些声音或图像并不存在)。

(2) 妄想(超越现实中个人所能达成或与现实不符的想法,如有的病人会说自己当总统、主宰世界、拯救众生等与现实不符的想法)。

(3) 语无伦次(思维松弛、语言逻辑性差,难以理解)。

(4) 冲动或怪异的行为(有可能伤人或伤己的行为,以及不可理解的异常行为)。

(5) 情感上陷于停滞,行为退缩(情感不能与内心体验相吻合、与周围环境不协调)。

(6) 发病后在工作能力、人际关系、自我照料等功能上明显降低(影响到工作和生活的各个方面)。

注:参考《中国精神障碍分类与诊断标准(第3版)》(简称CCMD-3)。

3. 做好监护

(1) 相关院(系)负责看护。在家长到达学校之前,一般情况下看护工作由学生所在院(系)负责。一般是24小时监护。

(2) 两人以上在场。在看护学生时,至少要有两人以上同时在场。保证必要时两人交替工作。负责看护的人最好是该生熟悉并信任的教师。监护时间越短越好,尽快将该生送往专科医院。

(3)心理健康教育中心应对负责看护的人员进行基本技能的培训。在看护人员执行监护任务之前,要简短地介绍监护任务、心理危机的特点、可能发生的危险情况、被监护学生可能的反应、不能两人同时离开当事人等具体工作要求。

4. 转介医院

(1)经初步评估为疑似精神疾病倾向的学生,应及时将其转介到正规的精神专科医院进行诊断,确认其是否患有精神疾病。

(2)到医院进行诊断一般由家长陪同。因特殊情况家长不能陪同时,由辅导员在电话征得家长同意的前提下(保留电话录音)陪同。

(3)无论是家长陪同还是辅导员陪同,都要拿到精神科医生对学生精神状况的诊断书。

5. 确诊为精神疾病学生的应对措施

(1)医生建议住院治疗的学生要住院治疗

学生住院治疗是由家长办理住院手续。因特殊情况家长不能陪同时,学校老师需持家长或监护人的委托书(内容:委托学校代理家长办理住院手续,委托人身份证复印件,委托人签字盖章),代替家长办理住院手续。若一时拿不到委托书,在医生确定学生需要住院的前提下,则应电话征得家长同意(保留电话录音),由学生所在院(系)代替家长办理相关手续。

(2)医生建议或家长提出回家服药休养的学生可回家休养

学校要给医生建议或家长提出回家服药休养的学生办理休学或退学手续。心理健康教育中心要向家长介绍精神病护理的有关常识,以免在休养期间病情反复。在学生休养期间,辅导员及本班、同宿舍同学要与他保持经常联系,关心他,鼓励他战胜疾病,使他感受到来自老师、同学的温暖,以便尽快恢复健康。

(三)针对橙色预警(有自杀风险)学生的应对措施

自杀风险主要包含三种情况:① 有自杀倾向者,在语言和行为上流露出有自杀的想法。② 患有严重精神疾病者,主要是抑郁症、精神分裂症、双相情感障碍。③ 遭遇重大突发事件创伤者。其主要的应对措施包括以下五条。

1. 及时发现

(1)识别自杀的征兆。① 言语上的征兆。言语上流露出无助、无望或无价值感;表达过死的念头,谈论与自杀有关的事或开自杀方面的玩笑;谈论自杀计划,包括自杀方法、日期和地点,易获得的自杀工具等;直接说出"我希望我已死去""我再也不想活了"等;间接说出"我所有的问题马上就要结束了""现在没人能帮得了我""没有我,别人会生活得更好""我再也受不了了""我的生活一点意义也没有"等。② 行为上的征兆。睡眠、饮食或体重明显增加或减少,过度疲劳,体质或个人卫生状况下降;易激怒,过分依赖,持续不断地悲伤或焦虑,常常流泪;注意力不集中、成绩下降、经常缺勤;孤僻、人际交往明显减少;无缘无故地生气或与人敌对;饮酒或其他物质依赖的量增加;突然把个人有价值、有纪念性的物品送人,或者与亲朋告别;出现突然的明显的行为改变,如曾经情绪一直不好,突然变得很平静甚至比较高兴了;频繁出现意外事故。

(2) 识别精神疾病的症状。见前文"几种主要的精神疾病症状"。

2. 及时报告

危机事件发生时,情况往往突然且复杂,需要第一时间成立由学校领导和院(系)领导统领、心理咨询师、学校安保人员、辅导员、家长、学生室友或好友参与组成的一个熟悉、安全、可靠的安全保障和人际支持环境,确保有心理危机学生的生命安全,防止发生其他伤害。

(1) 及时报告相关院(系),也可直接报告学生处、研究生院、心理健康教育中心、保卫处等部门。

(2) 相关院(系)应当尽快与该学生进行直接面谈,并从相关人员处了解情况。

(3) 通知学生家长尽快来校。

(4) 相关院(系)应将有自杀倾向的学生送至心理健康教育中心进行初步评估,或者直接送专科精神病医院进行诊断。

3. 初步评估

由学校心理健康教育中心的专业教师进行自杀倾向及自杀的风险程度评估。

当发现学生有自杀倾向时,心理咨询师要以保护学生生命安全为第一要务,不要承诺向其家长和老师保密,让学生知道学校将告知其父母及相关现实,并请该生签字确认。如该生不签字,则咨询师要在咨询记录上明确说明。无论该生是否同意,相关院(系)都要将这个情况通报家长。

4. 做好监护

参照疑似精神障碍学生监护要求做好监护,同时安排安全住宿。家长到校之前,学生可住在学校附近的宾馆里,一定选择一楼或二楼的房间,有两名以上的辅导员或学生干部陪伴,从而在该生情绪失控时能够得到控制;同时要将有可能被用作自杀工具的危险物品全部取走,以确保学生的生命安全。

5. 转介医院

参照前文精神疾病倾向学生转介医院的工作流程。

【知识拓展】

稳定自杀者情绪的沟通方法

当一个人在同一段时间内有以下几种表现时,他(她)的自杀危险性就高:

(1) 心情忧郁或抑郁。

(2) 近期,特别是最近两天,有严重的负性生活事件。

(3) 近一个月的生活质量很差。

(4) 长期的生活、工作或心理压力。

(5) 过去曾经有过自杀未遂的历史。

(6) 亲友或熟人有过自杀行为。

在大学生当中,自杀的高危人群常有的困惑包括:工作难找、感情困扰(失恋)、学业困难、人际交往困难、家庭经济状况特别差、突遇重大打击等。

在和有自杀倾向的学生谈话而又没有其他心理卫生专业人士在场协助时,你可以遵照以下方式进行:① 保持冷静,耐心倾听。② 让他谈出自己内心的感受。③ 要接纳他,不对他做任何评判。④ 不要试图说服他改变自己的感受。

当询问他是否有自杀的想法时,可以询问:"你是否感觉很痛苦,以至于想结束自己的生命?""有时候一个人经历非常困难的事情时,他们会有结束生命的想法。你有那种感觉吗?""听到你的这些话,我很疑惑,不知道你是否有自杀的想法?"而不要这样问:"你没有自杀的想法,是吧?"

要相信他所说的话,任何自杀迹象均应认真对待。

不要答应对他的自杀想法给予保密。要及时将他的情况汇报给院系领导,以便在领导的指导下及时采取应对措施。

要让他相信别人是可以给其帮助的,并鼓励他寻求他人的帮助和支持,如去心理咨询中心求助。

如果你认为他有随时自杀的危险,则要立即采取措施:不要让他独处;去除自杀的危险物品或将他转移至安全的地方;陪他去心理咨询机构寻求专业人员的帮助。

如果自杀行为已经发生,那么你必须马上给医院或救助中心打电话,不可有丝毫犹豫。

（四）针对红色预警中正在实施自杀行为的学生的危机应对措施

1．及时报告，进行呼救，终止危机行为

（1）发现者要立即报告学校有关人员（相关院（系）书记或副书记、辅导员、学生处、心理健康教育中心、保卫处等），相关院（系）、学生处、保卫处等部门相关领导要以最快速度到达事发现场。

（2）拨打报警电话110。报警时应陈述清楚详细地点、详细情况。警方到达后，与警方密切合作。

（3）拨打急救电话120，通知急救中心、校医院或最近的医院，及时抢救生命。

（4）向主管领导汇报。收集基本情况，如当事人基本信息，现场目击者描述等，尽快向主管校领导汇报。

（5）通报校长办公室或校党委宣传部。

2．现场处置

现场处置任务主要是协助校内保卫部门和配合公安部门，以及协调校内有关部门完成以下工作：

（1）学校保卫部门应尽可能准备各种应急的救生工具（救生气垫），学校医务人员应准备医疗急救包或转运车辆、担架，防止当事人随时实施自杀。

（2）与当事人尝试进行沟通（如果已确认当事人的身份，那么通常要找当事人比较信任的人），设法稳定他的情绪，延迟他的自杀行为，此刻要避免对当事人的情绪刺激。

（3）在救助现场设立警戒线。由校内保卫部门设置警戒线，确保无关人员接近现场，同时组织人力引导交通。防止其他人员围观、拍照、录像。

（4）由保卫部门出面，配合警方进行救助。

（5）学生身份排查。若当事人的身份不能现场确认，则记录下其服饰、身高、相貌特征等基本情况，或者拍摄危机学生面部照片，存入电脑，尽快发至各院（系）进行排查。注意排查时不要惊扰学生。

3．通知家长

（1）通知家长到校。一般由学生家长较为熟悉的辅导员、班主任进行通知。

（2）若学生在医院救治，则陪同家长赶往医院，因为有时需要在抢救手术前签字。

4．监护与送医

如果当事人不需要去医院抢救，那么参照有自杀风险学生的监护与送医要求,做好相关工作。

5. 提交报告

向学校提交书面报告。在处理完全部事情后,由自杀未遂者所在院(系)的主管学生工作的教师提交相关报告,供存档备查。报告内容包括:

(1) 个人基本信息。该生的基本个人信息,包括姓名、性别、所在院(系)、年级、是否有男女朋友、性格特征、爱好、成绩、人际关系,以及老师、同学对该生的一般评价。

(2) 事件发生情况。说明自杀未遂事件发生的基本过程,如时间、地点、发生方式、抢救等相关工作。

(3) 原因分析。发生问题可能的原因包括该生的一贯表现、成绩和人际交往情况,以及家庭经济和成员互动情况。

(4) 调取相关部门档案。如可以去心理咨询中心调查新生入学时的心理量表数据、学生咨询记录等(如有必要);若学生身体健康状况不好,则可调查校医院的就诊记录。注意档案内容要保密。

(5) 调查同学反映。汇总整理同学对该生平时表现的反馈。

(6) 调查个人博客、微信朋友圈等网络社交平台。

(7) 未来工作方向思考。针对该生的情况,思考学校未来应继续做好哪些方面的工作。

(五) 对红色预警中已经发生的自杀事件的应对措施

1. 现场处理

(1) 目击者首先拨打110报警电话和120急救中心电话,然后拨打保卫处值班电话。在接报后,各级负责人应迅速赶到现场。

(2) 保卫处应迅速反应,以备用帐篷遮挡现场当事人身体,维护当事人的尊严,防止围观和肆意拍照。同时安排人员为警察和医务人员引路。警察到场后,配合警察的调查工作。

(3) 从尊重幸存者的感受和维护校园环境的稳定考虑,只要当事人还有一线生机就一定要送到医院抢救。最好由有经验、较清楚相关责任和规定的相关人员陪同当事人所在院(系)的书记、教师护送当事人前往医院。同时,准备一套干净衣物,以备医院在抢救过程中使用,避免当事人家人无法接受逝者裸体。

(4) 若当事人已死亡且尚未确认身份,则要拍摄逝者正面头部照片,联系各系辅导员通过照片来辨认当事人身份。快速转移遗体,以免在校内造成影响。

(5) 宣传部、保卫处要协调好新闻媒体的相关工作。

2. 事件处理

整个事件的处理过程不仅需要危机处理小组(由相关部门组成)计划周详、应对灵活,还应确定谈判的主谈人,避免多头应对产生矛盾,小组成员应相互协助,提高处理水平。

(1) 自杀未遂的学生,在医院紧急处理后,若其不需要住院,则安排到一楼的房间住宿,安排 24 小时有人陪护,同时将房间内的利器都收起来。

(2) 处理自杀身亡案例时,须立即召开包括学生处、保卫处、宣传部、相关院(系)相关责任人参与的紧急会议,成立家长接待和后事处置工作组,讨论家长接待、事件处理等相关事宜,统一对外口径,不对外渲染自杀事件。

(3) 辅导员联系家长时要特别小心。为预防发生意外事件,可以暂不对家长说明实情,建议采用学生重病在医院治疗等说法,请家长来学校。这样既说明了严重程度,又不会给家长造成突然的巨大心理压力。在家长来学校的过程中,逐步透露学生的状况。与母亲相比,父亲的承受能力一般会强一些,可以主要与父亲保持沟通。

(4) 家属到来后,应将家属安置在校外、离派出所较近的宾馆休息,这有利于家属与保卫部门的沟通,保证事件处理在校园外进行。

(5) 整个接待过程中,学校应态度坦诚,安排周到,并满足家长提出的合理要求,做到内紧外松,做到耐心、细致、体贴,软化对立情绪,本着协助家属处理后事的态度,帮助家属从悲伤情绪中走出来,面对问题,接受事实。如果家属无理取闹,而学校确实没有责任,那么也要摆明立场,说明情况,指出家属的赔偿主张不会得到支持,学校只可能从道义角度给予适当抚慰。如果家属认为学校有责任,那么必须由权威机构认定学校的责任。针对此类事件,家长常常存在一定的错误认知,认为学校要对学生安全负全责,如"我把活生生的孩子交给学校了,怎么现在就这样了呢?学校要赔我孩子……"实际上,大学生在法律上已经成年,应该为自己的行为负责。

(6) 院(系)在危机事故处理过程中,应做好资料的收集与证据保留工作,包括与相关方面联系工作时的重要电话录音、谈话录音、记录、书信、照片等。

3. 知情者处理

(1) 引导知情者合理应对他人的询问。好奇或关心的人会问:"到底是个什么情况啊?"这对那些失去室友的学生会形成很大的压力,可教他们回答:"对不起,他(当事人)连命都不要了,我们实在不愿在他死后说三道四,让他得不到安息!对不起,我无可奉告。"保护死者、保护知情者是对当事人最好的尊重。

(2) 针对报告对象的不同,要把握报告实情的时间和程度。例如,如何向知情学生解释?当时可以先说正在抢救,过段时间再说抢救无效,给学生一个心理缓冲期。

（3）做好重点学生及其他受事件影响的学生的心理辅导工作，防止次生灾害的发生。

（4）安排心理健康教育中心的人员为幸存者、知情人员、参与事件处理的教师进行哀伤辅导。寝室室友、死者密友等最容易受到影响，很容易产生自责情绪；参与事件处理的教师也不能忽视，防止他们因此对自己的工作产生质疑和否定。

（5）辅导员适时召开班会，抚慰同班同学。并另行召开班委会议，安排班委成员注意班上同学的情绪状态。事发当晚，可根据学校规定安排同寝室的学生在宾馆休息（这样的事情发生后，同寝室的学生往往不敢回到寝室休息）。

自杀事件的发生反映了相关人员在工作环节中出现了问题。学校危机干预领导小组应安排人员，借此机会对学校的自杀预防与危机干预工作进行检讨反思，查找漏洞，提出整改措施。如果通过突发事件，能够引起全校师生对心理健康的重视，并加大心理健康工作的力度，那么就可以帮助更多的人，同时也将一次危机转变为改进学校工作的契机。

三、对精神疾病学生的特别关怀

（一）精神疾病学生休学后复学的工作流程

（1）学生因精神疾病办理休学手续，并在休学期满复学时，须于复学前一周内，前往指定专科医院（省/市级精神卫生中心）复查。若复查结果证明其正常的社会功能基本恢复，在经学校心理健康教育中心评估确认后，则可办理复学手续，并由学院与学生家长签署《学生返校协议书》。若经专科医院复查或学校心理健康教育中心评估其心理状况仍未达到复学标准，则该学生仍须继续办理休学手续，待其休学期满后重新进行复查和评估。

（2）《学生返校协议书》应包含以下内容：① 学生及家长如实反映了治疗情况，学生经治疗病情已平稳，症状已消退，进入康复阶段，可以恢复正常的学习与生活，所出示的诊断书及康复证明确系具有鉴定精神障碍资质的专门机构出具，且真实可靠。② 学生在校学习期间因所患疾病导致的危害个人、危害学校（伤害他人、破坏财产、扰乱正常的教育教学秩序）、危害社会的一切不良后果，由学生本人及家长负责。③ 学校将对学生的学习生活进行妥善安排，学生在校学习期间应定期前往学校心理健康教育中心接受心理帮扶，并定期与辅导员见面以便获得必要的学习和生活上的帮助。④ 学生承诺谨遵医嘱，按时按量服药，每三个月提供一次专科医院门诊复查病历。⑤ 家长须在校陪读，若因某些原因不能到校陪读,则应承诺承担因放弃陪读而可能产生的一切后果。

(3) 签订《学生返校协议书》的意义。《学生返校协议书》明确了为共同帮助学生尽快恢复健康、提高学习和生活质量,学校、家长以及学生本人需要承担的责任和做出的努力。为了共同的目标,《学生返校协议书》对三方均有督促意义:首先能够督促学校对学生提供各项帮扶举措;同时能够让家长意识到孩子需要更多的关爱,并在关心的同时及时督促学生接受治疗、按时按量服药;对于学生本人而言,也可强化其对自身健康和生活负责的意识,让学生知晓自己可以获得哪些帮助。学校方面既要理解家长和学生面临的困境,更应向家长和学生做出充分的解释,强调学生的身体健康和生命安全大于一切,所有的举措都是为了学生的健康和成长,避免家长和学生误以为这是学校推卸责任的行为,从而与家长和学生达成共识。

(二) 对坚持在校学习的患有精神疾病学生给予特别关怀

1. 给予心理关怀

学校心理健康教育中心对精神疾病康复期的学生,或虽患有精神疾病但经专科医院诊治,社会功能基本正常,可以在接受医院治疗(服药)的同时在校坚持学习的学生,应定期(每周一次或每两周一次等)提供心理辅导,给予学生心理支持和帮扶,并督促需服药学生按时按量服药。院(系)层面应重点做好如下工作:① 辅导员平日和学生关系比较近,辅导员需要根据学生的实际情况定期(每周数次、每两周三次、每周一次等)给予关注,平时应通过谈话等方式,关心、陪伴学生,缓解其情绪,减少其孤独感。② 针对重点关注的学生,辅导员应安排同宿舍学生骨干悄悄地进行关注并定期汇报关注信息。同时,还可以悄悄地把同宿舍的其他同学叫来开会,商定心理帮扶方案。③ 针对有精神疾病的学生,应每周询问并督促其按时服药。在有精神疾病的学生停止服药时,需要采取的措施有:劝导继续服药、将情况和家长沟通、安排同宿舍同学每天汇报基本情况、必要时通知家长来校陪读。④ 院(系)和心理健康教育中心对该生保持持续关怀,直至危机状态完全解除或直至其毕业。

2. 对心理危机学生进行支持性访谈

对心理危机学生进行支持性访谈的工作方法是由安徽工业大学王军教授提出的,在实际工作中取得了非常好的效果。

(1) 什么是支持性访谈。学校作为教育管理机构,应从多个方面对心理危机学生进行帮扶,与学生保持经常性的交流沟通是其中重要的举措之一。所谓支持性访谈,是指辅导员、班主任和心理辅导教师等学工人员主动约谈心理危机学生,表达对学生心理和学习生活状态的关心与支持,为学生提供情感宣泄的机会,督促服药期学生按时按量服药、定期复诊,指导学生如何积极应对学习、生活、人际交往等问题。支持性访谈可以让学生感受到学校老师的关心爱护并获得必要的指导,从而提高应对现实困难的信心和能力,提升生活质量,更快恢复健康。

(2) 支持性访谈的时间及频率。支持性访谈的时间一般为 15~20 分钟,如果学生倾诉欲望强烈,那么可以适当延长,但不宜过长(精神障碍恢复期学生持久性谈话容易引发疲劳)。访谈的频率应根据学生情况,每周一次、两次或三次不等,学生状态恢复较好时可逐渐改为每两周一次或更长周期。

(3) 支持性访谈的内容。支持性访谈应包含以下几个方面内容:① 询问这一段时间学生过得怎么样? ② 学习压力大不大? 我可以帮你做什么? ③ 这段时间的睡眠怎么样? 饮食怎么样? ④ 业余时间做些什么(鼓励其与人交往、适度运动)? ⑤ 药还在不在继续吃? (一定要问,不经意地问)⑥ 你有没有一些特别要和我说的事?

四、其他需要注意的事项

(一) 与家长沟通

(1) 学校要充分表达对学生健康和安全的关心以及对家长心情的理解,避免家长误以为学校在推卸责任。要充分共情家长,理解与接纳家长对孩子病情的否认和担心的情绪,向家长介绍有关精神疾病的知识,消除家长对精神疾病的恐惧。要让家长充分相信,一切应对措施都是为了帮助学生有效应对危机、健康成长。

(2) 家长是处理大学生危机事件的重要成员。大学生在校期间出现的心理问题与原生家庭、早期成长经历密切相关。解铃还须系铃人,问题的解决也需要家庭的配合和参与。提醒家长重视学生的心理需求,加强亲子间的交流与沟通,让学生感受到家庭的支持和温暖。

(3) 家长不认同孩子有病,不愿意将孩子送去治疗。因为家长最大的担心是更多的人知道孩子有精神疾病,担心孩子及家庭受歧视,所以在与家长沟通时,需要向家长讲明及时将孩子送去治疗的必要性与重要性,要说服家长尊重专业的诊断和治疗建议:越早治疗,预后效果越好;延误治疗,影响扩大。

(4) 有的时候,因为家长不了解精神疾病的知识,也因为担心精神疾病会影响孩子的学业与发展,所以不愿意承认孩子有病,不愿接受专业的诊断和建议,提出要求在校陪读,让孩子正常上课等要求。在不能说服家长时,为了学生的生命安全和健康,学校仍要坚持尊重专业的诊断和建议,让家长承担其作为监护人应当承担的法律责任。

（5）当事人有一定的自知力，在其坚决不同意吃药或住院时，应耐心地向当事人解释服药的重要性，也可以请家长配合督促当事人服药。有明确诊断的各类精神疾病、有自杀风险或其他心理问题的学生，原则上需休学进行治疗。如果学生坚持在校学习且家长拒绝陪读，那么相关院（系）要和家长签订《拒绝陪读承诺书》，承诺承担因放弃陪读而可能产生的一切后果。

（二）危机干预无小事

（1）相关人员对所有关于危机干预情况的汇报都要认真对待。

（2）为当事人保密，不要扩散当事人的危机事件，以免给其造成新的心理伤害；给予更多的关心，让其感受到人与人之间的关怀和温暖。

（三）危机干预工作"痕迹化"管理

心理危机学生管理的"痕迹化"，既是学生心理成长发展的痕迹，清晰地记录不同时期的心理状态，也是工作的痕迹，在紧急情况下，针对危机学生不同时期所采用的相应干预办法可以作为重要参考。

心理危机干预的"痕迹化"管理可以按以下方法进行。

（1）根据学生入学心理普查结果，并结合心理约谈记录，确定重点关注学生名单。

（2）建立重点关注学生心理档案，其中包括普查筛查出的重点学生、辅导员及心理委员等学生干部通过日常接触发现的行为表现异常的重点学生、从学生档案中发现的有精神疾病病史或家族遗传史的学生，院（系）心理工作站负责管理这些学生的档案，详细记录学生信息与不同阶段的干预情况，特别是心理咨询教师、辅导员的谈话记录。

（3）做好心理月报工作，即向学校专业机构提交院（系）重点学生的月动态报告。

完整的"痕迹化"管理既有利于学生的心理帮扶、规范工作程序，也有利于接受社会、家长的监督，从而守住学生安全"底线"。

五、辅导员在学生危机干预中的重要作用

（一）危机预防

做好学生心理危机干预工作要立足教育、重在预防。辅导员要对学生进行心理健康宣传教育和生命教育，引导学生热爱生活、珍爱生命、善待人生，对学

生进行自我意识教育。针对学生中广泛存在的环境适应问题、情绪管理问题、人际交往问题、恋爱与性的问题、学习方法问题等展开教育。通过特色鲜明的主题班会、形式多样的心理健康教育活动,帮助学生优化个性心理品质,增强心理调适能力,提高心理健康水平。引导学生正确认识自我,愉快接纳自我,积极发展自我,培育自尊自信、理性平和、积极向上的社会心态。

（二）危机发现

辅导员是大学校园里离学生最近的人。辅导员应掌握学生的基本信息,如学生入学登记表、家庭成员情况、学生学习成绩、父母婚姻状况等。发生心理危机的学生往往会在学习和生活中出现情绪低落、认知偏差、人际关系紧张等问题,辅导员通过自己的日常观察以及学生干部、室友和任课教师的反馈,可以全面客观地了解学生在学习和生活中出现的状况,如情绪低落、行为变化、人际关系紧张等。这些信息在心理危机的预防和干预中有着举足轻重的作用。

辅导员要用专业态度、敬业精神、善良友爱、亲切关怀赢得学生的认可和喜爱,拉近师生间的距离。只有建立了可信任的师生关系,才能让学生对辅导员敞开心扉,从而能第一时间发现学生的问题和困难,识别学生的心理危机状态。

（三）织密危机干预网

辅导员在新生入校时,需要着手建立与家长沟通的渠道,如QQ群、微信群等工作群,平时可以在工作群发布相关信息,普及心理健康教育知识,在学生出现危机时,也便于及时沟通。针对心理异常学生,无论其严重程度如何,学校都应如实向家长说明情况,并告知专家意见,与家长达成一致方案。对于危机学生来说,家长的支持是度过危机最重要的力量来源。除此之外,要充分发挥班级干部、心理委员、宿舍心理信息员等学生骨干在危机干预工作中的桥梁纽带作用。辅导员要对学生进行危机应对教育,让学生了解什么是危机,什么情况下会出现危机,哪些言行是自杀的预兆,对出现自杀预兆的人如何进行帮助和干预。畅通沟通渠道,及时掌握危机学生动态,及时干预应对,以防发生不可挽回的极端事件。

（四）参与危机干预全过程

不管危机事件大小,都需要辅导员的细心、耐心与责任心,并参与到危机事件的发现、干预与处理的全过程中。当学生发生心理危机时,辅导员应第一时间主动接近危机当事人,利用双方已经建立的良好关系,从当事人的角度出发,采取积极倾听的方式,鼓励其表达内心的感受,同时对危机事件进行初步评估,理解和明确学生心理危机的诱因和问题所在。当学生已经出现自杀倾向或企图实施自杀行为时,辅导员的首要任务就是尽一切办法确保当事人的生命安全。辅导员要在迅速上报学校心理危机干预领导小组和心理健康教育中心的同时,对学生实行24小时监护,为专业心理危机干预人员的下一步工作做好铺垫。辅导员的关心和抚慰会让学生相信"这里有一个人确实很关心我"。

(五)帮助危机学生整合资源

一般情况下,处于危机状态中的学生会出现意识狭窄,认为自己无论如何也应对不了当下的处境,看不到希望。这时,首先辅导员可以跟处于危机状态中的学生一起,共情他的感受,引导他尝试面对问题,选择适当的方式应对问题。辅导员帮助这类学生看到其他变通的方式以及可供选择的资源,和他商定可以战胜危机的办法。其次,辅导员要多加关注、关心当事人,做好解释工作,让学生干部和当事人室友能够接纳危机学生,让当事人感到温暖。还可以鼓励危机学生参与班级活动,做一些力所能及的小事,并给予充分的肯定和表扬,让他感受到自身的价值,增强掌控感,提高心理健康水平。再次,辅导员还要和心理健康教育中心保持联系,及时反馈学生的身心状况,评估其安全性,做好观察和管理。最后,辅导员要定期和学生家长联系,反馈其在校表现,强化家校联系,促进学生心理成长。

高校辅导员承担了多重的工作压力,尤其在应对学生危机事件时,更是身心俱疲。因此,辅导员学会自我关怀非常重要。首先,辅导员要学会自我减压,如倾诉、运动等。其次,辅导员在心理危机干预与预防工作中,应争取更多的支持,保持信息畅通,以便获得理解与支持。再次,如果在处理危机事件过程中承担的压力过大,或者在危机事件中自我卷入太多时,那么应求助于专业的心理咨询机构。辅导员只有学会自我关爱,才能更好地爱学生,更好地投入到危机干预的工作中。

【案例】

某重度抑郁发作学生的危机干预过程

小雨(化名),某高校二年级学生,学生干部,入党积极分子。家中有父母、弟弟(比小雨小6岁)。

小雨平日学习认真、工作努力,与同学相处较好。近日,小雨与辅导员商量,打算辞去学生干部的工作,因为她认为自己没有办法做好学生干部工作。细心的辅导员发现小雨黑眼圈很严重,看起来很疲惫,就询问小雨的睡眠及情绪状态。辅导员了解到小雨最近两周严重失眠,每天要很晚入睡,凌晨醒来就再也无法入睡,小雨对自己的评价变得很低,认为自己辜负了辅导员的信任。辅导员感到小雨的状态很差,于是劝导小雨向学校心理健康教育中心求助。小雨同意去心理咨询后,辅导员立即与中心的老师联系,确定好咨询时间,并把小雨送至中心,交给心理辅导老师。

心理辅导老师与小雨进行了深入的交谈,对小雨的状态进行了全面评估,尤其是自杀风险评估,初步判断小雨疑似抑郁发作并伴有高自杀风险。心理老师与小雨重新解释保密例外,告知小雨学校要整合资源帮助她度过危机,接下来需要通知家长,尽快去专科医院检查。小雨不肯告诉父母,担心父母知道了会责骂自己矫情,心理老师共情了小雨的处境,并表示会做通家长的工作,获得家长的支持。经过反复劝说,小雨同意通知其父亲到校,并就医。

心理辅导老师将小雨交给在门外等候的辅导员,建议辅导员立即通知小雨父亲尽快来校,并告知家长来学校之前不要与孩子联系,以防刺激小雨,并做好小雨同学的陪伴工作(24小时陪护)。之后,中心将小雨的情况及应对措施上报学校危机干预领导小组。

第二天上午,小雨的父母来到学校。负责学生管理的学院副书记、心理辅导老师、辅导员接待了小雨的父母,辅导员介绍了小雨的近况并再三强调小雨是个非常好的孩子。心理辅导老师普及了情感障碍的知识,学院副书记强调学生的健康是最重要的事。经过努力,小雨的父母从开始的否认到最终接受了孩子可能有情感障碍的事实。接着,学校心理健康教育中心与市四院精神科联系,做好转介。

经医生诊断,小雨为重度抑郁发作,伴有高自杀风险,需要住院治疗。在家长和小雨本人的同意下,小雨回老家治疗。辅导员协助家长为小雨办理了休学手续。

在休学期间,辅导员每周与小雨联系一次,表达关心,并提醒小雨一定要听从医嘱。经过规范治疗,小雨的病情很快稳定,3个月后出院,继续在家休养,同时服药治疗。休学期满前一周,辅导员提醒小雨去二级以上的专科医院复查,将其"病情稳定、社会功能已基本恢复"的诊断提交给学校心理健康教育中心,经中心确认后,小雨可以返校复学,但是为了小雨的康复,建议家长陪读,并签订《学生返校协议书》《家长陪读承诺书》,提醒陪读的奶奶务必保证小雨的安全。小雨顺利复学到新班级,新辅导员提前了解了小雨的基本情况,并安排"小雨关爱小组"的同学帮助小雨成长。同时,心理辅导老师与辅导员给予小雨支持性陪伴。半年后,小雨各方面恢复良好,医生建议停药,小雨又回到了集体宿舍,继续正常的大学生活。

附件 《学生返校协议书》等相关资料样例

学生返校协议书

甲方：_____（学生）

乙方：_____学校_____院（系）

甲方在校学习期间,经_____医院诊断患有_____,考虑到该生目前状况及所患疾病不适宜在校学习的事实,为了满足学生及其家长所提出的继续完成学业的愿望,系部经研究决定,同意与甲方签订如下协议：

1. 甲方所患_____,经治疗病情已平稳,症状已消退,进入康复阶段,可以恢复正常的学习与生活。甲方已向乙方如实反映了治疗情况,并出示了治疗证明,保证所出示的诊断书及康复证明,确系具备鉴定精神障碍资质的专门机构出具,且真实可靠。

2. 甲方在校学习期间因所患疾病导致的危害个人（自残、自杀、出走）、危害学校（伤害他人、破坏财产、扰乱正常的教育教学秩序）、危害社会的一切不良后果,由甲方负责。

3. 甲方在校学习期间,所在系应对其学习生活进行妥善安排,帮助该生建立良好的社会支持系统。

_____年____月____日

拒绝陪读承诺书

_____（学生姓名）,系_____学校_____级_____专业学生。____月____日,经_____医院诊断,患有_____,考虑该生有_____,学校建议家长陪读,家长因自身因素无法陪读或家长认为没必要陪读,学校反复劝说无效。如果该生在校期间发生自杀、自伤或伤害他人的行为,由学生及其家长负全责,与学校无关。

家长签字：

学生签字：

_____年____月____日

学生休学、请假承诺书

＿＿＿＿＿＿＿＿＿＿（学生姓名），系＿＿＿＿＿＿＿＿＿＿学校＿＿＿＿＿＿＿级＿＿＿＿＿＿＿＿＿＿专业学生。＿＿＿月＿＿＿日，经＿＿＿＿＿＿＿＿＿＿＿＿医院诊断，患有＿＿＿＿＿＿＿＿＿＿，目前该生需休学/请假，进行治疗、调整。

学校建议家长对其进行监护，并做出以下承诺：

1. 离校期间，积极进行药物治疗、心理治疗。
2. 返校以前，需事先和辅导员联系返校事宜。
3. 返校复学时，出具专科医院的健康证明。
4. 返校时，需家长陪同。
5. 学生、家长积极和学校保持联系。
6. 休学/请假期间，不能回校生活、住宿。
7. 该生承担自身离校期间的安全责任。
8. 家长承担监护责任，负责该生离校期间的安全责任。

家长签字：
学生签字：
＿＿＿＿＿年＿＿＿月＿＿＿日

拒绝就医承诺书

＿＿＿＿＿＿＿＿＿＿（学生姓名），系＿＿＿＿＿＿＿＿＿＿学校＿＿＿＿＿＿＿级＿＿＿＿＿＿＿＿＿＿专业学生。＿＿＿月＿＿＿日，经大学生心理健康教育中心评估，该生疑似有＿＿＿＿＿＿＿＿＿＿＿＿＿＿＿＿＿（倾向或风险），学校建议家长带孩子去专科医院检查，家长（学生）坚持认为孩子（本人）没有任何问题，学校反复劝说无效，家长坚持不带学生去看医生。如果该生在校期间发生自杀、自伤或伤害他人的情况，概由学生及其家长负全责。

家长签字：
学生签字：
＿＿＿＿＿年＿＿＿月＿＿＿日

家长陪读承诺书

_____（学生姓名），系_____学校_____级_____专业学生。___月___日，经_____医院诊断，患有_____，现在康复期。学校根据相关文件精神，从学生安全角度考虑该生休学回家治疗，但其家长强烈要求在校陪读，故学校在告知其家长风险的情况下，同意其家人陪读申请。同时家长承诺如下：

1. 该生在校期间，家长全程陪读，履行好监护职责。

2. 该生定期到专科医院就诊、复诊，严格按医嘱服药。

3. 该生每周见一次心理健康中心老师，心理辅导老师掌握其心理状态并提供心理支持和辅导。

4. 家长必须保持通信畅通，如发现该生有情绪不稳等情况，应及时与辅导员、系领导或心理健康教育中心老师联系。

5. 如果该生发生自杀、自伤或伤害他人的情况，由学生及其家长负全责，与学校无关。

6. 学校若发现病情加重，将按规定办理休学手续。

学生家长如不能履行上述职责，学校根据相关规定将要求该生继续休学或退学。

承诺人（家长）：

_____年___月___日

第十章 高校思政工作者的心理健康

第一节 高校思政工作者的心理健康状况

一、高校思政工作者的心理健康现状

高校思政工作者的心理健康水平,对于从事思政工作的教师更好地履行自身职责、发挥自身在提升高校育人水平以及高校持续发展中的作用具有重要意义。由此,高校思政工作队伍的心理健康状况亟待引起高校的高度关注。高校教师在工作过程中会表现出不同类型、不同程度的心理健康问题,如人际关系敏感、强迫症、抑郁、焦虑、偏执等。有研究结果显示,80%的大学教师称压力大,其中有54.44%的大学教师存在轻度的心理问题、75%的人常感到疲劳、46%的人常失眠。这些心理健康问题不仅给教师自身带来诸多困扰,还制约着教师的工作质量和自身业务水平的提升。

刚入职的辅导员张未(本章所用案例中的人名均为化名)这样描述他近期的工作:"昨天有学生向我反映张同学近期情绪状态不好,我花了一下午时间耐心地开导她。一晃到了下班点,发现今天手头原本要做的材料还没有搞完。我加班两小时终于做完了材料。回到家已经是晚上8点多,急急忙忙吃完饭,陪了会儿孩子,哄完孩子睡觉后,已是10点半,我感觉非常疲惫。但还是要强打着精神翻翻专业文献,因为明年就要评职称了,还有论文要发表。另外,几天后的学生创业大赛我也得查查资料准备一下。一直忙到夜里12点多。总是感觉时间不够用,每天都处在焦虑紧张的状态中。"

范韶维于2018年对大学专任教师进行了调查,发现工科专业教师的心理健康水平普遍低于文史艺体专业教师。张丽华也曾指出:"文史艺体专业教师的思维特点相较工科而言偏感性,情绪更易表达,压力更易释放,所以心理健康

水平一般会高于工科专业教师。"在自我认知方面,王伟发现,高职院校教师的自尊水平明显低于普通本科院校教师,心理健康水平也较差,淘汰制、聘任制和愈发困难的晋升职称使高职院校教师对职业的不安全感日渐提升,使得部分教师的自我认知逐渐失衡,严重影响到工作情绪及身心健康。社会、家长、学生对职业教育的认识不深、期望过高,学生良莠不齐、不安心学习,也给高职教师带来了更多的心理影响。

调查结果显示,高校思政工作者的心理健康问题的主要表现为职业倦怠、情绪失调、神经症等。教师在心理健康水平过低时还会出现人格障碍和人际交往障碍等严重情况。心理健康水平过低,不仅会导致出现许多心理问题,还会对教师的身体状况产生负面影响,如增加高血压、高血糖、高血脂等疾病的患病率。另外,心理健康水平过低也会导致教育教学质量和效率严重下降,还会对学生的心理健康产生不利影响,所以关注高校思政工作者的心理健康水平极为重要。

二、高校思政工作者的压力源

教师的工作压力与其心理健康水平密切相关。教师的工作压力是教师意识到他们的工作状况对其自身自尊和健康构成威胁而引起的消极情感体验,是一种不愉快的且消极的情绪经历,如生气、焦虑、紧张、沮丧或失落。长期的工作压力导致的不愉快情绪会使教师的道德和情感准则削弱,热心肠的人变得冷漠。教师的工作压力大在对个人产生影响的同时还会对学生、学校、家庭和社会直接或间接地产生消极影响。要积极关注教师的工作压力问题,特别是思政工作者的工作压力问题,因为他们是学生思想政治教育的主要力量,承担着党和国家赋予的培养社会主义事业建设者和接班人的重任,接下来我们分析思政工作者心理压力的主要来源。

(一)角色定位模糊

社会角色是指一定社会关系所决定的个体的特定地位、社会对个体的期待以及个体所扮演的行为模式的综合表现。只有认清自己的社会角色,才能更好地扮演相应的角色,发挥积极的社会功能。

入职三年的辅导员王佳佳(化名)说:"自从我当上辅导员后24小时不敢关机,我必须随时待命,白天我大多数时间用来处理学生事务、整理材料和一些行政工作,晚上还要利用自修时间找学生聊天,处理学生之间的矛盾,没有一点自己的时间。就算这样,学校里还有人说我们是学生的保姆,似乎我们和教师不是一个群体,虽在行政岗位上,但又似乎是学校最低级别的工作人员,有时候还会遇到不理解的家长来吵架,我对自己这份职业的价值也产生了怀疑。"

国外学者研究发现,角色压力是影响教师心理健康的重要因素,会导致紧张、焦虑、抑郁等一系列负面的情绪。高校思政工作者角色既有教育工作者的角色属性,也有其特殊性,表现在以下几个方面:

(1) 高校思政工作者是高校师生生活和学习的组织管理者。高校思政工作者在教育实践中扮演着重要的角色,他们致力于用先进文化和先进理论有目的、有计划地对学生的身心进行培养,改变学生的状态,使其成为具有社会性的有用人才。

(2) 高校思政工作者是马克思主义意识形态的传播者。他们不仅需要坚定不移地传播马克思主义意识形态理论,弘扬社会主义核心价值观,不断地将先进的中国特色社会主义理论通过语言和文字传递给全校师生;还要能够及时发现师生思想中存在的问题,立场鲜明地进行有效引导,真正地筑牢思想防线。

(3) 高校思政工作者是道德教育者。高校思政工作者除了通过思想政治教育工作来推动高校实现立德树人、引领学生的道德发展走上正轨的任务外,其自身也应当是其他教育工作者的道德标杆,以更高的道德修养水平为其他教育工作者树立典范。

(4) 高校思政工作者是价值观引领者。高校思政工作者应当帮助高校师生正确地处理多元价值观和一元价值观的关系问题,即在面对各种社会思潮和价值观的冲击下,如何抵挡诱惑,并奉行和维护社会主义核心价值观。

(5) 高校思政工作者是心理健康疏导者。"人的心理是思想品德形成的基础,是思想品德发展的先导,无论何种思想品德都是在心理系统的作用下萌发起来的。"高校思政工作者要时刻关注师生的心理动态,及时排解师生在工作、学习和生活中积攒的压力和焦虑。

部分高校思政工作者对角色定位的认知仅仅局限于单一方面,认为辅导员的任务是学生事务的日常管理,思政课教师的任务是讲好思政课等,而忽略了每个思想政治教育工作者的多重角色定位。随着社会的快速发展和国内外经济文化的频繁交流,各种社会思潮此起彼伏,在近些年流传的"知识客观论""去意识形态论"等论断和多元价值观的冲击下,一些高校思想政治工作者对其角色产生了怀疑,这种怀疑使其对角色定位模糊不清,即对自身角色的权责关系、社会期待、行为规范没有清楚的认知,从而违背角色要求,形成伦理失序的局面。

(二) 科研工作压力

高校教师在时间安排上通常具有弹性,但同时也有刚性任务,青年教师更是如此。他们在职称晋升压力之下不仅要完成课题和论文专著的考核要求，还要负担教学和一定的行政工作。加快工作节奏、延长工作时间，以超负荷方式进行"自我剥削"，几乎是青年教师的必然选择。

刚入职一年的高校教师张楠这样描述他近期写论文的经历："我今年要发1篇SCI二区的文章才能有机会留下。半年前我终于获得了一些数据，但数据不全，这篇论文花了5个月时间才完成初稿，事倍功半。白天有课和其他事情，论文大部分都是晚上完成的。我没有一天在凌晨2点之前睡觉，经常躺下了也睡不着，担忧一旦失败，前途就搭进去了。躺了半个小时我还是睡不着，于是就起来继续干……很累。有次闹钟没响，我直接睡到第三天凌晨，整整睡了28个小时。"

当前高校的量化评价规则对教师科研产出的数量、质量与时间同时提出要求。以"非升即走"制度下的教学科研岗位为例，考核项目包括出版物、各类基金和项目、教学课时以及社会服务，可能还需要担任班主任或辅导员，或者获得行政分数。以高校思政课教师为例，不仅要承担全校学生的思想政治理论课的教学工作，教学任务相对较重，同时还要积极开展教材、教法、"思政课程"以及"课程思政"改革；另外，还要申报各类课题，发表一定数量和一定级别的论文以达到学校规定的绩效考核要求。这样的考核机制无疑增加了高校思政课教师的工作负荷。现代化教学也需要高校教师跟上信息技术的步伐，打造一系列精品在线课程，这些都成为高校教师的重要压力源。

（三）职业发展压力

高校中与职称挂钩的因素之一是学历水平。目前大部分本科院校的教师招聘已经是非博士学历不要，面对这种趋势，很多早年入职的本科、硕士学历的教师不得不为获得更高的学历而努力，否则在职称、晋升、科研、教学等方面都将处于劣势。刘润香的研究结果显示，博士和硕士学历教师的压力水平显著高于本科学历及以下的教师。这可能是具有博士、硕士学历的教师大多属于教学科研岗，他们要承担教学和科研的双重压力。另外，研究还发现，硕士学历的教师在职业发展方面的压力最大。这可能是因为本科及以下学历的教师大多从事行政教辅岗，岗位对他们的学历和深造要求没那么高，博士学历的教师已具备了学历优势，而硕士学历的教师在职称评定、申报课题等方面要与博士学历的教师进行竞争，除了要努力提高科研水平之外，还要通过提升学历、做访问学者等来增加竞争力，所以导致面临更大的职业发展压力。

一名已有讲师职称的青年教师谈道："今年，一个教育部一般项目是评副教授的明确要求，而去年还不需要，虽然去年我们学校申报项目的人数增加了，但获批项目却比前年少了30多项,故今年领导很重视。我本来已经可以参评,现在却不行了。才12月我就开始睡不着了……我是最后一批有编制的,新来的老师是没有编制的,但我的压力并不比他们小。晋升的名额有限,我开玩笑说我是可以'混'的,但其实我的压力很大,我还是要跟他们比。"

对于高职院校来说,培养更多高素质劳动者和技术技能人才的教育目标,以及对"双师型"人才和复合型技术技能人才的要求,都使得高职教师在承担教学工作以外,还要探索实践教学模式和取得相应的专业资格证书。此外,为提高自身教学科研能力,满足职称评定要求,高职教师还需加强科研水平。由于对科研或论文发表的要求越来越高,教师的压力也越来越大。

(四)工作-家庭冲突

随着社会发展和物质生活水平的提高,人的工作和生活质量开始受到组织和个人的关注。高校思政工作者大多承担着必须工作与照料家人的双重责任。一个人在时间和精力有限的情况下,工作角色的投入超过一定限度就可能使家庭角色需求的满足难以实现。工作时间、工作压力等因素会对家庭责任产生干扰,工作-家庭冲突随之出现。

对于高校青年教师来说,有部分教师还要完成寻找人生另一半的任务。

张萌(化名)前年博士毕业,年近30岁,进了一所师范院校当老师,周围的男同事基本都已婚,但好多大龄女老师却一直嫁不出去。周围的老师也给她介绍过很多对象(大部分都是高校里的男老师或行政人员),可是一直也没有让她特别中意的。可能是交际圈太窄了,家里一直催,她却找不到对象,临近过年了,她特别特别焦虑,感觉自己活得好失败。

高校大龄未婚青年并不少见,其主要原因是:首先,学校圈子太小,接触的最多的对象就是学生和同事,这直接导致他们交际面过窄;其次,因为高校教师毕业后普遍学历偏高,所以配偶匹配较难;再次,多数教师反映经常"没时间"或"没心思"谈恋爱,难以遇到合适对象。一位教数学的青年教师说:"去年过年我妈叫我别回家,因为她怕别人问我找对象的事儿给她丢人。我倒是挺乐意,我还要愁论文,也没空想放假和找对象的事。"

除了青年教师呈现出的个人恋爱问题之外,丁秀玲在关于高校教师工作-家庭冲突的研究中指出:"加班轮班、工作卷入程度、家庭需要照料的老人和孩子是最重要的工作-家庭冲突。"调查显示,高强度的工作对高校教师自己认为应承担的家庭责任已经产生了较大干扰。对于女教师而言,在潜意识里面仍然保留着一些传统的性别角色意识。高校女教师宋蓉说:"我当然明白工作要努力,但是再过几年,我是不是会没有时间去教育我的孩子,没有更多的时间去陪伴他,和他一起学习,一起去经历他的童年?我一直有这样的困惑。"尽管调查对象是高学历的知识分子,但是她们仍然把家庭的需要放在第一位,当工作强度影响到家庭生活时,他们会有内疚感。

(五)人际关系冲突

除了职业发展压力之外,人际关系压力也是思政工作者倦怠的主要因素之一。

被同事称为"拼命三郎"的刘老师如此描述激烈的内部竞争:"大年初一,我7点多到办公室准备写材料,而一位同事刚从他办公室出来,他肯定除夕通宵了,我后悔昨天休息了一天。大家一个比一个拼命,只有抢着做出成果才能在评职称上占优势。这就是内卷,都在拼命干。"

有调查显示,不同职称的高职院校的思政课教师的人际关系在"上级不信任"和"上级要求变化快"这两个压力源条目上的差异具有统计学意义($P<0.05$)。具有副高职称的教师感受到来自上级领导和同事的压力最大,中级职称教师压力偏高,正高职称教师感受到的人际关系压力几乎是最小的。这可能是因为他们在职称上已经达到了"天花板",来自教学改革、科研攻关的刚性需求有所减弱,同时这也与高职院校的考核机制有关。在高职院校中具有正高职称的教师数量相当少,高职称师资的稀缺性无疑让他们成为学校的"宠儿",被学校视为"掌上明珠",学校和领导对他们更多的是尊重。中级职称和副高职称的教师则不然,他们一般年富力强,在工作中要求上进,积极拓展个人发展空间,提升职称等级,他们承担着大量的教学、科研和管理工作,是完成绩效考核目标任务的主力和中坚力量。职称评定、聘任制导致的竞争让很多教师都在不同程度上产生了职业危机感,争先恐后地参与各类科研项目,造成了同事之间人际关系的复杂化,同时伴随着极大的工作压力。

(六)压力源在不同年龄段的表现

研究发现,中青年教师压力强度较大,体现在教学、职称、学历、经济状况、住房条件等诸多方面。高校青年教师学历层次普遍较高,大多具有硕士以上学位,具有高学历的年轻教师对自身有更高的要求,期望在教学、科研等工作中做出成绩,尽快晋升到高级职称。但是,31~41岁的青年教师不仅面临着满负荷的教学任务、繁重的科研业绩考核要求,还有组建家庭、养育子女等生活事务,这些常常让青年教师感到没有时间参加学习培训以便提升自己,从而产生"工作岗位竞争压力大"和"知识贫乏"等心理认知,在工作保障方面感到有压力。

大多数教师会在每天下班回家之后继续保持工作状态,比如看文献、写论文、备课和回复邮件等,主要是因为白天的时间除了用于课程教学之外,还常常被行政事务和报账等事情碎片化。副教授吴翔说:"白天太多事……我不想熬夜,我知道对身体不好,但只有晚上才是我自己的。"

青年教师在住房上的压力主要源于其尚未建立稳定的经济基础,同时又在职业发展上有很高的自我期望。中年及老年教师的生活、工作相对稳定,同其他教师相比,这些方面的压力较小,但是中年及老年教师往往是学校学术、管理的中流砥柱,他们中相当一部分人要么是学校的重要管理者,要么是学校的学术带头人,事业达到顶峰,所以学校管理、科研这两个方面的压力强度在他们身上体现得尤为突出。

除此之外,高校思政工作者由于工作性质和任务的关系,生活圈子相对较窄,接触对象主要是家人、同事和学生。例如,辅导员工作中,凡与学生有关的事情几乎都需要辅导员参加,辅导员自嘲为"万金油",有"上面千根线,下面一根针"的感觉,经常奔走在校内各部门之间,面临各种人际关系压力。因此,进一步明确思政工作者的工作职责和工作分工,理顺各职能部门之间的工作关系,是稳定思政工作队伍、降低思政工作者倦怠的又一着眼点。

第二节 高校思政工作者的心理保健

一、重视高校思政工作者,加大政策支持

影响思政工作者心理健康发展的相关因素涉及方方面面,所以解决思政工作者心理问题也需要从多角度加以考虑。高校思政工作者在社会地位及经济条件等方面存在较大压力,这部分压力需要得到社会的支持,如对高校思政工作和思政工作者的重视、政策制度的有力扶持、加大经费投入等,都可在一定程度上缓解高校思政教师的压力。例如,在2019年制定的《国家职业教育改革实施方案》中,提出要推动企业和社会力量举办高质量职业教育,发挥企业作为办学主体的重要作用,完善企业的经营管理人员和技术人员与学校领导、骨干教师相互兼职、兼薪制度,逐步提高技术技能人才的收入水平和地位。

学校应该大力维护教师各项合法权益。深化教育教学改革,按教育教学的客观规律要求教师科学、合理、公正地评价和处理教师业绩和取得的各种成果。加大宣传力度,倡导尊师重教,呼吁全社会都来关心、支持教师,使教师在一个被爱、被理解、被尊重的公正氛围中工作,以提高教师的工作积极性。

二、完善高校思政工作者心理健康引导体系

高校作为责任主体,开展适合本校教师身心健康的活动,提供有效支持教师发展的环境、机制和制度措施,加快推进组织建设,这不仅有利于促进教师在专业上、学术上的成熟发展,满足其基本生活、待遇和社会地位等外在需求,实现教师的职业理想,也有助于提高学校的整体效能,促进学校的长远发展。

在应对高校思政工作者心理健康问题的工作过程中,高校需要加强思政工作者的心理健康教育工作,为思政工作者提供心理健康咨询与心理健康辅导服务,确保他们能够认识到自身面临的心理健康问题并帮助他们更好地解决这些心理健康问题。从高校思政工作者心理健康角度看,高校有必要整合媒介资源,开展心理健康知识宣传,从而为高校开展心理健康教育以及思政工作者开展自我教育奠定良好的基础。与此同时,高校有必要将心理健康教育纳入思政工作者培训和继续教育体系中。在强化思政工作者心理健康发展意识的基础上,促使思政工作者能够理性应对自身所具有的心理问题,并依托自身掌握的心理调适技巧来化解自身存在的冲突。

三、创造有利于高校思政工作者平衡工作和家庭的环境

学校有关部门要根据本校的教师状况制订适当的绩效目标和员工援助计划,绩效目标及其完成时间的设定应集思广益,上下级共同讨论并确定具有适当难度并具有激励作用,关注并尽可能减少教师的后顾之忧,以降低其家庭卷入需要。

援助计划方案可以从教师的心理层面、工作层面以及家庭层面加以设计。

(1) 从心理层面看,可以开展心理素质的教育与培训,通过专业人士的诊断、辅导,帮助教师建立积极的应对方式,塑造较高的自我效能感,形成良好的认知方式,不断完善个性。尤其要注意教师的家庭卷入期望,对其加以适当的调控,合理满足或及时化解家庭卷入需要,减少工作-家庭冲突或困扰。

(2) 从工作层面看,需要进行工作压力和工作时间的适当设计。工作压力既是行为动力因素,也是产生冲突的重要来源,压力过大产生不良情绪,削弱参与家庭事务的兴趣和精力,造成低劣的工作绩效,破坏工作家庭关系的平衡。反之,工作-家庭冲突又会增加工作压力,两者形成恶性循环。针对能够承担责任、有自主工作愿望和能力的教师,给予他们在工作程序、工作时间和工作地点上安排的自主性,运用弹性化安排和目标激励可有效减缓工作对家庭的干扰,同时又能顺利实现组织的绩效。

(3) 从家庭层面看,那些有较高工作-家庭冲突的学校在留用人才时需要

事先、主动地了解人才的家庭状况,理解特殊背景下教师家庭需求的重要性,提供相应的支持和家庭福利计划,帮助教师平衡工作与家庭的关系,保持他们的工作参与度,实现工作与家庭平衡策略所产生的协同效应,有利于组织吸引优秀人才,塑造竞争优势。

四、加强思政工作者的职业生涯管理

通过职业生涯管理来实现思政工作者和学校的"双赢"。青年教师在职业生涯初期最重要的职业任务就是确定职业锚。而入职活动对思政工作者职业锚的形成有很大影响,通过对工作性质、内容的介绍,思政工作者对职业的要求有了一定了解,会有意识地对一些能力、需要、价值观等进行调适,也会避免过大的现实冲击。透过职业锚的建立,高校组织与思政工作者的双向信息交流可以使学校获得正确的信息,有针对性地为工作者的职业发展创造条件。工作者个人则通过学校(组织)的有效职业管理,自身需要得以满足,从而深化对组织的情感认同和职业归属。

中年期是个人事业趋于成熟并达到巅峰的时期。事业上的成功往往意味着角色的改变,从专业活动的具体实践者转变为管理者、指导者。同时,中年期也是个人依赖事业发展情况进行自我评价的时期。这一时期如果成就需要不能得到满足,那么思政工作者往往会转而寻求大量的物质满足来补偿成就需要不能满足时的失落感。从社会发展方面来看,中年思政工作者要适应社会变化、跟上时代步伐,事业上才有可能不断进步,取得新的成就,这就要求中年思政工作必须接受再教育,学习新的知识、新技术,否则就会被时代所淘汰。

对于老年人来说,已经度过中年危机期,成就动机回升,但这种成就动机与青年人相比,没有那么强烈,而从职业中得到尊重、爱和安全的需要日增。思政工作者步入老年期,几十年的工作积累了大量的经验,教育教学水平也达到了一个高度。高校(组织)应该充分挖掘这部分巨大的人力资源,在保证日常工作的同时,激励他们提携、支持青年思政工作者的成长,充当学校重大决策的顾问、参谋等,从而获得成就感,赢得尊重,提高成就感和价值感。

五、高校思政工作者提升自我调适能力

对于高校思政工作者个人而言,个人对工作的幸福感关键在于自己的主观感受。因此,自我调适能力的培养尤为重要。

(1)拥有感恩的心态。学校为思政工作者提供了就业机会,给予了养育家庭的待遇和实现自我价值的平台。思政工作者怀着感恩的心态去工作,能够在工作中更加积极、心态平稳,从而提高工作效率,在为学校创造价值的同时,也

在学校给予的平台上不断地丰富自我,创造自我价值,实现人生梦想。

(2) 正面地自我对话。首先停止对自己、他人的负面批评。不断苛责自己的人,通常是对自己不够信任的人,将注意力放在已经做好的部分,告诉自己已做得很好。可以写一张自己的履历表,把所有的优点都列上去,每天睡前浏览一遍,作为自我对话的脚本,想想看自己还有哪些优点,事情没有想象中的糟糕。在日常工作中明确工作目标,积极构建正面自我,促使自身保持工作热情与工作自信。

(3) 积极地自我暗示。通过想象控制感知力,使用简短的语言对自身进行激励,从而强化自身信心、克服不良情绪等。当遇到烦恼时,学会暗示自己"一切都会过去""知足常乐"等,这样心情就会放松、头脑就会冷静,从而实现对自身情绪的有效控制以及对自身心理问题的有效应对。

(4) 合理地宣泄情绪。心中有忧愁、委屈、烦恼时,可向同事、朋友倾诉,以求得到劝解与帮助;或者哭出来;或者选择一些适合自己的发泄方式,如大声唱歌、做运动、做家务等。将负面情绪合理地宣泄出来,有利于我们的心理健康。

(5) 培养良好的兴趣爱好。体育运动、书法、音乐等兴趣爱好不但是宣泄情绪、控制情绪的有效方式,而且能够在强化思政工作者身体素质、陶冶情操的基础上,促进思政工作者形成积极健康的人格与优良品质。

(6) 提高家庭陪伴的质量。在家庭生活上多用一些心思,未必就要用更多的时间和精力。虽然工作忙,没太多时间陪老人和孩子,但只要提高陪伴的质量、多用点心思就可以在家庭中创设一种良好的氛围,把关系建设好,让所有的家人感到舒服、愉悦。

(7) 增强职场自我管理。学校的规章制度是为了学生、教师和学校更好的发展而制定的,不论对教学、对科研、对评职的要求是什么,都是为了学校的教育事业的发展。思政工作者尊重学校的规章制度,顺应学校制度的要求,在达到考核目标的同时也会增强自己的核心竞争力,锤炼意志,增强自己的职业自信心。

(8) 建立良好的人际关系。良好的人际关系能让人更加健康和快乐。保持微笑、诚以待人、关心他人、尊重他人往往能为自己赢得一个良好的人际关系,有利于思政工作者保持健康的心理状态。

附　　录

案例一　入学适应困难大学生的心理辅导

一、人物介绍

张某,20岁,男,大一学生。

二、问题的主要表现

我在与任课老师的沟通中发现,张某是一个很聪明且学习能力挺强的学生,但是通过查看班级点名册和授课教师的考勤册发现,他的到课率及自习情况不好。作为辅导员,我对此产生警觉。通过向其班委、室友和家长多方了解情况,我发现该生高中时期学习成绩非常好,但是因为高考没有发挥好,高考成绩并不理想,与其高中同学相比,大部分同学都考上了重点大学,而他没有,所以产生自卑心理,厌学,内心鄙夷学校。他觉得在学校上自习课是浪费时间,学校设置的课程是轻而易举就可以完成的。此外,他的女朋友即将出国学习,他的内心更加失落与落寞,更加不适应现在的大学生活,觉得与这个学校格格不入,也不愿意参加学校的集体活动,与同学之间的交流非常少,内心孤僻,独来独往。

三、案例分析

该生虽然学习基础不错,但是由于高考成绩不理想,心理上觉得这个学校没有给自己归属感,内心觉得和这个学校的学生不是一类人,内心偏差导致无法融入大学生活。另外觉得对不起父母,让父母失望了。加上女朋友出国的刺激,更加觉得自己各方面都不行。这是属于心理健康问题,作为他的辅导员,我在他的学习和生活中，鼓励他，让他重拾自信心，更加积极地面对新的大学生活。

四、工作过程

（1）了解并帮助学生分析当前问题，给以相应的解决方法进行指导。学生在遇到眼前的困难或困惑时，会表现出缺乏经验和全局观念，常常会产生自暴自弃的想法和行为。作为辅导员，我找该生单独聊天，因为只有切实了解了学生的情况，才能采取更好的措施去解决问题。该生产生的"没有动力"等迷茫的想法，我会在聊天中，鼓励和引导他：即使高考失利了，但那也只是人生经历的一部分；既然新的学习生活开始了，就要按时上课，否则旷课会受学校处分，这样会更对不起家长的培养；从现在起就要抓住机会，设立分阶段的学习目标，将眼前的问题分解后逐步解决。

（2）积极正确地联合同学和家长的力量。家长既然放心地把孩子交给学校，交给我，作为辅导员，我就有责任和义务向家长反映和沟通学生的情况。当发现该生的问题时，我会积极动员家长给孩子打气。当孩子出现问题时，家长会责备孩子，此时，我会做好家长的心理工作，和家长一起鼓励该生。

另外，在校园生活中，同学之间的联系最紧密。我会发动同学，尤其是班干部，多关注该生的生活和心理动态，用生活上的帮助与关心激发其乐观积极的心态，引导他投入美好的大学生活。

（3）对该生表达良好的期望。在后面的学习生活中，我有意识地不断告诉他我对他的信任和期望，让该生感觉到被重视。平时对他积极鼓励，鼓励他考级考证，告诉他：你可以的，不要看轻自己，未来是美好的，是需要自己创造的。

五、案例效果

通过教师、家长和同学的共同努力，该生的情况大有好转，学习主动性逐渐提高，能够积极地参加班级组织的活动。

六、案例反思

自信心是心理健康的需要，学生在生活中不可避免地会遇到挫折与困难，学生进入大学这一新的起点，需要辅导员的细致关心。

（1）创造有爱的班集体环境，促进学生健康发展。在有爱的班集体环境中，每位成员的心理健康状态能得到最大限度的优化。可以通过丰富多彩的文化娱乐活动来开展各种形式的教育活动，如开班会、心理讲座、公益活动等，帮助学生重新认识自我，培养健康的心理状态。

（2）利用教师期望效应，永远对自己的学生抱有期望。正如教师期望效应所证明的，学生的智力发展与老师对其关注程度成正比，我们应合情合理、有可行性地对学生抱有期望，帮助学生在我们的期望下塑造健康的心理状态。

（3）辅导员要关注大学生心理健康，特别是刚进入大学的新生。入学之际，辅导员要通过主题班会等经常开展适应性教育，帮助大一新生尽快适应和融入大学生活。

（4）对班级重点关注的对象，辅导员要定期跟踪，及时反馈情况。

案例二　大学生宿舍矛盾的心理辅导

一、人物介绍

张某，女，20岁，家庭经济条件较好，独生女。

二、问题的主要表现

该生性格比较孤僻，不爱说话也不愿与人交流，喜欢独来独往。某天上午，该生来到我办公室，一见到我就哭着说她要更换宿舍，原因是她宿舍的其他三人近期都排斥她，反对她晚上和男友视频聊天，对她恶语相加，让她无法忍受。因此，她强烈要求更换宿舍。

三、案例分析

大学生由于性格、生活习惯的不同，在寝室容易发生各种矛盾和摩擦，大多是因琐碎小事而起。辅导员一旦处理不好就会导致更大问题的发生，影响学生的学习和生活。

张某反映其他三名室友对她有意见，原因是她晚上有晚睡的习惯，并且每晚和男友视频聊天到12点多。其室友对她进行过多次劝说，但是她觉得每个人都有自己的生活习惯和作息时间安排，大家要尊重她的生活。这些都可能与她的成长环境有关。张某是独生女，家庭条件好，家人都很惯她，她想干什么就干什么，所以她在不知不觉间就以自我为中心了。

张某现在面临的问题不是更换宿舍就能解决的。张某要摆脱目前的"困境"，先要认识到自身存在的问题，有了这种意识才能解决问题。另外，张某孤僻的性格造成了她平时独来独往的生活习惯，与室友交流过少，错失了化解矛盾的机会。

四、工作过程

利用课余时间我通知张某的其他三名室友来我办公室,在和她们的交谈中我了解到张某每晚都有和男友视频聊天的习惯,有时候聊到晚上12点多,严重影响其他人休息。最让她们反感的是,张某每次和男友视频聊天时不提前跟室友打招呼,造成她们有时穿睡衣洗漱时被其男友看到,这些让她们觉得自己的生活隐私被侵犯了。在对张某多次劝说无效后,她们对张某采取了不和她说话等措施。

在了解了张某的基本情况后,我利用自习课时间联系了张某,向她详细说明了其他三名室友的意愿,就是希望她以后和男友视频聊天时最好提前和大家说一下,让大家心里有个准备,不至于被暴露隐私。另外,和男友视频聊天的时间最好不要太长,11点之前完成视频通话。对其进行了一番劝说,并一再强调寝室是大学生学习的后方保障,是生活的重要场所,每位学生都要遵守学校寝室的相关管理规定,尽量不影响他人休息;教育她要学会照顾他人的感受,明白营造一个良好的寝室环境对学习生活的重要性。

五、案例效果

在我的多次劝导下,张某意识到自己的行为不当,并对其三名室友进行了道歉,保证后期减少和男友视频聊天的次数,晚上尽量选择不在寝室和男友视频。

六、案例反思

(1) 高校辅导员是大学生健康成长的指导者和引路人,面对不同成长背景、不同性格的学生,他们在日常的学习和生活中难免会发生矛盾,这时就需要辅导员与学生之间进行沟通和协调,辅导员在沟通时要尊重学生,在平等的基础上与学生进行交流;再者辅导员要善于学习相关沟通技巧,掌握倾听、共情、尊重等沟通技能,注意语言表达方式等。

(2) 学生工作无小事。每名大学生都是家庭的希望,在外求学期间的任何一点学习或生活上的事都会牵动家长的心,所以不管什么事情,只要涉及学生,辅导员都要重视,不能掉以轻心,及时有效地处理学生面临的问题。

(3) 辅导员要深入调查、掌握学生的真实情况。辅导员要经常去教室和学生宿舍,多和学生家长联系。学生工作中的每件事都要调查清楚,一定要弄明白事情背后的情况,不能偏听偏信,只有这样才能搞好工作。

（4）做好防范，加强正面教育和引导。寝室是大学生生活和学习的后方阵地，对于大学生寝室的管理，辅导员及时处理矛盾是一方面，更重要的是做到防患于未然。其一，要规范相关制度，如寝室管理办法、作息时间表、寝室值日制度等；其二，辅导员要通过主题班级、寝室活动等教育和引导学生学会相互理解、相互包容，共同营造良好的寝室环境；其三，辅导员要及时掌握寝室动态，对学生情况做到心中有数；其四，辅导员要多组织一些以寝室为单位的集体活动，搞好团队建设，增进寝室同学之间的互相理解，增强大学生的集体荣誉感。

案例三　被恋爱问题困扰大学生的心理辅导

一、人物介绍

张某，男，21岁，文科生。

二、问题的主要表现

该生学习成绩一般，但是能够积极参加学校的各项活动，在班级担任体育委员。张某与刘某是男女朋友关系。某天晚上，我突然接到刘某的辅导员的电话，称张某砸了刘某的手机，并扇了刘某几个耳光。原因是张某和刘某对下学期实习地点意见不一致。张某想在合肥找家单位实习，而刘某想回老家实习。刘某向张某提出分手，但张某不同意。争执过程中发生了张某砸了刘某手机并打人的事件。

三、案例分析

实习、就业等问题给毕业生带来很大的压力，学生容易产生焦虑、抑郁、痛苦等情绪，从而引发各种矛盾，而情感产生的心理问题显得尤为突出。仍处于青春期的大学生，对待情感问题总会出现心理矛盾。在脱离父母的严管后，有些大学生不顾学习迷失于情感之中。很多大学生因没有处理好情感问题而烦恼、焦虑，进而造成心理障碍甚至产生过激行为。因此，加强当代大学生的心理健康教育很有必要。通过以上分析，我们逐渐认识到，大学生遇到情感问题在所难免，如何避免情感伤害，引导大学生积极调适心理状态，是学生、学校乃至社会都要认真思考的问题。

四、工作过程

(1) 在得知情况后,立即和张某进行谈话交流。在接到刘某的辅导员的电话后,我担心张某的情绪问题,于是立刻打电话给张某,让他来办公室谈话。当张某来到我办公室时,情绪很低落也不愿意说话。我并没有直接询问他打人和砸手机的事情,而是先关心他近期的学习和生活等情况,随着谈话的深入,我从他下学期实习的问题慢慢地引申到他的情感问题。在谈话过程中得知,张某当天确实和刘某发生了矛盾。张某承认他在冲动的情绪下砸了刘某的手机,并表示事发之后他很后悔。我安慰他,并告诉他失恋是件正常的事情,要正确地对待。同时,也指出他砸手机并打人的行为是不对的,是违反学校管理规定的。

(2) 及时跟刘某的辅导员取得联系。在和张某的谈话结束后,经过张某的同意,我打电话给刘某的辅导员,告知他事情的发生原因以及具体经过,并让他联系刘某来办公室当面解决该事情。我带张某去了刘某的辅导员的办公室,并让他向刘某道歉。刘某接受了张某的道歉,并向他说明自己想要分手的具体原因。

(3) 联系该生家长。当日,我电话联系了张某的父亲,了解其家庭情况以及张某的成长情况,并询问张某近期是否和家长联系过。在了解情况后,我把张某失恋并打人的事情告知了他的父亲,并且让他的父亲平时多打电话关心、鼓励张某。

(4) 特别关注、关心与鼓励该生。谈话结束后,我立即联系张某的室友和班长,嘱咐他们平时多关注张某的动向,有情况要及时和我联系。我也经常在QQ 和微信上和他联系,关心他的生活、学习,在他遇到问题时给予帮助。同时,也让班长给他多安排些班级工作,让张某忙碌起来,早点走出失恋的困境。

五、案例效果

经过两周的沟通交流,张某渐渐地从失恋中走了出来,也联系好了下学期的实习单位,并表示后期会把更多的时间投入到实习工作中。

六、案例反思

(1) 辅导员要加强大学生正确恋爱观教育,让他们树立正确的恋爱观。重视学生因情感而产生的心理问题,充分发挥学校心理健康教育中心的作用,及时给学生提供心理辅导,引导学生树立正确的恋爱观。

(2) 建立大学生心理健康档案。辅导员要深入学生活动场所,了解学生的心理状况,并结合心理健康普查结果,建立学生心理健康电子档案,通过排查,准确迅速地发现心理高危状态的学生。

(3) 选择信息联络员。发现问题学生后,在班级选择一个或几个学生作为信息联络员,对该生进行监护。联络员最好是心理健康委员或其室友,在对他们进行短期培训后,让他们第一时间将异常情况告知辅导员。

(4) 遇到紧急突发事件时辅导员要保持冷静,采取适当的处理措施。在得知张某情绪极不稳定之后,我立即与张某进行联系,表达对他的关心关爱,建立起信任关系,告诉他周围的人都很关心他。如果继续让情绪控制自己,那么他冲动的后果会让家人担心。尽量稳定他的情绪,使其恢复理性思考。接着与其家长取得联系,争取家长的配合和支持。最后把学生的情况汇报系领导。

(5) 召开主题班会。辅导员定期开展挫折教育和恋爱教育的主题班会,带学生观看励志短片,共同探讨如何面对困境,并通过真实的典型事例来帮助学生树立正确的挫折观。

案例四 沉迷网络大学生的心理辅导

一、人物介绍

夏某,男,19岁,理科生。

二、问题的主要表现

夏某的室友跟我反映:夏某从开学到现在基本上天天打游戏到深夜,严重影响其他三名室友休息。另外,该生从不打扫寝室卫生。每当学校有卫生检查的时候都是由其他三名室友打扫卫生。纪律委员也跟我反映夏某本学期经常迟到、旷课。

三、案例分析

部分大学生的不规律的作息和不科学的用网习惯,在很多高校,尤其是在男生宿舍里经常出现。不少大学生经常深夜里在网络中进行忘我的厮杀。沉迷网络,严重地影响了大学生的学习和生活,甚至身心健康。

大学生沉迷网络有很多原因:

(1) 社会因素:我国网络管理制度尚不健全,非法网站沉渣泛起,社会不良思潮在网上泛滥。这些因素很容易让大学生在眼花缭乱的虚拟世界中迷失方向。

(2) 大学生的成长环境因素：伴随着生理和心理的成熟，大学生自我意识开始增强，但部分大学生还缺乏稳定的自我控制能力。大学生渴望被人理解、渴望与人交流，但心理上又具有一定的闭锁性。同时，我国大学生中独生子女比重较大，他们在现实生活中往往感到孤独。这些因素都容易使他们在网络中寻找可归依的群体，迷恋网上的互动生活。

(3) 个人因素：经过查看夏某的入学档案，得知夏某高中毕业于某重点高中，父母做生意很少管他，家庭经济条件比较好。他在读高中时，因为学习压力比较大，所以经常通过网络游戏来缓解学习压力。进入了自己认为不够理想的大学后，产生的心理落差让夏某很迷茫，几乎每晚都要打游戏，否则就无所事事。

四、工作过程

(1) 得知夏某的情况后，我利用课余时间对夏某的寝室长进行访谈。寝室长反映，夏某一入学就带了电脑，几乎每晚都打游戏到深夜，个人卫生情况很差，几乎每天都点外卖，和室友很少说话，喜欢独来独往。

(2) 及时致电夏某的父亲，得知夏某父母平时做生意很忙，很少关心夏某。由于长期缺少父母的关心和沟通交流，夏某具有逆反心理。而父母对夏某的要求很高，希望夏某通过考研来提高学历层次，进而导致夏某受到了巨大的心理压力。

(3) 在得知夏某的基本情况后，我利用晚自习的时间和夏某进行深入交谈。交谈中得知夏某虽然沉迷于网络游戏，希望通过游戏来缓解压力，但他却深知学习的重要性，自感有愧于父母。然而越是自责，他越是想逃避现实生活，越是感到迷茫。

(4) 结合夏某的心理状况，我建议他去学校的大学生心理健康教育中心进行心理咨询，进而打开夏某的心结，让他能够敞开心扉，敢于面对现实生活。

(5) 介绍夏某加入学生会男生部，引导夏某参加学校的各项活动，帮助他树立自信心和责任心。

(6) 定期召开主题班会。通过主题班会引导广大同学正确认识网络游戏，把世界观、人生观、价值观的教育融入到主题班会中，加强对学生的理想信念教育，帮助学生养成良好的道德品质。

五、案例效果

通过辅导员、心理咨询教师和同学们近四个月的共同努力，据其室友反应，夏某晚上基本上不再打游戏。有时周末打游戏也不超过1小时。旷课和迟到的情况也有所改善。参加班级活动的积极性也大大提高,积极报名学校组织的大学生职业生涯规划大赛、大学生篮球赛等。

六、案例反思

(1) 正确认识网络、网络游戏,趋利避害,帮助和引导大学生培养正确的上网习惯。部分大学生因自控力差,加之性格内向、家庭影响和教育方式不当等因素,故容易造成网游成瘾,并形成心理依赖,从而沉迷其中无法自拔。网络成瘾严重影响当代大学生的身心健康,甚至影响学业。网络引起的成瘾现象是不可避免的,这是一个社会性的复杂问题,原因在于网络很新奇,对年轻人特别是在校大学生有强烈的吸引力。另外,因为现实社会生活中存在各种不尽如人意的地方,所以人们特别是年轻人需要一个空间去释放、宣泄、逃避,而网络恰恰提供了这样一个出口。实际上网络、网游并不是洪水猛兽,对待网络人们不必惊慌失措,要正确地认识它,更要趋利除弊,帮助和引导大学生培养正确的上网习惯。辅导员要鼓励大学生积极参加学校、班级组织的各项活动,更好地满足大学生在校的精神需求和健康需求。

(2) 帮助大学生戒掉"网瘾",应突出一个"爱"字。对待网络成瘾的学生,辅导员要持有一颗爱心,要经常地与其谈心谈话。在学习和生活中多关心他们,用爱心去感化他们,唤醒他们的良知,让他们克服自卑、畏惧心理。同学间的互爱与帮助也是促进"网瘾"学生转化的重要条件。辅导员要善于做好其他学生的工作,特别是班干、室友的工作。为沉溺于网络的大学生建立一种和谐的人际关系,在其周围形成一种互助互爱的氛围,使他们感受到集体的温暖,增强他们戒掉"网瘾"的信心和决心。

案例五 自卑大学生的心理辅导

一、人物介绍

刘某,女,大一学生,20岁,文科生。

二、问题的主要表现

刘某来自农村,父母常年在外打工,家中有一妹妹在读高中,家庭经济条件比较困难。大一新生军训结束后,刘某参加班级班干部选举,由于普通话不标准和自身紧张等原因,刘某落选了。这让高中成绩很好且一直担任学习委员的刘某产生了巨大的心理落差。在后期的学习中,由于普通话不太好、钢琴和舞蹈又无基础,刘某在学习学前教育专业的课程时越来越感到自卑。身边的同学很多来自城市,她们普通话标准,会穿衣打扮,这让相貌平平、衣着土气的刘某更加不自信。据其室友反映,刘某经常一个人在宿舍发呆,沉默寡言,一个人独来独往,上课也不主动回答问题,有时还有迟到、旷课的情况。

三、案例分析

(1)家庭因素。刘某来自农村,家庭经济困难。进入大学后,家庭经济条件、自身才艺、个人形体形象等都会被同学拿来比较,这些对于刘某来说无疑是自卑心理产生的"催化剂"。刘某父母由于常年在外务工,沟通交流少,无法很好地开导刘某。

(2)个人心理因素。刘某从入学就觉得自己比不上城市来的学生,起初也想通过自己的努力证明自己,然而竞选班干失败。钢琴、舞蹈无基础,跟不上老师的上课节奏,这些都导致刘某过分贬低自己,陷入自卑的泥潭。

四、工作过程

(1)积极关注刘某,与刘某建立亦师亦友的关系。主动加刘某微信和QQ好友,经常利用晚上值班时间与刘某进行谈心谈话,密切关注刘某的思想动态,并针对刘某对生活学习方面的想法,向她提出建议和看法,让刘某进一步厘清问题并找到解决问题的思路。

(2)积极与刘某家长取得联系。刘某的自卑在很大程度上与她的家庭环境有关。我主动与刘某的父母电话联系,详细地告诉他们刘某在校期间的表现以及出现问题的原因,并向他们强调刘某在进入大学后的努力与付出,建议刘某父母平时多关心刘某,多与刘某进行沟通。

(3)鼓励刘某加入学校团委组织的支教社团,让她在节假日以及空闲时间为学校周边小学、幼儿园的学生提供支教服务。给刘某提供一个重新展示自我的机会,在一次次的支教活动中帮助刘某逐步找回自信。

五、案例效果

通过近一个学期的沟通和交流,刘某和我建立了良好的关系,不管是学习上的还是生活上的事情,她都愿意和我分享。刘某父母也主动关心刘某,给她提供足够的生活费用,还经常邮寄学习和生活用品,这些让刘某感到了家庭的温暖。支教活动锻炼了刘某与人沟通的能力,同时也帮她结交了一些志同道合的朋友。一次次小小的成功,帮助刘某转变了认知。老师和同学的鼓励,让刘某燃起了对学习和生活的自信心。

六、案例反思

(1) 引导大学生正确认识自我、评价自我。部分大学生进入大学后,不能正确认识和评价自我是导致大学生产生自卑心理的一个重要原因。在大学生日常的学习和生活中,辅导员要重视培养大学生正确的自我意识,帮助大学生正确地认识自我。既要接纳自己的优点,也要接纳自己的缺点,学会全面而深刻地接纳自己。

(2) 加强入学适应性教育和挫折教育。进入大学后,部分大一学生不能很好地适应大学生活,受家庭因素、环境因素等影响,很容易出现类似案例中的问题。高校和辅导员要重视新生入学适应性教育,帮助大一新生实现角色转变,并加强班级学风建设,引导大一新生积极主动地学习,并注重培养大学生的受挫能力。通过主题班会、班集体活动等加强大学生挫折教育。

(3) 加强心理健康教育。大学生由于心理的不成熟,多处于心理问题的高发阶段,尤其是那些存在学业困难、父母离异、家庭贫困等问题的学生。作为高校辅导员应该密切关注大学生的思想动态,建立自己的"情报网"。利用团体辅导、个别谈心等方式,普及心理学知识,提升学生对自身和周围同学心理问题的敏锐度。

(4) 辅导员要提升自身处理问题的能力。高校辅导员每天要面对不同性格、不同家庭背景的学生,需要随时准备处理各种各样的问题以及突发事件,所以辅导员要利用业余时间不断"充电"学习,增加各种知识储备,对待学生辅之以情、导之以理、"解"学生之困,努力成为一名有温度、有内涵、有理想的辅导员。

案例六 特殊大学生的心理辅导

一、人物介绍

力飞,男,19岁,文科生,有先天生理缺陷。

二、问题的主要表现

由于自身生理缺陷,力飞觉得自己什么都没有别人好,很不自信;对新班级产生抗拒,觉得和同学相处困难,有些自闭;学习的大部分课程是之前很少接触的艺体课,担心成绩不好,学习压力大;由于心理问题和不良的行为习惯,不能够合理规划自己的学习、生活时间;思想波动大,自己很痛苦。

三、案例分析

力飞存在心律不齐、舌发育不良等生理缺陷,对新的生活、学习环境需要更长的适应时间,容易产生悲观、失望、抑郁、焦虑、恐惧等负面情绪。在多方面否定自己,包括学习、生活、人际交往等,给自己带来巨大的压力。该生是家里的独生子,父母均疼爱万分,从小到大没有遇到过严重挫折,导致他受挫能力、适应能力差,并且过分敏感,容易自我否定。开学时该生因为身体不适,没能正常参加军训,产生了思想负担:担心同学会觉得他娇生惯养、不能吃苦;认为班级的集体已经形成,而自己被孤立在集体之外,不被接纳等。学习时,由于生理原因,在体育、舞蹈、普通话等课程上学习吃力,认为自己再努力也不能赶上其他同学,缺乏自信心和进取心。

因此,针对上述情况,首先要解决的是力飞的心理问题,帮助他树立良好的心态,正确合理地看待周围的一切事物;其次要帮助他分析现状,引导其缓解和释放压力,最终树立自信心。

四、工作过程

(1) 全面了解学生,及时发现问题。积极引导力飞,帮他形成良好的心态,通过交流来搭建起师生互相信任的桥梁。每周要求力飞来办公室交流他的想法和学习情况,走访学生宿舍,询问生活状况,掌握他的最新动态,及时发现问题并加以解决。

(2) 与力飞家长沟通,获得家长支持。联系他的家长,汇报学生情况,学校和家长相互配合,共同关心、关注他的学习和生活,让他逐步适应学校生活。

(3) 鼓励班级和宿舍同学关心、包容该学生。对学生进行有针对性的人文关怀和心理疏导。一方面给班委开会,让班委在学习和生活中多多帮助力飞,如打扫卫生时给该生安排较轻的任务,让某门课程成绩优秀的学生对力飞进行辅导等;另一方面,鼓励力飞多与同学接触,逐渐融入班集体。

(4) 体验成功,恢复自信。开始正常的学习生活,对力飞的进步给予及时肯定,鼓励他参加班级各项活动,找到集体的归属感和集体荣誉感。

(5) 与各科老师沟通,帮助力飞克服学业困难。联系该生的普通话教师,咨询帮助该生提高普通话的方法,并鼓励学生主动请教老师。与心理辅导教师沟通,了解学生的心理状况,听取改善学生心理健康水平的建议。

五、案例效果

通过教师、家长和同学的共同努力,力飞的情况大有好转,情绪基本稳定,有了良好的精神面貌,可以主动地微笑着和老师打招呼,能经常参加班级活动,如下棋、游玩、跳绳比赛等,完全融入到班级中。

六、案例反思

(1) 深入了解学生。特殊学生的内心比较敏感,与他们的交流必须建立在平等尊重的基础上,形成相互信任的关系,全面掌握学生的思想动态和心理变化。

(2) 合理利用多方面资源。充分借助老师、家长、同学和心理健康教育中心四方面的力量,有效整合这些资源。

(3) 建立大学生心理健康档案。建立大学生心理健康教育与监管系统,形成"学校—院(系)—班级—宿舍"的心理健康网络,建立特殊学生的心理健康档案,包括个人基本信息、心理测试情况、阶段变化情况。

(4) 搭建良好平台,提供友好的环境。为特殊学生营造良好的氛围,适时为他们提供展示自我的机会,创造走向成功的机会,提高战胜困难和挫折的信心,帮助他们快速适应大学生活。

(5) 探索多种途径。利用各种媒体资源,如校园广播、网络、海报等,对大学生进行心理健康教育,开展系列主题教育活动,扩大影响。

(6) 转变教育观念,重视、关心和积极参与心理健康教育。安排心理委员学习相关专业知识,参与到实际的心理健康教育工作中。

案例七 申请退学新生的心理辅导

一、人物介绍

刘某,女,19岁,文科生。

二、问题的主要表现

该生自开学报到以来,不适应新环境,军训期间数次跟辅导员提出要退学回家,有强烈的退学愿望。

三、案例分析

大学新生入学后,要面对新的学习和生活情况,扮演大学生这一新的角色,适应新的环境,大学生活的一系列变化逐渐使学生原有的学习生活习惯、心理结构和心理定势被打破,这让习惯了父母包办一切的学生往往不知所措,很难适应新的生活,从而在生活环境、学习、人际交往、心理等方面产生了一系列适应问题,表现出适应不良。

从刘某的室友处了解到,刘某经常心情不好,情绪不稳定,而且不喜欢与室友交往等。再通过与其家长的电话沟通得知,刘某是由奶奶带大的,其父母一直在外做生意,每年只有很少的时间回家陪伴她。

四、工作过程

(1)辅导员在进一步了解情况后,与该生进行了深入交流。刘某提出退学申请,辅导员向她提出以下几个问题:

① 退学之后有何打算,是去复读还是打工?
② 退学之后的谋生之路是什么?
③ 你想过父母的感受没有,你的父母同意你退学吗?

并传递了以下信息:

① 和你父母进行了电话沟通,他们非常关心你,希望你能够顺利毕业并当一名优秀的教师。
② 你的成绩挺好,入学成绩在班级排名前五。你再认真考虑一下刚才我问的问题,从长远打算,决定要不要继续好好读书,还是退学回家。

(2)与该生家长积极沟通。得知刘某有退学的想法后,辅导员立即打电话联系其家长,请家长和学校一起努力把刘某的厌学情绪转变过来,通过思想工作,努力树立好学生的人生观和价值观,使其重新树立起理想和目标。并希望家长更多地关心自己的孩子,每周至少打两个电话给孩子,使孩子在思想上感受到父母的关心和重视。

(3)在随后的两周内,我与刘某进行了多次长时间的面对面交谈。交谈中,我发现她的厌学心理产生已久,对父母的逆反心理极为严重,这可能是因其小时候缺乏与父母交流、相处而导致的。有了这些了解之后,我从其个人发展、学历、工作以及将来的家庭生活等方面进行沟通,试图打动她,挽留她那颗已经远离了校园生活并走向社会的心。从关心的角度入题,我肯定了她的特长,并给予鼓励,希望她继续努力,实现自己的理想,同时介绍她加入系学生会宣传部。

(4) 鼓励她的室友和同学多和刘某沟通交流。积极鼓励刘某参加学校组织的各项迎新晚会以及其他集体活动,让刘某发现大学生活的丰富多彩。

五、案例效果

通过一个月的交流和鼓励,我发现刘某逐渐变得阳光、变得有激情了,学习态度也端正了很多。又跟踪交流了一段时间后,刘某表示愿意留在学校好好读书。

六、案例反思

(1) 了解并帮助学生分析当前问题,并给以相应的解决方法指导。学生在遇到困难时,因缺乏经验和全局观念,故常常会出现自暴自弃等较为极端的行为。这时,作为辅导员就要通过合适的方式,如找一个较为清静、不受打扰的地方,与学生进行较深层次的沟通。只有切实掌握学生的情况,才能采取更好的措施。辅导员在与学生的聊天中,将现有的问题一一分解成各个阶段的小问题,鼓励他们在不同的阶段将问题逐一解决。

(2) 积极正确地联合家长和同学的力量。在处理学生问题的过程中,辅导员不应回避与家长的沟通。家长既然放心地将孩子交给学校、交给辅导员,辅导员就有责任和义务适时向家长反映情况。在以上案例中,同学和家长的鼓励在解决学生问题的过程中发挥了巨大的积极作用:在学生心理遭受一定挫折时,最亲近的家人、朋友能积极给予鼓励和支持,会让他们得以重新树立信心和勇气。

(3) 辅导员要做好退学前工作。当有学生提出退学申请时,辅导员不能不闻不问就签字同意,要以高度负责任的态度关心学生。应建立大学生退学前谈话制度。了解他们的所思、所想、所盼,切记"大而空、虚无实"的简单说教,要结合实际,帮助有退学打算的学生分析问题,引导他们做出正确的决定。

案例八 经常旷课大学生的心理辅导

一、人物介绍

才明(化名),男,20 岁,大二学生,文科生,班里唯一男生。

二、问题的主要表现

该生思考问题比较简单,做事容易冲动。这学期纪律委员反映他经常旷课,特别是有些专业技能课几乎不上,也有授课教师反映他这学期学习态度不好,状态也不好。另外,才某和同学相处得也不融洽,主要是因为他不善于和班级同学沟通,做事凭自己的性子,不仅不懂得谦让女生,反而处处和女生计较。该生生活态度也不积极。

三、案例分析

(1) 个人原因。该生性格不够坚毅、刚强,心思过于细腻。考虑事情不全面,多是从自己的角度考虑。没有用心地和班级同学相处,更不愿意主动去理解别人,做事被动。

(2) 家庭原因。该生是家中唯一男孩,有个妹妹,妹妹年龄很小。父母亲常年在外打工,对其关心和教育都很少。

(3) 学校因素。学校女生居多。有的班级有少数几个男生,大多数班级没有男生。这使得才明在班级没有自己的群体,经常找不到存在感。加上本身性格不够开朗,使得自己不能很好地融入班级。

四、工作过程

(1) 班委工作:辅导员指导班长多次找其谈心,希望才明能担任班干职务,融入班集体,为班级做事,找到存在感和价值感。班长还安排其主持班级元旦晚会,让他从中获得了一些成就感。

(2) 辅导员工作:辅导员多次找他谈心,了解其多次旷课的原因。该生反映他毕业后不想当幼师,高考填报学前教育专业也是其母亲的决定,他对幼儿园教师这个职业一点都不感兴趣,也没有钢琴和舞蹈基础。特别是舞蹈,他觉得和班上女同学一起跳舞很别扭。辅导员对其进行耐心劝导,给他介绍了高校毕业生就业的有关政策。高校毕业生可以在校报名参军,毕业后可以报考公务员、"三支一扶"人员、特岗教师等。该生表示他对毕业后考公务员比较感兴趣,通过几次的沟通和交流,帮助该生重拾学习信心。同时,辅导员将同学和班委对他的正面评价和期待转达给他,让他消除对其他同学的敌意。并对其强调班规和校规,希望该生能在今后的学习和生活中做得更好!

(3)辅导员及时与才明的家长取得联系。告知其父母才某近期在校的表现以及出现的问题,希望才某的父母平时多和才某进行沟通,在生活和学习中多关心才某。

五、案例效果

两周后,该生在班级的表现有所好转,对班委和同学的态度也有所好转。旷课现象也有所减少。转化一个学生的思想不是一朝一夕的事情,在后面的工作中辅导员会继续关注该生,帮助该生更好地融入班级,寻找自身的价值,形成职业认同感。

六、案例反思

(1)作为一名高校辅导员,特别是一名专科院校的辅导员,面对的学生群体的学习水平参差不齐,这要求辅导员对自己的工作内容有一个清晰的了解,同时要求辅导员的工作要有恒心、耐心、细心和爱心。

(2)作为辅导员,能够从细小的地方发现学生可能存在的问题,发现问题后一定要第一时间去了解具体情况,并想出合理的解决办法。

(3)作为辅导员,要经常性地深入到学生中间去。如果你不能深入到学生中间,你就不可能了解学生的思想动态,也就不可能和学生建立非常深厚的友谊,从而不能在第一时间发现学生存在的一些问题,更不能及时地解决这些问题。你不去了解学生,学生就不会把你当成良师益友,不仅不会把内心真实的想法告诉你,还会增加一些抵触情绪。

(4)辅导员要加强与学生家长之间的沟通与联系。专职辅导员工作任务重、面对的学生多。与家长的沟通、联系可以让辅导员更加快捷地了解学生,掌握他们的成长环境以及个性,有利于辅导员开展工作。同时,在遇到学生问题或突发事件时,家长及时给予协助,更加有利于解决问题。

参 考 文 献

[1] 朱智贤.心理学大词典[M].北京:北京师范大学出版社,1989.
[2] 车文博.心理辅导大百科全书[M].杭州:浙江科学技术出版社,2001.
[3] 韦耀阳.心理辅导技术与应用[M].北京:世界图书出版公司,2013.
[4] 马莹.心理辅导技术与方法[M].北京:人民卫生出版社,2016.
[5] 岳晓东.登天的感觉:我在哈佛大学做心理辅导[M].上海:上海人民出版社,2007.
[6] 刘晓明,张明.心理辅导的理论与技术[M].长春:东北师范大学出版社,2002.
[7] 岳晓东.心理咨询基本功技术[M].北京:清华大学出版社,2015.
[8] 陈俊雄.心理学基础知识与咨询技能入门[M].北京:中国轻工业出版社,2020.
[9] 萨默斯-弗拉纳根.心理咨询面谈技术[M].4版.陈祉妍,译.北京:中国轻工业出版社,2014.
[10] 王永,方东玲.大学生心理健康[M].修订本.北京:化学工业出版社,2020.
[11] 刘翔平.学校心理学[M].2版.北京:中国人民大学出版社,2021.
[12] 樊富珉.团体咨询的理论与实践[M].北京:清华大学出版社,2007.
[13] 邱小波,周文波.大学生职业生涯与发展规划[M].北京:现代教育出版社,2017.
[14] 姚本先,王道阳.大学生心理健康教育[M].3版.合肥:安徽大学出版社,2019.
[15] 中国心理卫生协会.国家职业资格培训教程:心理咨询师[M].北京:民族出版社,2005.
[16] 周俊武.新时期大学生心理健康教育理论与实践研究[M].北京:中国文史出版社,2015.
[17] 沈德立.大学生心理健康[M].北京:高等教育出版社,2013.

[18] 申继亮.大学生心理健康教育读本[M].北京:高等教育出版社,2007.

[19] 邓军.高校思想政治工作质量提升理论与实践:心理育人卷[M].桂林:广西师范大学出版社,2019.

[20] 贺岭峰.思想政治工作心理学[M].北京:北京师范大学出版社,2020.

[21] 中华医学会精神科分会.CCMD-3 中国精神障碍分类与诊断标准[M].3版.济南:山东科学技术出版社,2001.

[22] 俞超,王军.高校心理危机干预中的学生管理工作流程研究[J].高教学刊,2021,7(17):148-151.

[23] 吴才智,江光荣,段文婷.我国大学生自杀现状与对策研究[J].黑龙江高教研究,2018(5):95-99.

[24] 孙慧.高校辅导员开展大学生心理危机干预的优势分析与路径研究[J].中国成人教育,2020(18):45-47.

[25] 何海燕.大学生心理危机及干预研究综述[J].智慧健康,2019,5(3):47-48.

[26] 文忠菊,阳海青,肖晓.大数据视域下辅导员应对大学生心理危机的路径研究[J].心理月刊,2021,16(8):227-228.

[27] 文迪."资源取向"视角下高校心理危机干预家校沟通的理念与机制探索[J].心理月刊,2019,14(20):6-8.

[28] 何泽民,何勇强,吕放光,等.全面构建大学生心理危机预防与干预体系[J].邵阳学院学报(自然科学版),2018,15(3):97-103.

[29] 姚琼丽,赵延杰.大学生心理危机预防与干预机制的实践与探讨[J].当代教育实践与教学研究,2020(9):233-234.

[30] 范韶维.高校教师心理健康状况调查与对策研究:以中国矿业大学为例[J].煤炭高等教育,2018,36(2):67-71.

[31] 金霁,归国平.江苏省59所高职院校思政课教师工作压力现状调查[J].职业与健康,2020,36(23):3221-3224.

[32] 崔冰洁.高校思政工作者的角色伦理审思[J].广西科技师范学院学报,2020,35(4):109-112.

[33] 戴佳倩,颜志雄.高职院校教师职业压力与心理健康研究述评[J].宁波职业技术学院学报,2020,24(3):41-47.

[34] 储毅超.社会支持视角下的高校辅导员心理健康问题研究[J].产业与科技论坛,2020,19(23):274-275.

[35] 丁秀玲.高校教师工作家庭冲突与应对方式[J].重庆理工大学学报,2011(4):15-20.

[36] 刘润香,涂威.不同岗位高校教师心理健康现状调查研究[J].当代教育实践与教学研究,2016(9):248-249.

[37] 段虹伶.辅导员在高校危机事件中的应对能力及大学生心理危机干预研究[J].科技风,2020(11):221-222.

[38] 张帆,王永.高校心理育人在立德树人实践中的价值作用[J].合肥学院学报(综合版),2021,38(4):117-120.

[39] 黄蓉芳.八成大学教师称压力大代谢类疾病高发年轻化[N].广州日报,2009-02-09.

[40] 武耀廷.心理育人是新时代高校思想政治教育工作的重要育人要素[EB/OL].(2021-02-02).http://news.cyol.com/app/2021-02-02/content_18942799.htm.

[41] 石成玉.心理咨询中倾听技术在高校辅导员谈心谈话工作中的运用[EB/OL].(2020-05-25).https://mp.weixin.qq.com/s/5ql5gLcGmODDPJekEd5l5Q.

[42] 汪萌霞.焦点解决短程治疗[EB/OL].(2020-10-16).https://mp.weixin.qq.com/s/QU2Qo0PK4qZ2WElh2KO7lg.